철학, 이 삶의 전장(戰場)에서

철학, 이 삶의 전장(戰場)에서

ⓒ 장국현, 2021

초판 1쇄 발행 2021년 5월 17일

지은이   장국현
펴낸이   이기봉
편집   좋은땅 편집팀
펴낸곳   도서출판 좋은땅
주소   서울 마포구 성지길 25 보광빌딩 2층
전화   02)374-8616~7
팩스   02)374-8614
이메일   gworldbook@naver.com
홈페이지 www.g-world.co.kr

ISBN   979-11-6649-764-3 (03100)

철학, 이 삶의 전장(戰場)에서

| 행복, 삶, 죽음, 섭리, 자유, 자아, 종교 등에 대한 단상 2 |

장국현 지음

좋은땅

"존경하는 아버지(故 장일감 님)와 어머니(이휘옥 님)께

이 책을 드립니다."

서문

 2019년 출간되어 독자 여러분의 많은 사랑을 받았던 《신들과 행복을 다투다》가 지고(至高)의 행복을 향한 여정의 기록이었다면 이 책은 삶과 죽음의 인식을 향한 치열한 사색의 기록이다.

 독자 여러분께는, 이 글들이 처음에는 다소 불편해도 책장을 덮을 무렵에는 "겨울에 눈 내리는 얘기"가 되었으면 좋겠다. 또한 이 책을 통해, 삶이라는 꿈에서 깨어나는 분이 있다면 더 큰 바람은 없다.

 얼마 남지 않은 삶은 가파른 비탈을 내달아 죽음을 향해 질주하는데, 정진(精進)의 진보는 더디기만 하여 황망(慌忙)할 뿐이다. 다만 죽음에 앞서, 명징(明澄)한 정신으로 나 스스로를 거둘 수 있다면 부족한 이 삶에 만족하겠다.

 인생을 건강하게 개척하며 살아가는 딸 장서영에게 사랑과 지지를 보내며, 한결같은 마음을 건네주는 가족, 친지, 친구, 선후배 여러분께 깊이 감사드린다.

마지막으로, 우리들 가운데 선봉이 되어 죽음과 대결했고, 귀감이 될 만큼 꿋꿋하게 살아간 벗 오광우에게 고마운 마음을 드린다.

2021. 3. 3.
일산에서

차례

2012

행복

행복은 과거형이고 고통은 미래형이다. 다가오는 행복은 현재에서 맛볼 새도 없이 과거로 흘러가 버린다. 반면 미래의 고통을 실제 겪으면 생각했던 것만큼 심하지는 않다. 미래를 걱정한다는 것은 오히려 지금 행복하다는 것. 인간은 현재를 살아가기에도 벅찬 존재이기 때문에.

"행운을 얻은 자와 행운을 얻지 못한 자는 결국 같다(세네카 인생론)."에 대한 주석

행운을 얻는 자는 자기 외부에 아무것도 원하는 것이 없는 자다.
- 외부의 어떤 것도 자신의 것으로 생각하지 않는 자다.

행운을 얻지 못한 자는 자기 외부에 아무것도 없는 자다.

양자는 소유한 것이 아무것도 없다. 결국 같다.
- 전자는 마음속에 소유한 것이 없고 후자는 현실적으로 소유한 것이 없다.

나라는 존재

나는 조예 깊은 장인이 만든 '아우라 있는 예술품' 같은 고귀하거나 특별한 존재가 아니다. 나는 다른 무수한 사람들처럼 이 세상에 태어난 사람들 중 한 명일 뿐이다. 우주의 차원에서 더 소중한, 더 가치 있는 인생은 없다. 차이가 있다면 장식(Accessory)의 차이 정도일 것이다. 소중한 사람의 삶과 죽음도, 나아가 나의 삶과 죽음도 보편의 차원에서 타인과 다르지 않음을 인식한다. 나는 저 사람들처럼 우주를 이루는 한 분자이며 그 이상도 이하도 아니다.

인간적인 것

현대 자본주의하에서 자신 이외의 것들(동물, 자연, 타인 등)에 대한 인간의 잔혹함을 볼 때 '인간은 점점 비인간적이 되어 가는가.', 아니면 '더욱 인간적이 되어 가는 것인가.'라는 생각에 혼란스럽고 착잡하다.

죽음에 대하여

오늘 저녁 죽는다는 것을 오늘 아침에 알았다 해도, 내 행동은 어제와 다르지 않을 것이다. 매일의 나의 행동이 죽음을 앞둔 상태의 행동처럼 완전해서가 아니라 죽음이 오늘 오든, 내일 오든 상관없이 내 행동은 그럴 수밖에 없다는 것이다.

삶과 죽음이라는 개념 또한 의식이 만들어 낸 환상이며, 우주의 구성원으로서의 나는 아무런 영향을 받지 않는다. 죽음의 주체는 일인칭인 '나'가 아니라 삼인칭인 '그'이다.

인생이란

중년 이후에 바라보는 인생이란 1년 지난 신문과 같다. 펼쳐지는 현상들은 새로울 것 없는, 어렴풋이 기억나는 일들뿐이다. 젊은 시절, 현상에 대해 정념을 품는 것은 당연하다. 새로운 경험이고 또 무지했기에…. 그러나 중년 이후에 같은 현상에 대해 정념을 품는다는 것은 현실에 대한 집착이다. 인생을 통찰하는 사유를 할 수 있는 자라면 나이와 관계없이 새로운 경험/현상에 대해서도 정념을 품지 않으리라. 모든 것은 섭리 안에서 발생하며, 그는 이미 섭리를 통찰하고 있기 때문에. 지혜로운 자는 바닷물 한 모금으로 전체 바닷물 맛을 인식한다.

대중의 대화

사람들은 여럿이 모여 자신들에 대해서가 아니라 주변에 대해 얘기한다. 대화는 떠돌고 대부분은 지겨워한다. 그리고는 그 대화로 상대를 판단한다. 식욕을 보고 지능을 판단하는 것과 같다.

기억나지 않음

기억나지 않는 경우는 두 가지다. 어떤 경험의 기억이 세월에 묻혀 사라지는 경우와, 반복되는 경험상의 세부 사항들이 오히려 애초에 기억에 자리 잡지 못하는 경우. 내 인생에는 기억으로 남을 만한 것들이 얼마나 있을까.

밤의 환각

어떤 연회나 유쾌한 회합이 끝나고 돌아가야 할 때, 취한 마음의 아쉬움과 쓸쓸함은 밤의 정취가 뿜어내는 환각이다. 아침이 오면 그런 감정들은 전혀 기억나지 않는다.

소음

소음은 문명의 부산물이다. 자연은 소음이 없다.

밥을 먹고 밥그릇을 씻다

이 행위는 깨달음의 내용이 아니라 깨달음의 결과다. 보여지는 것은 결과뿐이다. 구도의 어려움은 깨달음(섭리, 도)의 결과만으로 그 원인과 내용을 인식해야 하는 데 있다. "황혼이 되어서야 나는 미네르바의 부엉이."의 날아가는 방향을, 시간을 거슬러 아침에 통찰해야 하는 어려움. 세계라는 이미 그려진 한 장의 그림을 한눈에 통찰해야 하는 어려움.

시간과 공간을 비롯한 기존의 인식 도구들을 초월해야 참모습을 볼 수 있다. 색안경을 벗어야 실제의 색을 볼 수 있듯.

원점의 삶

고통과 불행 앞에서는 이 세상에서의 자신의 출발점, 원점을 생각하라. 내 곁에 있는 모든 것들이 원점에는 없었음을 생각하라. 자신에 대해 관조하듯이 소유물에 대해서도 관조하라. 어떤 것도 내 것이 아니었기에 잃을 것이 없음을 명심하라. 나 자신마저도 없었다.

원점(무)에서 시작하여 원점(무)으로 돌아가는 짧은 삶. 그동안 어떤 이는 육체적, 물질적 쾌락을 찾고, 어떤 이는 조금 높은 쾌락인 선을 찾고, 어떤 이는 보다 더 높은 쾌락으로서의 진을 추구하지만, 결국은 자신의 즐거움, 즉 쾌락에 초점을 맞춘다. 그것은 타당하다. 그러나 이념이나 종교를 위해 자신을 희생하는 것은 얼마나 어리석은 일인가. 인간이 만든 우상에 대해 자신의 삶을 바친다는 것은 얼마나 웃기는가. 덧없는 이 짧은 인생에 어떤 가치를 부여하고 추구해야 하는가.

사고의 폭

회사나 사회, 집단에서의 자신의 위치와 관계를 생각하는 것은 중요하지만 세계와 나 사이의 위치와 관계에 대해 생각하는 것은 더 중요하다. 전자가 근시안적이고, 가변적이고 덧없는 것이라면 후자는 본질적이고 영원한 것이기 때문이다. 전자는 생각할수록 자신을 흔들리게 하지만 후자는 평화롭게 한다.

어려운 현실일지라도 "괄호 치기" 하고 세계를 바라보아야 한다. 그렇지 않으면 현실의 굴레에서 벗어날 수 없다. 눈앞의 벽을 넘을 수 없다. 자신이 어떤 위치에 있는지 어떤 상태에 있는지 파악할 수 없다. 그저 다급하고 불안할 뿐이다.

관조와 맹목

내가 내 삶에 파묻힐 때 맹목이 된다. 굴처럼 삶에 딱 달라붙게 된다. 정념의 노예가 된다. 내 삶 밖에서 나를 관조하라. 현실을 관조하지 못하는 삶은 감옥이다. 언제까지 육체의 눈을 통해 대상을 볼 것인가.

죽음을 초월하는 통찰력

인간이 동물과 다른 점은 통찰력이지만 완전하지 못한 통찰력은 오히려 불행이다. 동물은 죽음을 미리 두려워하지 않는다. 불완전한 통찰력을 가진 인간은 미리 죽음을 두려워한다. 동물보다 불행하다.

모래성 안의 삶

어떤 사람의 삶도 넓은 밖(바다)의 상황을 인식하지 못한, 눈앞의 시야(관계)에서만의 삶이라면, 모래성 안의 삶이다. 모래성이 아무리 견고하다 해도 그 모래성을 휩쓸어 버리는 것은 지나가는 한 번의 파도면 충분하다. 바다의 그 무수한 파도를 지켜보며 모래성 밖에서 살아가야 한다.

소중한 것

인위적인 것(금전, 명예, 권력)이 아니라 자연이 준 것(성격, 지혜)을 소중히 여길 것.

아나키즘과 자본주의

아나키스트의 사회나 국가는 존재할 수 없다. 사람들이 아나키즘을 동경하는 것은 사회주의를 동경하는 것과 같다. 부당한 현실의 탈출구로써 동경하는 것이다. 그러나 그러한 이상적인 사회가 실현될 수 없는 것은, 아나키즘이라는 이상이, 양보보다는 소유를 원하는 인간의 본성에 위배되기 때문이다. 아나키스트는 결과적으로 불행할 수밖에 없다. 그들의 이상은 결국 인간의 본성에 의해 침몰할 수밖에 없는 운명이고, 침몰할 수밖에 없는 이상을 위해 그들은 자신의 삶을 바치기에.

인간의 이기적인 본성에 가장 부합하는 것은 자본주의다. 인간은 그 본성에 의해 발전했지만, 그것으로 멸망할 것이다. 인간은 이미 자본주의라는 도착지를 모르는 쾌속 열차를 타고 질주하고 있다.

개념

개념은 진화하거나 파괴되어야 한다. 정체된 상태에서 재사용되는 개념은 그 대상을 왜곡한다. 대상은 변화하는데 개념은 변화하지 않기 때문이다.

연기(緣起)의 동시성

연기에 의한 제법(諸法)의 변화는 인드라망의 구슬에 서로의 대상이 비치듯 동시적이다. 거울에 비친 나의 상의 변화는 나에게 의지하지만, 나의 움직임과 시차 없이 동시에 움직인다. 연기, 그것은 시차 없는 인과의 무한계열.

시간 개념은 일반인의 개념이다. 석가의 가르침은 통시적이다. 마치 한 장의 거대한 그림을 통찰하듯 모든 시공간의 사건을 한눈에 통시적으로 보아야 한다. 영겁의 시간을 현재에 압축하여 통찰하라. 그리할 때 우리 개념으로는 '시간적 선후가 필수적인 업보와 윤회'도 거울 속의 상처럼 동시적이다. 한 장의 그림 안에 표현된다.

제법만사는 한 장에 그려진 그림이다. 너무 커서 범인은 한눈에 보지 못하고 순차적으로 볼 수 있을 뿐이다. 결국 인간에게는 시간에 따른 인과의 계열로 인식된다.

한편 업보와 윤회는 대중을 가르치기 위한 방편이고, 특정 시공간에 한정된(특정 시공간에서만 유의미한) 개념일 뿐이다. 어떤 개념에도 집착해서는 진리(도)를 인식할 수 없다.

우주와 나

나는 본래 우주다. 내 몸과 몸속의 의식은, 손오공의 머리털 하나로 만들어진 손오공의 분신처럼, 탄생과 함께 우주라는 바다 수면 위로 잠시 튕겨 나온 물방울이다. 범인은 마야의 장막을 꿰뚫어 보지 못하고, 자신이 우주와 분리된 개별자라고 생각하며, 우주와 분리되어 우주에 대항하며 살아간다.

죽음이란 그 물방울이 다시 바다와 합해지는 것. 그러나 우주와의 단절에 익숙해진 인간은 죽음이 자신의 절멸이라고 생각하고 두려워한다. 죽음에 이르기까지의 고통과, 죽음에 따른 자기 존재의 절멸이라는 생각이 죽음을 두려워하는 이유이다.

자기가 자신의 주인인 자(스스로 자신을 거둘 수 있는 자)는 "죽음에 이르기까지의 고통"을 피할 수 있다. 그러나 자신의 주인인 자가 얼마나 될 것인가. "자기 존재의 절멸"은 자신의 신념, 신앙, 세계관에 달린 문제이다. 그의 사상이 우주와 분리되어 있을수록 두려움은 클 것이다. 그러나 이미 자신이 우주의 분신인 자에게 죽음의 두려움은 없다. 오히려 죽음은 우주라는 본체와 다시 합일하는 기쁨이다.

편리함

과학과 자본주의가 가져다준 편리함. 그것은 우리에게 어떤 가치가 있는가. 편리함이 행복을 가져다주는가. 평안을 가져다주는가. 한 예로 교통의 편리 때문에 인간은 더 먼 거리를 이동하며 살아야 한다. 모든 편리는 또 다른 불편을 낳는다.

'12. 7. 18.

Magic picture

동일한 그림을 보고 내용을 아는 자도 있고 모르는 자도 있다. 동일한 대상에 대한 상이한 인식.

'12. 7. 20.

서글픔

어차피 소중한 사람이 될 수 없기에 중요한 사람으로라도 남으려는 처연한 몸부림. 그래서 인간은 서글픈 존재이며 인생은 불쌍하고 불행하다.

개인차

현대의 일반적인 인간이 겪는 고통의 차이는 그 얼마인가. 겪어야 하는 고통의 개인차는 상상하는 것보다 크다. 그러나 행복의 개인차는 상상하는 것만큼 크지는 않다.

'12. 7. 21.

단상

· 눈 감으면 상념, 눈 뜨면 망각.
· 일상 속에 머무는 한, 폭풍처럼 밀려오는 감정에 휩싸일 수밖에.
· 거시적 인생관과 미시적 인생관의 조화가 필요하다.

'12. 7. 24.

하루

사형일이 이틀 남은 사형수는 오늘 밤이 두렵지 않을 수 있다. 내일 하루가 더 남아 있기에. 낮과 밤으로 이루어진 하루, 하루씩 끊어진 개념이 그에게는 얼마나 다행인가. 하루하루는 사실은 이어져 있으면서도 마치 이어져 있지 않다는 생각을 갖게 한다.

존재와 인식

존재에 중심을 두고 생활한다는 것은 내 밖의 상황에 의존한다는 것. 인식에 중심을 두고 생활한다는 것은 내 안의 의식에 의존한다는 것.

제자의 깨달음

구도에 있어 훌륭한 스승은 없다. 훌륭한 제자가 있을 뿐이다. 스승은 자신의 깨달음을 가르쳐 줄 수 없다. 뛰어난 제자 스스로의 깨달음이 훌륭한 스승을 만든다.

밖에서 말하기와 안에서 깨닫기

도가(道家) 밖에서 "그 사상은 도가 사상과 유사해."라고 말하기는 쉽다. 그러나 그 사상을 자신의 마음속에서 깨닫기는 어렵다. 모든 사상은 그 사상 밖에서 평하기는 쉬우나, 그 사상 안으로 들어오기는 어렵다. 서평이나 해설서를 읽는 것은 전자이고 원전을 읽는 것은 후자다. 전자는 지식이고 후자는 지혜다.

사고에 전념할 수 있는 행복

끊임없이 붙잡고 늘어지는 걱정, 상념들. 삶의 목적은 이러한 것에 영향받지 않는 아파테이아. 아무런 상념 없이 사고할 수 있음은 얼마나 큰 행복인가.

단상

· 마음은 나이를 먹지 않는다. 세월은 몸에 내려앉고 몸이 나이를 느낀다.
· 무더운 폭염, 여름의 한가운데를 걷는다. 그래도 오늘 길은 바람이 살려 준다.

창조물에 대한 숭배

인간은 신을 만들어 놓고 자신의 창조물을 숭배하는 이상한 존재다. 마찬가지로 의식은 자아를 만들고 마치 자아가 의식의 주체인 양 자아에 복종하는 척한다. 신은 인간의 창조물일 뿐이고 자아는 의식의 창조물일 뿐이다.

신과 종교

신이란 인간의 욕망을 투영한 우상이며 종교란 이 우상에 자신을 의탁하고 숭배하는 것이다. 원시종교일수록 인간의 특수한 욕망이 투영된 신과 교리를, 고등종교일수록 인간의 보편적 욕망이 투영된 신과 교리를 가지고 있다.

무엇이 참된 종교인가. 인간의 삶과 죽음을 평안하게 할 수 있는 것이다. 그러나 인간의 권력과 사기, 편취가 함께 존재하는 종교라면 그것은 사이비 종교이다. 우리의 고등종교는 어떤가.

종교는 법, 윤리, 도덕보다도 엄격하고 깨끗해야 한다. 그러기 위해서 종교는 대형화되어서는 안 된다. 대형화된 종교를 엄격하게 유지할 수 있을 만큼 다수의 도덕적 인간을 모을 수는 없기 때문이다.

아직도

왜 아직도 인생의 펼쳐짐이 인식되지 않는가. 왜 아직도 미래의 모호함 속에 살아가고 있는가. 명확한 인식이 어렵다면 인생이 어떻게 펼쳐져도 충분히 초월할 수 있는 인생관이 필요하다.

삶(운명)과 인간

인간은 삶에 저항하면서 성장하고, 삶을 수용하면서 성숙해지고, 삶을 초월하면서 완전해진다.

아무리 정진해도

아무리 정진해도, 나는 70억 인간 중의 한 사람일 뿐이다. 이 사실이 평정을 흩트리지는 않아야 한다. 나의 수행은 다른 사람들과의 관계, 사랑, 선 등의 수평적 깨달음보다는 섭리, 운명 등 세계와의 수직적인 깨달음을 추구하는 것.

행복

행복은 찾을 수 있는 어떤 것이 아니다. 다만 현 상태에 대한 내적 깨달음이다.

인간의 본성/욕망 vs. 진리/정의

인간에게 본성/욕망은 진리/정의에 우선한다. 기독교, 자본주의, 제국주의, 스토아 철학이 불교, 사회주의, 아나키즘, 에피쿠로스 철학보다 주류에 위치하는 것도 같은 이유이다. 슬프게도 인간의 본성과 욕망은 악하며, 진리/정의와 대척점에 있다.

인간이 인간을 징치할 수 없는 이유는 인간 스스로가 악인이며 악인이 악인을 벌할 수는 없기 때문이다. 극한의 상황에서 끝까지 선과 정의를 버리지 않을 인간은 몇 퍼센트나 될까.

누구나 인간으로서 악할 수밖에 없다고 생각하면 차라리 마음이 편할 것이다. 누구나 선과 정의라는 좁은 울타리를 넘어 악이라는 욕망의 세계 속에서 자유롭고 싶을 것이다. 선과 악은 권력이 자신의 체제 유지를 위해 타인을 속박하기 위한 덫일 뿐이라고 생각하며.

'12. 8. 5.

현대의 삶

너무 많아 귀한 줄 모르고 낭비하는 삶. 너무 편리해서 정성을 느낄 수 없는 삶.

너무 빨라 기다림 없이 지나가 버리는 삶. 풍부함과 편리함, 신속함에 탕진하는 삶.

인생의 승리자

인생의 승리자는 자신을 관조하고 타인을 연민으로 굽어보고 운명(세계)을 두려워하지 않는 자. 극한에 선 자. **"막차를 탄 자는 자리에 연연하지 않는다."**

기약 없는 삶

기약(변화, 깨달음, 정진) 없는 이대로의 삶을 언제까지 살아갈 것인가. 그 기약의 시점이 죽음의 팔에 뛰어드는 시간이어서는 안 된다. 타인과 나의 비교는 무의미하다. 중요한 것은 나와 세계와의 관계다. 사회적 관계는 부수적이다.

'12. 8. 11.

색즉시공/공즉시색—영원의 관점, 시공간의 통찰, 잠재된 의미

잠재된 색으로서의 공, 공이 연기된 결과로서의 색, 색은 연기에 의해

다시 공으로 돌아가고⋯. - 색즉시공, 공즉시색

우리는 분별된 결과로써 색과 공을 생각하지만, 분별 이전의 색과 공은 혼돈. 섞여 있고 구분되지 않는다. 특정 상황에서 연기에 의해 색으로 현상화된다. 연기 이전의 상태에서는 색과 공을 구분할 수 없다. 연기에 의해 색이 공으로, 공이 색으로 화(化)한다. 즉, 색즉시공, 공즉시색이라는 말 자체가 현상의 차원에서 인식할 때 오류의 함정을 내포하고 있다. 색즉시공, 공즉시색이라는 것은 현상화(緣起) 이전의 상태를 표현하는 말이다.

구조주의적 결정론

인간의 운명은 이미 결정되어 있으나 인간은 그 결정된 결과를 모르기 때문에, 또는 그 결과에 이르는 도상에서 발생하는 상황의 구체적 차이가 무한하기에, 희로애락 한다(인간은 자신이 결국 죽을 것임을 알지만 죽음에 이르기까지 무한히 다양한 삶의 경우가 있기에 희로애락 한다). 그러나 위대한 인간은 신과 주사위 놀이를 한다.

경험론 vs. 형이상학

경험적 이야기는 인식론적으로는 탄탄하지만 뻔한 얘기라 재미가 없다. 형이상학은 놀라운 사유의 세계를 펼치지만, 인식적 근거가 무엇인가라는 문제에 부딪힌다. 형이상학은 진위에 의미가 있는 것이 아니라 세계를 보는 색다른 시각에 의미가 있다.

평화와 운명

평화로운 금요일 아침. 그러나 고통에서 벗어나는 즐거움이나 안도감—이런 감정은 고통이 가져다주는 선물이다—은 없는 평화로움이다. 운명의 무상한 변천은 변화무쌍한 하늘의 변화와 같다. 인생의 파고가 없는 시간을 감사하자. 곧 다가올 운명의 변덕에 대비하며.

존재의 의미

내 존재의 의미를 존재적 의미와 사회적 의미로 구분할 때, 사회적 관계가 아닌 '세계와의 관계에서 내 존재의 의미(존재적 의미)'는 무엇인가. 들뢰즈는 '의미는 곧 사건'이라 했는데, 그것은 사회적 의미에는 적합하지만, 존재적 의미를 설명할 수는 없다. 사회적 의미를 갖지 않은 사건, 즉 나와 세계와의 관계에서 순수하게 나의 존재적 의미가 되는 우주(세계)의 사건이 얼마나 되겠는가. 유의미하다고 생각되는 탄생과 죽음도 존재적 의미의 시작과 끝을 나타낼 뿐 의미로서의 내용은 없다.

세계는 나와 대화하지 않는다.

너무나 많은 인연이 얽혀 설명할 수 없다면 그것은 우연이다. 결국 필연의 극은 우연이다. 이런 의미에서 나의 존재도 우연이며 나의 존재적 의미는 없다. 다만 사회적 존재로서의 의미만이 있을 뿐이다. 그러나 사회적 관계가 당위적이 아니듯 사회적 의미라는 것은 당위적 의미가 아니다. 사회적 의미는 자의적이다.

구조주의자의 주장대로, 주체 없는 구조 속에서 개체는 의지 없이 구조 속의 한 점에 위치할 뿐이라면 거기에는 존재의 당위적 의미가 없다. 존재적 의미는 구조 속의 개체가 아닌 주체와 세계를 전제로 한다.

세계는 나를 태어나게 하는 동시에 나를 무화시킨다. 세계에서 나의 존재적 의미는 없다. 종족 보존을 위해 후세를 만드는 것 또한 사회적 의미이다. 결국 내 존재의 의미는 사회적 의미밖에 없다. **나의 삶의 의미는 존재적/당위적인 것이 아니라 사회적/자의적이며, 삶의 의미는 세계가 나에게 부여해 주는 것이 아니라 내가 자의적으로 만들어 가는 것이다.** 즉, 삶의 의미는 내가 세계에 물어야 할 것이 아니라 '너의 삶의 의미가 무엇이냐.'라는 세계의 물음에 내가 대답해야 하는 것이다. 답은 세계에 있지 않고 나에게 있기 때문이다.

'삶의 의미'란 '삶이 우리에게 요구하는 것

'삶의 의미'란 '삶에 대한 나의 의무'

우연의 두 종류

하나는 원인 없는 것. 또 하나는 원인이 너무 많아 원인을 알 수 없는 것.

통찰력이 뛰어난 자일수록 그에게 우연의 범위는 작다.

기(氣), 도(道), 리(理)

기는 물의 흐름, 움직이는 것, 흘러가는 물 자체가 기는 아니다.

도는 물이 흐르는 방향, 정확히 인지할 수 없다. 리는 기의 형상, 표본이다.

◆ ══════ • ══════ **'12. 8. 18.** • ══════ ══════ ◆

죽음 앞에서

신의 프로그램을 거부한 인간, 죽음을 두려워하지 않는 인간이어야 한다.

죽음 앞의 이별은 쿨하지 않다. 그러나 쿨해야 한다.

형이상학적 진리는 없다. 형이상학적 주장이 있을 뿐이다.

무지

사춘기의 무지는 삶에 대한 무지, 어떻게 살아야 하는가를 모르는 철없음이다. 인생에 진입하지 못한다.

불혹의 무지는 삶에 취하여 깨어나지 못함이다. 인생에서 벗어나지 못함이다. 자신의 생을 객관의 대상으로 관조하지 못하는 무지이다.

인생

인생의 덧없음은 통시적 지각, 또는 죽음을 앞에 둔 자의 지각이다. 생에 취한 자는, 생의 화려함 가운데 있는 자가 왜 생의 종말을 맞는 자의 시각으로 인생을 바라봐야 하느냐고 반문할 것이다. 그 말도 맞다. 생의 모습은 자신이 처한 시공간에 따라 다른 모습이기 때문이다. 오히려 생의 모습이 변하는 것이 아니라 인간의 처지나 시각이 변하는 것이리라.

인생이란 누구나 앓아야 할 병이다. 일찍 앓고 가능한 한 빨리 나아야(벗어나야) 할 병인 것이다. 인생에서 벗어난다는 것은 우주의 섭리를 통찰함으로써 이미 알고 있는 미래(죽음)를 포함한 삶 자체를 유유자적하는 것이다.

사유한다는 것은 바위에 달라붙어 있는 굴처럼 삶에 빠져 있는 자신을 삶으로부터 떼어 내는 과정이다. 삶에서 벗어나 자유를 향유하는 것이다.

행복과 인식

행복은 행복을 지각하는 능력을 가진 자에게만 존재한다. 행복은 외부의 상황으로서 나에게 주어지는 것은 아니다. 내 의지와 인식의 분비물이다.

행복하려면 월요일이 아니라 금요일이어야 하고, 인간 군상들과 치이면서 살아야 하는 도시가 아니라 한적한 장소여야 하고, 충분한 금전이 있어야 한다는 생각은 외부 상황 종속적이다. 그렇게 생각하는 자는 실제로 그런 상황이 와도 결코 행복하지 못할 것이다.

섭리와 운명과 나

섭리는 우주에 있는 것인가, 나에게 있는 것인가.

운명은 내 밖에 있는 것인가, 내 안에 있는 것인가.

자유의 바람

비 그친 여름 새벽의 시원한 바람을 맞으며 왜 자유를 느끼는가. 토요일 아침이어서인가, 바람이 시원해서인가.

도가도 비상도의 두 가지 의미

첫째, 언어의 개념화의 한계 - 언어는 대상을 포괄적으로 표현할 수 있을 뿐 대상을 구체적으로 표현할 수 없다. 언어는 대상을 대략 그러그러한 것이라고 지칭할 수 있을 뿐, 바로 이러한 것이라고 지칭할 수 없다. 언어는 개념을 포함할 수 없고 개념은 실제를 포함할 수 없다. 어린아이들의 언어로 심오한 철학을 논할 수 없음과 같다.

둘째, 도(섭리, 우주의 이치)의 표현 불가능성 - 어떤 종교와 철학이라도 도를 표현할 수 없다. 모든 각각의 종교와 철학은 도를 인식하는 수많은 창 가운데 하나이다. 현존하는 모든 종교와 철학을 모두 합해도 도를 표현할 수 없다.

조직의 생리와 자연 파괴

먼 곳을 바라보고 싶은 마음. 그러나 눈을 들면 자연은 없다. 인공물이 점령하고 있다. 답답하다. 인간 조직의 생리는 자본주의의 생리를 벗어날 수 없다. 필요에 의해 건축물을 세우는 것이 아니라 조직의 유지를 위해, 조직 내에서의 인간의 자리를 위해 세운다. 자연은 지속적으로 파괴되어 간다. 향후 인간 조직은 자연 파괴가 아니라 자연 복원을 먹거리로 살아가게 되어야 한다.

사유와 관조

사유하는 삶이 곧 관조하는 삶은 아니지만, 사유는 관조로 가는 유일한 길이다.

문명과 행복

자본주의, 물질문명이 발달할수록 세상사에 얽매여 자유롭지 못하다. 자본주의는 끊임없이 인간의 욕망을 부추겨 자본을 확장한다. 이는 자본주의의 생존 법칙이다. 인간은 더 편리하고 풍요롭지만 그것을 유지하기 위해 더 많은 노동을 해야 하고, 욕망의 수준은 더욱 높아져 결국 과거보다 행복하지 못하다.

삶의 엔진

삶의 엔진은 사상이어야 한다. 육체적, 물질적 조건은 삶의 연료일 뿐이다. 직업과 수입은 사상적 삶의 도구로써 사상적 삶을 방해하지 않을 정도면 된다. 자신의 직업에 올인하는 자는 불쌍하다. 직업은 목적이 아니라 수단이기에.

가능성과 평안/집착

'가능성 없음에 따른 평안'은 진리이자 생의 아이러니다. 반대로 '가능성에 따른 집착' 또한 진리이다. 진리는 어떤 면에서는 모순을 내포하고 있다. 이 모순이라는 말에는 인간의 바람과 욕망이 배어 있다.

술에 대한 집착이 줄어들려면 술 마실 가능성이 없어져야 하는데, 건강이 나빠지고 결국 죽음 앞에서야(가능성이 없어져야) 집착하지 않게 되려나….

운명

인생이 타자와의 결투라면 내 상대는 내가 속한 사회나, 그 사회의 인간이 아니라, 우주이고 운명이다. 죽을 운명이지만 묵묵히 그 운명을 따랐던 그리스인들처럼 용감하게 운명의 길을 가야 한다. 시간의 작용으로 운명이 바뀌기를 바라지만, 그렇지 않다면 당당히 죽음을 맞으리라는 초연함으로….

내가 욥처럼 모든 것을 잃어야 한다면 그 과정에서 나는 주어진 운명과 싸우겠지만 운명 그 자체는 원망하지 않겠다. 본래 나는 운명의 손에 부쳐진, 섭리 안에 있을 수밖에 없는 존재임을 알기 때문이다.

영원불멸의 신의 운명보다는 멸할 수밖에 없는 나의 운명을 사랑한다.

현실과 관조

꽃은 흙 속에서 피어나지만, 흙 속에 존재할 수는 없다. 뿌리는 흙 속에 있어야 하지만 꽃은 하늘을 향해야 한다. 우리의 삶도 마찬가지다. 몸은 삶 속에 묻혀 현실을 살아가지만, 정신은 현실을 관조해야 한다.

태도의 선택

인간은 기쁨과 슬픔을 함께 갖고 있다. 어느 상황/태도를 선택하는가는 그의 결정이다. 표리부동하다는 비난은 어리석은 비난이다. '너는 왜 밥을 먹느냐.' 하는 비난과 마찬가지이기 때문이다.

직장

직장은 나를 구속하는 것인가, 내 자유의 원천인가. 직장은 물리적으로 나를 구속하는 동시에 내 사유를 가능하게 하는 전제 조건(금전)을 충족시킨다. 막연히 생각하면 직장은 구속이지만 깊이 생각하면 직장은 사유의 필요조건이다. 육체와 정신과의 관계다.

나는 어디서 왔는가

'나'란 무엇인가. 이 육체의 주체인가, 의식의 대상인가.

'어디'란 무엇인가. 이 우주의 안인가, 이 우주 밖의 또 다른 우주인가.

'오다'의 의미는 무엇인가. 본래 무엇이 있어 어디서 와서 어디로 간단 말인가.

철학, 이 삶의 전장(戰場)에서

인간의 슬픔

모든 것을 걸고 자신을 희생하며 성취한 '가능성'의 결과, 성취하고 보니 덧없는 것임을 깨달았을 때의 후회…. 시간을 뛰어넘을 수 없는 경험의 한계. 미네르바의 부엉이.

쾌락의 자유

진정 쾌락을 즐기려면 지금 즐기는 쾌락이 없어져도 좋고(집착하지 않음), 그 쾌락으로 인해 발생할 고통까지도 기꺼이 수용해야 한다.

관조

관조한다는 것은 자신을 객체화하는 것이다. 잘 모르는 많은 타인 가운데 한 사람으로 바라보는 것이다.

삶

한 조사가 '삶이란 무엇인가.'라고 물으면, 삶에 몰입한 자나 관조한 자나, 모른다고 답할 수밖에 없다. 삶 안에 있는 자가 삶 전체에 대해서 대답할 수 없음은 숲속에 있는 자가 숲 전체를 설명할 수 없음과 같다. 밤비 속에 있는 자는 그 비가 언제 그칠지 알 수 없다. 만일 삶을 초월한 자가 삶을 정의한다 해도 그 정의는 보편적 정의는 될 수 없다. 삶은 스스로 무엇이라고 믿는 바, 신념이며 각 개인에 있어 유명론적일 수밖에 없기 때문이다.

삶이나 도(道) 같은 형이상학적 의미에 대해서는 '삶이란 A이다.'라는 형식의 정의보다는 'A는 삶이다.'라는 형식의 정의가 더 보편적으로 수용 가능할 것이다. 전자는 삶의 핵심을 표현할 수 있는 반면 핵심을 둘러싼 많은 삶의 내용을 표현할 수 없고, 후자는 삶의 언저리 일부만을 표현하게 되는 한계가 있지만.

몸과 마음의 단련 정도

몸을 단련하는 것으로는 행복에 한계가 있다. 그것은 허기를 채우는 것과 같다. 배부름 뒤에 먹는 것은 고통이다. 몸을 단련하는 데 있어서는 최소한의 허기를 채우듯 그치고, 마음을 단련하는 것에 더 노력함이 현명하다. 마음은 단련할수록 더 큰 행복을 인식할 수 있다.

'12. 9. 3.

도(섭리, 순리, 이치)

도는 배우거나 얻거나 소유할 수 있는 존재의 대상이 아니라 인식의 대상이다.

주체로서의 인간은 도를 수천 가지의 창(철학과 종교)을 통해 알려고 하지만 각 창을 통해서는 도의 일부만을 알 수 있을 뿐이다. 인간이 할 수 있는 최선은 다만 도를 따르는 것. 도는 알 수는 없지만 따를 수는 있는 것이기 때문이다.

도란 글자 그대로 자연의 순리에 따라 앞에 놓여진 길이다. 그 방향과 목적지를 알 수 없는 길. 도를 닦는다는 것은 그저 무아, 무심으로 그 길을 걸어가는 것이다. 안으로는 무한히 자아를 비우는 일이며 밖으로는 인식의 지평을 무한히 넓혀 가는 일이기도 하다.

자아/의지의 속성은 따름이 아니라 거스름이다. 자아/의지는 언제나 도를 거스르며 펼쳐진다. 도를 따른다는 것은 무아가 되는 것이다.

깨달은 자는 '늘 곁에 있었고 지금도 있으나 다만 인식하지 못했던 도'를 인식한 자이다.

《논어(학이)》─인생의 가장 큰 기쁨 세 가지

학이시습지 불역열호 - 지혜를 인식하는 기쁨.

유붕자원방래 불역낙호 - 인생과 세상을 즐기는 기쁨.

인부지이불온 불역군자호 - 도 닦는 기쁨.

정진의 근원 주제

나, 세계, 타인, 나와 세계의 관계, 나와 타인의 관계.

단상

· 행복이든 명예든 원하는 것을 얻으려면 그것을 탐하지 말라.

· 철학의 세계를 경험할 수 있음은 큰 행운이다.

· 맛있는 음식은 조금씩 아껴서 먹게 되듯, 좋은 내용의 책은 조금씩 나누어 읽게 된다.

· 돌아오지 않을 자식을 기다리는 마음.

욕망의 주체

욕망을 버릴 수 없다면 차라리 욕망의 주체가 되어야 한다. 타인의 욕망에 유혹당하는 욕망의 객체가 되어서는 안 된다.

연역논증과 귀납논증

연역논증이 진리 보존적이지만 지식 비확장적인 반면에, 귀납논증은 진리 비보존적이지만 지식 확장적인 특징이 있다.

연역법은 명제의 참과 거짓을 증명할 수는 있지만 새로운 명제(지식)를 증진시킬 수는 없다. 이를 위해서는 귀납법에 의지할 수밖에 없다.

행복의 수준

정신 지체 모자의 행복. 그저 자식이 잘 살아가기를 바라는 마음. 소박하지만 고관대작의 행복과 우열을 가릴 수 없다. 우리가 원하는 행복은 어디까지인가. 행복은 그 자체가 목적이 될 수는 없으며 스스로 한없이 낮아질 때 부산물로서 주어지는 것.

살아가기

어떤 특정 주의자(主義者)로 산다는 건 무지의 소산이다. 섭리는 그렇게 간단히 특정한 주의로 표상될 수 없기 때문이다. 때로는 운명론자로 때로는 실존주의자로 세상을 이해하고 살아가는 것이 현명하다. 사전적으로 선취할 수 없는 섭리를 사후적으로라도 이해하려면 무한히 많은 주의(시각)가 필요한 것이다.

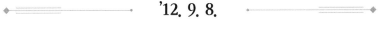

'12. 9. 8.

유머

유머란 자신의 상태를 관조한 결과다. 관조에는, 자신의 삶을 비웃을 수 있는 심리적 간격과, 극한의 삶도 두려워하지 않는 철학이 필요하다.

마음의 감옥

생각에 쫓긴 하루. 스스로의 마음의 감옥에 갇히다. 불안은 극한에 서지 못했다는 증거다. 걱정이나 고민 등으로 마음이 탁한 상태에서는 슬픔 같은 투명한 감정조차 느낄 수 없다. 걱정하는 자신을 동시에 관조할 수 있어야.

삶

인간의 삶은 인간이 정한 선과 악, 도덕과 비도덕의 담을 아슬아슬하게 타고 간다. 누구도 선과 도덕 안의 안전한 범위에 머물 수 없다.

이념

존재는 형이상학적 이념에 우선한다. 이념에 자신을 가두지 말라. 이념은 사고 분별의 도구일 뿐. 인간은 누구나, 비록 상충되는 이념일지라도 다수의 이념을 갖고 살 수밖에 없다.

비폭력주의, 아나키즘, 민족주의 등의 이념을 위해 목숨까지 버릴 수 있는 순수함은 젊은이에게서 찾을 수 있다. 젊은이는 인간 본래의 이기적 욕망을 경험하지 못한, 그래서 결국 세계를 바로 보지 못하는 순수한, 어리석음으로 자신의 신념을 굳게 만드는 것이다.

눈에 보이는 세상은 투명하고 명쾌한 코스모스다. 그러나 인간의 욕망이 얽힌 이면의 세상은 카오스이다. 비폭력주의도 그 단독으로는 절대 선이다. 그러나 세상 속에 놓인 그것은 상대적 선일 뿐이다. 세계는 무수한 진리의 조각으로 구성된 모자이크이다. 인간은 그중 자신의 욕망이 투영된 몇 가지 진리만을 붙잡고 이념화할 뿐이다. 그리하여 세상은 이념들의 전쟁터가 된다.

깨침과 자유

깨침의 한 표현은 관조의 극한. 한 인간의 자유의 정도는 자신의 삶
에서 얼마나 많이 벗어나 관조하였는가에 비례.

깃털처럼 가벼운 삶

깃털처럼 가벼운 삶을 살고 깃털처럼 가벼운 죽음을 맞아야 한다. 한
순간의 결심만으로는 결코 그런 삶을 살 수 없다. 자신과 세계와 섭리
에 대한 통찰이 전제되어야 한다. 그 통찰은 어렵고 복잡한 통찰이 아
니라 쉽고 단순한 깨달음일 것이다.

도가도 비상도의 형식적 의미

도가도 비상도의 형식적 의미는 단순하다. 삶이란 무엇인가라는 물
음에 '삶은 A이다.'라고 대답했을 때, A가 삶 전체를 나타낼 수 없다. 또
한 사과란 무엇인가에 대한 어떠한 대답조차도 사과를 포함할 수 없다.
언어는 실체를 포함할 수 없다.

아타락시아와 아파테이아

내가 원하는 것은 순수한 평안, 고통 없는 쾌락, 아타락시아. 그러나
도달해야 하는 곳은 고통을 보듬은 평정, 아파테이아. 아타락시아와 아
파테이아와의 관계는 견고함 측면에서 볼 때 순금과 합금과의 관계와
같다.

동일 존재, 상이한 인식

언제나 똑같이 놓여 있는 아침의 세계. 그 세계가 내 마음에 비칠 때에는 요일이라는 시간 분별, 내가 겪고 있는 심리상태 등이 투영되어 전혀 다른 모습으로 비친다. 선과 악, 극락과 지옥 등의 관념적 대상은 각각 따로 존재하는 것이 아니다. 같은 대상에 대하여 내가 다르게 분별하여 인식하는 것, 동일 존재에 대한 상이한 인식.

존재 또한 극한으로 밀고 나가면 무이고 그에 대한 인식도 무이다.

대상에 대한 분별, 구분은 지식의 범주를 벗어나지 못한다. 대상의 내용과 본질을 꿰뚫음이 지혜.

욕망

현실에는 신도, 신의 뜻도, 필연도 없다. 오직 있는 것은 인간의 욕망뿐이다. 인간의 욕망은 지칠 줄 모르고 그 모든 것을 창조한다.

행복한 사람

첫째, 고통이 없는 사람. 건강한 사람. 큰 욕망이 없는 사람.

둘째, 원하는 것을 할 수 있는 사람. 단 외부의 비난을 받거나 자신의 양심에 위배되는 것은 제외. 고상한 취미가 중요.

아직 건강하고, 좋아하는 것(술, 독서, 걷기, 사색)을 할 수 있는 자는 행복한 자.

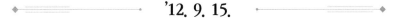

'12. 9. 15.

운명

운명은 역설적이지만 '알 수 없음'을 내포하고 있다. 그것은 예정되어 불변하는 것이 아니라, 시간의 흐름에 따른 우발성을 포함한다.

삶과 산책

초가을 휴일 새벽의 산책, 모든 것이 청량하고 기분도 좋아서 조금씩 아껴 걷는다. 마치 이 산책이 끝나면 생도 다할 것 같이. 그러나 이 산책을 지금 다시 하고 싶지는 않다. 같은 느낌을 반복함으로써 최초 느낌의 선명함을 퇴색시키고 싶지 않기 때문이고 이후에 또 다른 기쁨을 누릴 수 있는 다양한 기회를 잃고 싶지 않기 때문이다. 삶도 즐거운 산책과 같다. 현생은 즐거움과 아쉬움으로 농축되어 있고 그래서 더욱 떠나기 어렵겠지만, 그 즐거움을 아름답게 간직하고 표표히 떠나야 한다. 알 수 없는 기쁨들이 기다리는 미지의 세계로.

발전

인간의 발전하려는 욕망, 현재에 만족하여 머무르려 하지 않는 본능. 그것을 성취와 진보라는 말로 미화하지만 얻음은 잃음을 전제로 하고 성취와 진보는 희생과 파괴를 전제로 한다. 막상 그 발전했다는 단계에 가 보면 우주적 관점에서 과연 개선된 것일까.

연극과 죽음

구조 속에 놓여 있지 않은 자가 어디 있을까마는, 그 구조를 인생이라는 연극의 각본으로 생각하고 그 인생 자체를 관객의 마음으로 즐기며 관조하는 자는 많지 않을 것이다. 그리하여 연극이 막을 내릴 때, 자신의 죽음이 생의 절멸이 아니라 생의 완성임을 인식하는 자는 얼마나 될까. 인생은 연극이며 죽음은 연극의 완성이다.

자연주의적 오류

사실 판단과 가치 판단을 동일시, 동일선상에서 비교.

예) 어떤 것이 바람직하다는 것은 사람들이 실제로 그것을 바란다는 것이다.

환유의 오류

수렴적 정의의 오류. 형이상학적 개념이 주어가 되는 언술.

예) 삶은 A이다. 정의란 B이다.

인식의 열쇠

첫째, 내가 보는 세계는 여여(如如)한 세계가 아니라 자아의 투영이다. 자아라는 프리즘을 걷어 내지 않는 한 여여한 세계를 볼 수 없다.

둘째, 형이상학적 개념은 술어에 위치해야 한다. 형이상학적 개념이 주어가 되는 언술은 필연적으로 오류다(환유의 오류).

셋째, 언어는 개념을 포함할 수 없고, 개념은 실재를 포함할 수 없다.

넷째, 한두 가지의 이념과 철학으로 세계를 설명할 수 없다.

최고의 기쁨

인식(깨달음)의 지평을 넓히는 것.

염세적이라는 것

세상은 기쁨보다 슬픔이 많다거나, 인간은 본래 악하다거나, 인생은 행복보다는 고통이 지배한다거나 하는 견해에 대해 사람들은 염세적이라고 하지만 사실은 염세적이 아니다. 그것은 인간과 세상의 핵심을 있는 그대로, 제대로 바라본 것이다. 즉, 염세적이라는 것은 현실적이다. 사람들은 즐겁고 유쾌한 것을 지향하기에 자신의 욕망과 다른 것은 나쁘게 평한다. 그래서 위와 같은 정확하고 날카로운 견해를 염세적이라고 한다.

내 견해로는, 염세적이라는 것은 만나는 사물이나 타인의 경험, 타인의 이야기를 냉소적으로 바라보는 것. "그거 별거 아니야.", "기껏해야 그렇지 뭐." 하는 식으로 말하는 태도이다.

무상과 허무

세계 자체를 무상하다고 보는 것은 허무주의적 시각이 아니다. **한 대상을 시공간적으로 가까이 보면 화엄이고 멀리서 보면 무상인 것이다.** 즉, 현재의 인생은 화엄이며 무한의 시공간 속의 인생은 무상인 것이다. 무상의 세월 속에 화엄의 현재를 사는 지혜.

자연과 나

"과일과 사과는 분리되어 있다."라는 말이 거짓인 것처럼, "자연과 나는 분리되어 있다."라는 말은 성립할 수 없는 말이다. 비록 자연이 나는 아니지만 분명 나는 자연이다. 내가 자연이라면 자연의 변화에 나는 감정을 느껴서는 안 된다. 자연은 스스로의 변화에 대한 감정이 없기 때문이다. 감정을 느낀다는 것은 자신의 변화가 아닌 남의 변화로부터 영향을 받아 감정을 느끼는 것이다. **나는 자연이고 삶과 죽음은 자연의 변화이며 따라서 나는 삶과 죽음에 따른 감정이 없어야 한다.**

대자유

　자신이 자연의 일원임을 인식함으로써, 자신이 자연임을 깨달을 때 무아가 되고 비로소 대자유가 찾아온다. 대자유는 구속의 반대가 아니라 공이다.

　존재자는 의지를 펼치게 마련이고 의지를 펼친다는 것은 펼쳐지는 대상이 장애물로서 존재한다는 것이다(새의 비행과 공기). 존재자는 자유를 찾을 수밖에 없고 자유를 찾는다는 것은 자신이 무엇인가 자유롭지 못한 상태에 있다는 것이다. 따라서 존재한다는 자체가 부자유 속에 존재하는 것이다. 따라서 대자유는 존재함의 상태에서 오는 것이 아니라 존재하지 않음, 즉 무의 상태(무아, 공)에서 오는 것이다.

'12. 9. 16.

원인과 결과

　원인은 한 가지 결과에 대한 원인일 수 없다. 원인은 그 자체로 무수한 결과를 향해 그 영향을 발산한다. 결과는 한 가지 원인에 의한 결과가 아니다. 무수한 원인이 수렴되어 한 가지 결과로 나타난 것이다. - 원인은 발산하며 결과는 수렴한다.

의타기성

　노자의 성/덕/인/의/예/지. 석가의 연기법. 변화의 철학, 상대의 철학, 긍정의 철학.

　삶의 존재 근거, 그 기준은 죽음이다. 죽음이라는 배경이 없으면 삶은 정의될 수 없다.

　행복 또한 고통을 그 출발점으로 한다. 즉, 행복의 정도는 고통으로부터 얼마나 멀리 떨어져 있는가에 비례한다.

보다 중요한 것은 사회적 존재로서의 나(부, 지위, 명예)에 대한 사색이 아니라 우주적 존재로서의 나(존재의 의미, 존재의 목적, 우주와 나와의 관계)에 대한 사색이다.

'12. 9. 30.

색, 공

어떤 것을 '있다' 할 것이고 어떤 것을 '없다' 할 것인가. 영원히 있는 것은 무엇이고 영원히 없는 것은 무엇인가. 색이라 할 수 있는 것은 무엇이며 공이라 할 수 있는 것은 무엇인가. 만물은 변화의 소용돌이 속에 스스로 변하고 있는 중인데….

슬픔과 괴로움

슬픔은 현상에 대한 감정이다. 그것은 현상이 사라짐과 함께 사라진다. 괴로움은 스스로 그 원인을 생각해 내고 그 원인에 집착함으로써 발생하는 감정이다. 그릇된 욕망에의 집착이다. 괴로움은 그 욕망을 버릴 때 비로소 사라진다.

쾌락의 기본 조건

배고픔은 에피쿠로스적 쾌락의 기본 조건이다.

대화법

대화의 내용은 독후감처럼, 대상에 대한 서술은 일부, 자신의 느낌, 생각, 견해로 구성되어야 한다. 즉, 대상에 대한 묘사가 아니라 대상에 대한 생각이나 느낌이 중요하다. 대화 시 대상에 대해 말하지 말고 대상에 대한 견해를 말해야 한다. 지루하지 않도록.

죽음과 삶─대오(大悟) 8

죽음은 이미 내 것이지만 삶은 아직 내 것일 수 없다.

'나는 죽는다.'와 '그러나 아직은 아니다.' 중에 어디에 중점을 두어야 하는가. 대부분은 후자를 생각한다. 양자 사이에는 죽음과 삶의 심연이 놓여 있고, 무상과 화엄의 대비가 존재한다. 피할 수 없는 죽음이라면 관념적 죽음을 더 이상 유예시켜서는 안 된다. 경험적 삶은 관념적 죽음 이후에 존재하는 것이 바람직하다. 화엄을 바탕으로 한 무상보다는 무상을 바탕으로 한 화엄이 더 안정적이다. 삶 위의 죽음보다 죽음 위의 삶이 더 안정적인 것처럼.

죽음 위의 삶! 만물은 죽음을 딛고 살고 있다. 죽음과 혼재되어 뒤엉켜 살고 있다. 한순간의 시점에서는 삶과 죽음이 구분되지만 긴 시간을 한눈에 통찰하면 삶과 죽음은 하나다.

A라는 목적을 위하여 B라는 행위를 했을 때, 그 결과가 A가 아니고 C라면, C의 원인은 A(목적)인가, B(행위)인가, 아니면 A와 B 모두인가. 우주의 모든 것은 모든 것의 원인이자 결과이다. 우리는 끊임없이 이어져 발생하는 현상의 흐름을, 나눌 수 없는 사건을, 원인과 결과로 분리하려 한다.

분리할 수 없는 우주. 끊임없이 이어지는 삼라만상의 변화 중에서 어디서부터 어디까지를 잘라 내어 원인으로, 또 결과로 구분할 것이며, 그러한 변화 중에 있는 무엇을 가리켜 공이라 하고 무엇을 가리켜 색이라 할 것인가. 색과 공은 분리될 수 없다. 별도의 존재가 아니라 동일한 개념의 다른 표현이기 때문이다.

탄생과 함께 삶 속에 뿌려진 죽음의 씨앗으로 인해 죽음은 이미 삶 안에 내재되어 있다. 삶의 성숙과 함께 죽음도 성숙해 간다. 삶의 성장, 삶의 개화는 곧 죽음의 성장 죽음의 개화이다. 결국 삶의 열매는 죽음인 것이다.

죽음은 삶 이후에 오는 별개의 존재적 대상이 아니라 삶에 스며들어 있고 삶과 함께 성장하고 공존하는 삶의 일부이다. 우리는 그 죽음을 살아가고 있다.

고기잡이와 갈대, 새와 공기의 관계에서 전자는 후자의 방해를 받지만, 전자에게 후자는 없어서는 안 되는 존재이다. 삶은 죽음을 꺼리지만 죽음이 없는 삶은, 끝남이 없는 연주회처럼 지루하고 더 이상 의미 없으며, 결국은 어쩔 수 없이 살아야 하는 재앙이 될 것이다. 삶이 축복이듯 **죽음도 축복이다.**

본인의 죽음에 대해 두려워하거나 주변인의 죽음을 슬퍼하는 것은 죽음에 대한 오해에서 비롯된다. 죽음이란 영원한 본향이며 완전한 평안의 세계인 자연으로 돌아가는 것임을 확신하는 자에게 죽음은 자연현상이며 그 이상의 감정 이입이 필요 없는 당위다.

현실에 몰입한 자에게 죽음은, 생각하기 싫은, 끝없이 유예되어야 하는 사건이지만, 그는 부지불식간에 닥친 죽음에 무기력하고 불쌍하게, 처참한 모습으로 끌려가게 된다. 즉, 죽음이라는 사건에 임박해서는 죽음의 정체를 올바로 파악하기 어렵고 올바로 대처하기도 어렵다. 그래서 경험적 대처보다 관념적 사고를 통한 정리가 더 정교하고, 또 그러한 준비가 필요한 것이다.

사람들은 삶을 전제로 삶을 설계하지만, 현자는 죽음을 전제로 삶을

철학, 이 삶의 전장(戰場)에서

설계한다.

현자에게 타인의 죽음과 자신의 죽음에 대한 시각 차이는 없다.

죽음은 선취할 수 있으나 삶은 선취할 수 없다.

·'12. 10. 4.·

자살에 관하여

생에 대한 패배로서의 젊은이의 자살이 아니라, 생의 완성으로서의 노인의 자살은 화룡점정이다. 구차한 연명은 인생의 가치를 떨어뜨리는 사족이다.

그러나 죽음을 선고받아 얼마 남지 않은 인생이 불안하여 자살하는 것은 무지다. 그런 자살이 타당하다면 탄생과 함께 죽음을 선고받을 수밖에 없는 인간은 모두가 자살을 해야만 할 것이다. 그러나 고통이 존엄을 훼손하고 그 끝에 죽음이 놓여 있을 때, 또는 나의 의식이 육체를 버릴 때에는 화룡점정을 통해 자신의 생을 완성하여야 한다.

자살은 인간의 의지가 자연의 섭리를 거스르는 것이라 비난한다면 치료행위를 포함한 인간의 모든 의지 작용도 자연을 거스르는 것이므로 비난받아야 한다.

정신이 육체를 죽이는 것이 자살이라면 육체가 정신을 죽이는 것(자연사)도 자살이다. 인간의 죽음은 타살 아니면 자살일 수밖에 없다.

황혼의 애수

마지막 휴일 황혼의 거리를 바라볼 때 솟아나는 애수는, 내일 다가올 고단함 때문이 아니라, 삶의 황혼 자체에서 짙게 느껴지는 서글픔에서 연유한 것이리라.

쾌락의 갈망

　쾌락에 대한 갈망에는 허무와 권태가 깔려 있다. 희망, 의욕, 보람 있는 자는 쾌락에 탐닉하지 않는다.

무의미

　어린아이는 구슬치기에, 어른은 돈과 권력에, 반쯤 깨달은 자는 삶과 죽음에 연연하여 몰입하고 희비(喜悲)하지만, 개미가 큰 먹이를 나르느라 낑낑대는 것이 인간에게 무의미하듯, 인간이 욕망하는 모든 것이 자연에게는 무의미할 뿐이다.

　무의미 속의 인간의 추구는 그저 놀이일 뿐이다. 무지한 자의 인생은 희비가 엇갈리지만, 인생은 그저 놀이다. 놀이에 빠져 놀이를 실제라고 생각하는 것은 웃기는 일.

　그러나 개미는 개미의 행위를, 인간은 인간의 행위를 지속할 것이다. 그것이 무의미한 행위일지라도 그 행위를 지속하도록 운명 지어져 있으므로. 다만 무의미함을 깨닫고 행위 하기를 바랄 뿐이다.

화엄과 무상

　놀이로서의 화엄은 실제의 무상이다. 화엄과 무상은 이렇게 겹쳐져 있다. 모든 대상과 사태는 인간의 눈으로 보면 화엄이지만 자연의 눈으로 보면 무상이다. 깨달은 자는 두 층위를 동시에 본다. 모든 것은 화엄이자 무상이지만, 동시에 그것은 화엄도 아니고 무상도 아니다.

유(有)와 무(無)의 역설

죽음이 난무하는 일리아드의 영웅들은 죽음에 초연하지만 죽음을 자주 접하지 못하는 현시대의 인간들은 죽음을 확실한 존재로서 두려워하고 회피한다.

많음, 넘침은 그것을 없게 하고, 모자람, 드묾, 없음은 그것을 있게 한다.

'12. 10. 6.

연극의 소품

인생의 연극 무대 위에서 금전은 소품. 무대 밖으로 나갈 때 가져갈수도 없고, 결코 소유할 수도 없는 소품을 왜 탐하는가. 소품은 배우 누구에게나 배역에 맞게 적당히 주어지는 것. 인생의 연극 무대 위에서 권력과 명예는 소품. 무대를 떠날 때는 그저 배우인데, 왜 배우인 자신을 소품 속에 함몰시키는가. 배역에 따른 소품이 무엇이든 누구나 배우일 뿐.

동시에 본다는 것

화엄과 무상을 동시에 본다는 것은 연극 무대 안과 밖을 동시에 보는 것, 원/근을 동시에 보는 것, (미시적 세계인) 현실과 (거시적 세계인) 섭리를 동시에 통찰하는 것.

실존과 운명

나는 비록 구조주의 세계 속에 있는 객체적 존재라 해도 실존적 삶을 살 것이다. 거부할 수 없는 운명일지라도 실존적 자세로 타협할 것이다. 운명과의 타협은 운명의 무조건적 수용이 아니라 그 운명이 섭리에 비추어 타당함을 깨닫는 것이다. 감정 측면이 아닌 인과 측면에서 볼 때, 타당하지 않은 운명은 없다. 타당하지 않은 운명이 있다면 그것은 우연일 것이며 우연은 내가 미처 통찰하지 못한 인과, 즉 운명이기 때문이다.

철학을 한다는 것

철학을 한다는 것은 나의 죽음을 포함한, 발생 가능한 모든 상황의 인식적 선취를 추구하는 것.

죽음에 대한 상실감

상대의 죽음에 대한 상실감은 그에 대한 애정에 비례한다. 즉, 그가 존재함으로써 자신이 얻을 수 있었던 것에 비례하고, 즉 그의 죽음으로 내가 받을 고통에 비례한다.

광인

관습, 제도, 법의 가면을 쓰지 않은 자. 자신에 몰입하여 스스로에게 솔직한 자.

'12. 10. 7.

실존적 스토이시즘

원치 않는 배역을 원망하며 억지로 연기하기보다는, 배역을 받아들이되 그 배역을 개선하려는 실존적 스토이시즘. 노예 배역의 체념적 수용이 아닌 실존적 반란.

배역에 상관없이 그 배역을 멋지게 소화하여 연기하는 기쁨. 배역에 몰입하여 배역과 내가 하나가 되는 수준의 연기를 하지만 나는 배역이 아닌 배우의 입장에서 나의 연기를 즐김.

색즉시공

자연의 무궁한 소용돌이 속에서 무엇을 삶이라 하고 또 죽음이라 할 것인가. 자연의 변화라는 통 속에서는 색즉시공 공즉시색이다.

자아

자아는 깨달음의 주체이자 깨달음의 장애물. 세계 안에 위치하여 나와 세계를 분별하는 자아를 벗어나, 세계 밖으로 나가 세계와 하나 되어 세계를 하나의 전체로서 통찰하는, 나를 지향한다. (사고의 주체인) 내가 있다 → 아상(我相)이 사라지다 → 본래 무(無)였다.

죽음, 슬픔, 평정

누워 계신 아버지 앞에서 죽음의 인식보다 눈물이 앞서는 것은 이성보다 감정이 앞서는 까닭이다. 딸에게 죽음은 슬퍼할 것이 아니라고 말하면서 정작 내 눈물이 글썽거림은 무슨 까닭인가. 아버지의 죽음 자체는 자연의 이치로 생각하면서도 딸에게 그 죽음에 대해 말할 때 감정이 앞서는 까닭은 무엇인가. 죽음이라는 우주의 섭리 앞에 평정을 유지하지 못하고 슬픈 감정에 휩싸일 수밖에 없음이 슬프다.

악의 지배

옳은 길이 평탄했던 적은 없었다. 사필귀정의 귀에 주목해야 한다. 정의의 승리라 해도 긴 패배 끝의 짧은 승리이다. 정의는 잠깐 자신을 드러낼 뿐이다. 세상은 악이 지배하는 것 같다.

존재적 의미 vs. 사회적 의미

세계와 나 사이에 나의 존재적 의미. 즉, 내가 꼭 존재해야 하는 이유는 없다. 타인과 나 사이에 나의 사회적 의미만이 있을 뿐이다.

***

'12. 10. 13.

단상

- 죽음에 대한 정리란 자신의 죽음을 인식하고 그에 따른 삶의 자세를 확립하는 것이다.
- 지금 가진 것이 무엇이든, 무엇을 얻든, 무엇을 잃든, 어떤 변화의 와중이든, 본래 내 것은 없었음을 기억하라.
- 삶은 죽음을 넘지 못하지만, 죽음의 슬픔은 삶의 허기를 넘지 못한다.
- 무엇이든 정의하지 말 것. 그 정의는 결코 옳을 수 없으니.

상황과 자아

쾌락의 상태로 갈수록 자아가 작아진다. 극한까지 밀고 나간 황홀경은 무아다. 반대로, 외부 상황에 칠정으로 반응하면 할수록 자아는 확실히 나타난다. 마음이 불편한 이유는 무엇인가. 원치 않는 상황이 펼쳐지고 있기 때문이다. 그런 상황에서는 자아와 의지가 빠르게 형성된다. 그러나 본래, 상황은 나를 위해 만들어지지 않음을 명심해야 한다.

사회적 가치

사랑, 정의, 의리 등 굳이 지키지 않아도 현실적으로 문제가 되지 않는 사회적인 가치를 위해 목숨을 바치는 사람을 동경하게 되는 것은 왜 일까. 사회적 가치는 감정을 분출시킨다는 것을 알면서도 사회적 가치에서 벗어날 수 없음은 나도 구조화되었기 때문인가. 나는 왜 철학을 하는가. 평안하게 살기 위해서라면 오늘만은 거부하고 싶다.

선취된 욕망, 불성, 죽음

우리는 이미 충족된 욕망을 추구하며, 욕망의 성취 지연을 통해 그 욕망을 유지하고 있는 것은 아닐까.

이미 내 안에 있는 불성, 그것을 인식하려는 정진, 그 결과 본래 불성이 내 안에 있었음을 확인.

이미 선취된 죽음, 죽음을 피하려고 발버둥 치지만 결국 죽음에 다다름을 확인.

욕망하는 것들과 피하려는 것들 모두가 이미 선취되었거나 본래 내 안에 있는 것은 아닐까. 인식의 무지로 인해 헛된 노력을 하는 것은 아닐까. 모든 것은 자신의 운명이 예정된 모나드가 아닐까.

단상

· 감각은 지혜보다 생생하고 진하다.
· 세계여 나를 무화(無化)하라. 그러나 세계는 나를 무화할 수 없다. 무화는 나 스스로 무(無)임을 인식함으로써만 되는 것.
· 삶은 기쁘고 즐거워야 한다. 그러기 위해서는 항상 본래 무(無)임를 생각하라.

범인의 삶

범인에게 인생은 고통이며 최소한 쾌락/행복은 아니다. 하루의 일과를 생각해 보라. 대부분의 행위는 생의 유지를 위한 의무로서의 행위이다. 자신이 원하는 한 잔 술을 마시는 짧은 시간을 위해 하루의 대부분을 노동으로 보낸다. 자신을 행복하게 할 욕망은 대개 충족시키기 어려운 욕망이다(쉽게 충족되는 것을 욕망하지는 않는다).

소크라테스의 말대로, 삶과 죽음 가운데 무엇이 더 좋다고 할 수는 없다. 인간은 살아 있는 현 상태를 유지하려는 본능 때문에 죽음을 꺼리는 것이 아닐까.

독서의 이유

다방면의 많은 책을 탐독하려는 것은 영어사전을 다 외우려는 것이 아닐까. 그것은 불가능한 일이기도 하거니와 무익한 일이기도 하다. 깨달아야 할 핵심은 자신, 세계, 타인에 대한 통찰과 세 요소들의 상호관계에 대한 통찰이다. 다방면의 다양한 책은 이러한 통찰을 위한 사색의 재료로써 가치 있을 뿐, 그 자체 지식으로서의 가치는 크지 않다.

삶, 죽음, 자유

죽음은 이미 내 손에 부쳐졌으나 삶은 내 의지와 무관하게 펼쳐진다.

'삶을 떠나서 자유가 존재하는가.'라고 물을 것이 아니라 오히려 '진정한 자유는 삶을 떠나야만 존재하는 것.'임을 알아야 한다.

자연은 크게 변하지 않는다. 끝없이 변하는 것은 대상과의 관계 속에서의 내 마음이다.

존재적 평등

부귀, 권력, 명예 등 어떤 한 가지 기준으로 사람들을 분별하거나 크기, 빠르기 등으로 대상을 구분한다면 모든 것은 평등하지 않으며 그것은 인위적 불평등이다. 그러나 아무리 귀한 인간도,

"꽃 한 송이를 피울 수 없다는 점에서는 한 줌 흙보다 못한 존재다."

– 신영복

만물은 자기 존재로서의 배타적 가치를 지니고 있기에 존재적으로 평등하다.

고해(苦海)

인생이 고해인 까닭은 세상 자체가 고해이기 때문이 아니라 인간 자체가, 또한 인간 사회가 고해이기 때문이다. 자신의 모든 비애는 자신을 포함한 인간관계에서, 결국 자기 자신에게서 비롯된다는 것이 인간의 숙명적 슬픔이다.

본래 무아임을 깨달은 자에게 생로병사는 자연의 이치일 뿐 더 이상 고통이 아니다.

진리

세상의 모든 것과 상황을 조명할 수 있는 절대적인 진리는 없다. 다만, 보다 많은 것을 조명할 수 있는 진리(연기, 공, 무아 등)가 있을 뿐이다.

비인간적 행위라는 말의 모순

첫째, 인간의 행위는 무엇이든 인간이 행한 행위이기 때문에 비인간적일 수 없다.

둘째, 냉혹한 행위나 비도덕적인 행위를 비인간적이라고 표현하는 것은 인간의 행위의 반경을 제대로 파악하지 못한 무지의 소치이다. 인간 행위의 극악무도함에는 끝이 없다.

셋째, 비인간, 즉 동물이나 식물의 행위는 인간의 행위만큼 잔혹하지 않다. 그들이 '비인간적인 행위'라는 말을 듣는다면 어이없는 웃음을 지으리라.

욕망

욕망에 얽매이지 않는 방법 - 욕망이 생기기 전에 해소하는 것. 욕망이 발생할 수 있는 환경을 차단하는 것. 삶의 토대는 죽음임을 생각하는 것.

욕망은 쾌락을 내포하고 쾌락은 또 다른 욕망을 품고 있다.

옛 연인

옛 연인과 그 기억이 세월을 거슬러 가며 소중한 이유는 그 연인이 나를 사랑했었다는 믿음 때문이다. 내 인생에서 나를 사랑한 몇 명 되지 않는 타인이기에.

폭풍처럼 휘몰아치던 누군가를 향한 나의 사랑에 대한 기억은 희미하지만, 나를 향했던 연인의 잔잔한 사랑은 가슴속 어딘가에 온기를 간직한 채 묻혀 있다. 나의 아사코.

기억이 남아 있다면 그 연인의 존재와는 상관없이 사랑을 할 수 있다. 기억은 불완전하지만 사실이기 때문이다. 이 사랑은 내 앞에 실존하는 연인과의 사랑보다는 불완전하지만 짝사랑보다는 완전하다. 과거에 실재했던 기억에 근거한 상상 속의 사랑에도 실제와 유사한 기쁨과 애잔함이 들어 있기에.

인간

이 세상은, 지옥문에 등을 기댄 자에게는 천국이며, 천국 문에 등을 기댄 자에게는 지옥이다. 왜 인간은 나이가 들어가고 경험을 많이 하고 지식이 쌓여 감에 따라 세상에 대해, 대상에 대해 비난과 불평이 늘어나는 걸까. 왜 자신은 천국의 문에 등을 기대고 있다고 생각하는 걸까.

나의 삶

삶은 내 앞에 **펼쳐져** 있다. 이 삶을 어떻게 **누릴** 것인가.

삶에 갇힐 것인가, 삶을 즐길 것인가, 삶을 초월할 것인가.

'12. 11. 2.

작은 근심, 큰 걱정

삶에 충실하다는 것이 먹고사는 사소함(?)에 몰입하는 것이라면 그 삶은 미미한 동물적 존재로서의 삶과 다르지 않다. 그것은 **사소한 근심 속에 숨어, 삶과 죽음이라는 큰 걱정을 의도적으로 회피하려는 것이다.** 인간다운 삶은, 먹고사는 것이 최소한만 보장된다면 더 이상 그것에 몰입하지 않고 자신과 세계에 대해 사유하고 기여하는 것이다. 삶, 죽음, 세계, 섭리 등에 대해 알 필요가 없는 삶이라면 그러한 인간의 삶은 얼마나 참담한 것인가. 무의미한 삶이다.

말 없는 우주, 말하려는 인간

우주는 본래 무개념으로서의 공. 그러나 개념화하려는 인간에게는 색. 인간이 공을 색으로 인식하다. 자신이 만든 개념 속에서 허우적거리며 고민하는 인간. 섭리조차 인간이 만든 개념일 뿐. 우주는 아무 말도 하지 않는다.

생각의 극한에서 생각을 벗어나다. 개념을 초월한 우주의 일원으로서 분별없이 살다. 개념의 세계를 벗어나다. 진정한 자유.

꽃은 당초 어디에 있었는가. 씨앗도 아니고, 땅도 아니고, 비도 아니다. 꽃은 만물의 연기의 결과이며, 나아가 만물은 만물의 연기의 결과이다.

'12. 11. 3.

길과 도로

자신이 지금 살아 있음을 즐겨라. 더구나 안락한 상태에 있다면야.

길을 걸어가는 현재의 상황을 즐기지 못한다면 그 삶은 다가올 미래의 목표를 위해 현재를 누리지 못한 채 **도로**를 질주하는 삶이다. 그러나 긴 현재를 희생하여 짧은 미래를 얻는다 한들 무슨 소용인가. 미래의 불투명한 10년을 위해 현재의 확실한 50년을 희생하는 것이라면….

행복

"행복해서 웃는 것이 아니라 웃어서 행복한 것이다."

행복은 억지로 웃어서라도 행복해지려는 의지 속에 있다.

행복은 행복을 인식하는 자에게만 있다.

깨달음

깨달음은 산속 깊은 곳에 있지 않다. 많이 수련한 자만이 가질 수 있는 귀한 것도 아니다. 섭리는 도처에 널려 있어 누구라도 인식할 수 있는 것이다. **나의 깨달음 또한 나만의 특별한 것일 수 없다.** 아무 생각 없이 그저 보기만 하면 되는데, 보지 못하는 사람들은 무슨 생각을 하고 있는가.

존재적 인간과 사회적 인간

이백은 시간과 자연 등 '세계와 나와의 관계'를 노래한 존재적 시인이다. 두보는 타인과 사회 등 '현상과 나와의 관계'를 노래한 사회적 시인이다.

사람 대부분은 사회적 인간이고 존재적 인간은 드물다. 사회적 인간이 볼 때 존재적 인간은 이기적이고 부도덕한 미친놈이다. 그러나 존재적 인간에게 사회적 인간은 불쌍한 중생이다.

존재적 의문에 대한 정리 없는 사회적 삶은 맹목이다.

존재적 삶이라는 목적을 위해 사회적 삶이라는 수단을 사용하는 것이다.

허기와 욕망

금전을 향한 인간의 욕망은 산해진미를 갈망하는 허기와 같은 것이다. 그 허기는 짬뽕 한 그릇이면 사라진다. 금전 또한 짬뽕 이상으로 필요한 것은 아니지만 인간은 존재의 불안 때문에 짬뽕만으로 만족하지 못한다. 즉, 육체적 욕망(허기)은 해소되지만, 정신적 욕망(금전)은 해소되지 않는다.

단상

· 불안은 무지에서 연유하고 평화는 인식에서 온다.
· 목적은 구속이다. 목적을 위한 삶은 무목적의 삶보다 부자유한 삶이다.
· 인간은 누구나 자신만의 시공간을 산다. 서로가 서로의 주변인으로서 지켜볼 뿐, 함께할 수 없다. 함께할 수 있다고 믿을 뿐이다.
· 그냥 길이 ○○길(예를 들어 올레길)이라는 명칭과 의미를 부여함으로써 새롭게 태어난다.

걷기

차량을 타고 가는 것보다 걷는 것이 더 자유롭다. 홀로 걷는 것보다 더 큰 자유와 고독이 어디 있으랴. 홀로 걸을 수 있다는 것은 큰 호사다. 철학을 할 수 있는 것처럼. 그러나 철학을 할 수 있는 외적 환경이 축복인가, 철학을 할 수 있는 내적 평안이 축복인가.

사는 이유

삶을 사는 최종적인 이유는 삶을 즐기기 위함이다. 삶을 배우는 이유도, 섭리를 깨우침도, 결국 삶을 즐겁고 평안하게 살기 위해서다.

사상과 언어

머릿속의 사상의 내용은 고결해도 입으로 소통하는 언어에는 사상을 실을 수 없다. 언어로 인코딩된(전달하는) 나의 사상을 상대는 디코딩(이해)하지 못한다.

스토아 철인

스토아 철인들과의 만남은 큰 행운이다. 그들은 권력과 명예와 부를 구하지도 않지만 피하지도 않는 초연함과, 그 무엇에 대해서도 두려움과 동경 없이, 인간답게 사는 길을 보여 준다. 그들에게 피해야 할 고통은 없다. 맞서야 할 운명이 있을 뿐이다

범인들은 권력, 명예, 부를 삶의 목적으로 여기지만 철인에게는 유머의 재료일 뿐이다. 범인은 가난을 비웃지만 철인은 부를 비웃는다. 스토아 철학은 무지하고 헐벗은 대중이 수용하기에는 너무 고결했다.

삶과 회상

인생을 살아가는 것이 길을 걸어가는 것이라면 살아온 인생을 회상하는 것은 도로를 자동차를 타고 거꾸로 질주하는 것이다. 온종일 힘들게 걸었던 길도 차로 돌아오면 일, 이십 분인 것처럼, 그토록 힘들고 파란만장했던 우리의 삶도, 죽음을 등에 대고 돌이켜보면 한순간의 꿈이다. 그것은 허무와 회한 그리고 행복의 파노라마이다.

'죽음이 깃털처럼 가벼움'을 알면서도 '산처럼 무거운 삶'을 살아간다.

삶의 태도

'이처럼 좋은 시간이 앞으로 나에게 얼마나 더 주어질까.'를 생각하며 현재를 귀하게 즐기는 것도 좋은 삶의 태도이지만, 안락한 상황뿐만 아니라 어떠한 상황에서도 그 시간을 즐길 수 있다면 더욱 훌륭한 삶의

태도이다.

범인

사람들의 관심은 왜 소화기(먹고 배설하고)와 생식기(이성과의 성적 관계)에 집중되고 오감을 즐기는 것에 한정되어 있는가. 배를 그만큼 채웠음에도 왜 수저를 놓지 못하는가. 결국 배가 터지고 나서야 자신의 어리석음을 깨닫지만 이미 돌이킬 수 없는 시간.

비처럼 날리는 낙엽을 보면서도 자연이 보여 주는 생의 인과를 인식하지 못한 채 다른 세상사에 몰두하는 인간은 어린애인가. 이 순간 정경에 스며 있는 우주의 섭리를 인식하라. 쓸데없는 인위적인 음모의 비밀을 파헤치려 몰두하지 말고.

분노하는 인간

분노하는 인간은 인과를 모르는 무지한 자이거나, 자연의 인과를 무시하는, 운명을 벗어난 자다. 그러나 후자는 거의 없다.

현자의 삶

현자의 삶은 이미 삶을 벗어나 있다. 그에게 삶은 이미 풀어 버린 수학 문제 같은 것이다. 그러기에 현자는 가족마저 떠나 구도의 길을 간다. 가족들의 생의 펼쳐짐과 나아가 인간의 생의 펼쳐짐까지 통찰했기에.

이태백과 두보

두보는 세상의 처참함과 자신의 불우함, 즉 운명의 결과를 노래했지만 이태백은 운명 자체와, 운명의 원인인 세계의 섭리를 노래했다. 지상을 빗대어 천상을 노래했다.

여행

여행은 공간이 아닌 시간을 즐기는 것. 현재의 자유로움을 즐기는 것. 공간이나 물질적 대상에 대한 집착은 욕망에 대한 집착과 같다. 막상 가 보면 만족은 잠시, 또 다른 장소를 향해 달려가게 된다.

사랑

사랑을 위해 영혼을 주다. 순간을 위해 영원을 포기하다. 순수한 쾌락을 위해 이성을 버리다. 이런 사랑이 곁에 없음을 자괴해야 하는가, 다행으로 여겨야 하는가. 이미 알아 버린 사랑의 정점, 그 공허함을 위해 전력함은 열정인가, 무지인가, 건망인가.

낮술

낮술은 특히 세상을 아름답게 만든다. 세상이 본래 아름답지 않은 것이라면 나에게 낮술은 보배다. 그 순간은 춘야연도리원서(부 천지자만물지역려, 광음자백대지과객, 이 부생약몽, 위환기하)의 이백의 마음이다. 낮술이 좋은 또 하나의 이유는 취함을 즐길 해가 많이 남아 있기 때문이다.

자연의 빚

이 눈부신 삶은 너무나 소중하지만, 하시라도 내주어야 할 빚임을 알기에, 짧은 이 순간을 놓치지 않기 위해 큰 숨을 들이쉰다. 내 삶은 내 소유가 아니라 순전히 자연의 빚임을 아는 이가 얼마나 되랴. 갚지 않아도 되지만 최선을 다해 잘 살아야 하는 조건으로 얻은 빚. 자연의 축복이자 행하(行下)다.

생명과 관조

생명의 창조와 관조는 동시에 병행할 수 없다. 동일한 인간에게 젊음과 늙음이라는 시차가 있는 것과 같다. 아름다운 이성을 앞에 두고 생명의 창조가 아닌 관조를 생각할 사람은 얼마나 될까.

거리 두기

대상을 너무 가까이 보면 사시가 된다. 대상을 제대로 볼 수 없다. 올바른 인식에는 거리 두기가 필요하며, 깊은 통찰일수록 대상과의 먼 간격이 필요하다.

성찰

내 밖의 세계에 대한 성찰로 세계에 대한 인식은 넓혀갔지만 내 안의 세계에 대한 인식은 어떠한가. '그럴 수밖에 없음'과 '그것밖에 되지 않음'은 내 안의 성찰 부족이다.

내 사유의 한계는 삶, 죽음, 운명, 섭리까지인가.

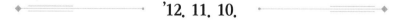

'12. 11. 10.

사회적 가치/존재적 가치

돈, 명예, 권력 등 사회적 가치는 인위적, 조작적, 가변적이어서 진정한 기쁨을 주지 못한다. 반면 세계와 나와의 관계에 대한 깊은 통찰에서 깨닫는 존재적 가치는 본질적이며 변하지 않는 가치이다.

철학, 이 삶의 전장(戰場)에서

내 세계의 한계

"우리가 생각할 수 없다는 사실을 우리는 생각할 수 없다. 그러므로 우리가 생각할 수 없다는 사실도 말할 수 없다."

- 비트겐슈타인

- 내 언어의 한계는 내 세계의 한계를 의미한다.

우연의 인식

우연은 너무 큰 조각으로 이루어진 모자이크라서 엄청난 시공간 상의 거리를 두어야 비로소 인식할 수 있는 것인지도 모른다. 그리하여 우연은 결코 선취할 수 없고 결과만으로 후취할 수밖에 없는 운명과 같은 것인지도 모른다. **우연은 통찰하지 못한 운명.**

섭리와 분별

선(禪)에서 분별하지 말라는 것은 분별이 부당하다기보다는 무의미하기 때문일 것이다.

우리의 삶에서 일어난 일은 이미 사실이기에 인정할 수밖에 없다. 그 일에 대한 우연/필연, 선/악을 분별하는 것은 섭리에 대한 인간의 오류일 수밖에 없다. 섭리의 무늬는 인식하기에는 너무 크다. 세계는 아무 말도 하지 않는다.

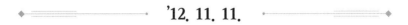

'12. 11. 11.

반성

시간적 여유와 쾌락이 제공되는 삶이라 해도 무엇인가 불안한 것은 철학을 하기 때문일 것이다. 그러나 '영혼을 입술에 두고(죽음을 등에 지고)' 사는 한, 더 이상 두려움은 없다.

나조차도 육체적, 물질적 차이는 확실하고 대단하게 생각하고 정신적, 형이상학적 차이는 작게 생각하려 하는가. 정신의 효용은 무한하나 물질의 효용은 제한적임을 알면서도.

'12. 11. 17.

행복

행복은 감정의 대상이 아니라 지각의 대상이다.

죽음

죽음이 오기 전, 죽음은 삶의 배경이며 삶의 원동력이다. 죽음이 없다면 삶은 무의미하며 삶 자체를 인식하지 못할 것이다. 결핍이 행복의 전제 조건이듯 죽음은 삶의 기쁨에 대한 전제 조건이다. **죽음은 존재의 의미를 박탈하는 것이 아니라 존재의 의미를 부여한다.**

죽음이 왔을 때, 생전의 정신과 영혼을 지닌 존재로서의 의미는 사라지지만, 본래적 존재의 의미—우주의 일원으로 화하는 측면에서 정신과 영혼에 구애받지 않는—를 비로소 갖게 되는 것이다.

환상 속의 삶

진리 추구의 길이 고통스럽고 긴 세월을 필요로 한다면, 유한한 인간으로서는 그 세월을 환상 속에서 쾌락으로 살아가는 것이 현명한 것이 아닐까.

존재한다는 것

존재한다는 것은 반드시 공간 속에 연장해야 하는가. 기억 속의 존재로서, 정신이나 다른 육체에 영향을 주는 존재로서 존재할 수는 없는가.

신은 반드시 존재해야 믿을 수 있는가. 종교는 신의 유무와 상관없이 힐링 패키지로써 존재할 수 있다.

사색의 한계

사색의 한계는 사색할 주제의 결핍, 그리고 자신과 세계에 대한 의문 결여(자신이 모르는 것이 무엇인지를 모른다는 것)에서 연유한다.

관점의 차이

인생과 세계가 개인의 입장에서는 자유와 우연으로 이루어져 있지만, 우주의 관점에서는 운명과 필연으로 이루어져 있는 것.

현재를 살기

현재를 사는 것은 현재를 의식적으로 느끼고, 즐기고, 기억 속에 붙잡으려고 노력하며 사는 것.

천천히 무심하게 걷고 있는 휴일 오후, 지금보다 더 좋은 시간이 미래에 주어지지 않음을 인식한다. 무언가 급하다는 것은 현재를 빨리 벗어나려는 것이다. 현재를 사는 자는 급하지 않다. 느리다. 미래로 빨리 가야 할 이유가 없다.

시간과 공간 즐기기

시간을 정해 놓고 공간을 걷기와 공간을 정해 놓고 시간을 즐기기 중 나는 후자를 선호한다. 결국 늦가을의 정취가 물씬 풍기는 이 공원의 풍경을 즐기기보다는 이런 시간을 즐기기를 원하는 것이다. 사람들은 시간적 자유보다는 공간적 자유를 원할 것이다. 좁은 공간의 긴 삶과 넓은 공간의 짧은 삶.

사람들은 어떤 목적, 대상, 장소, 상황을 향해 자신이 달려간다. 현자는 그것들이 자신을 향해 다가오도록 하여 그것들을 맞는다. 달려가든 기다리든 어차피 올 것은 오기 때문이다.

몰아

몰아는 무아임을 인식한다면 자아는 의식의 주체가 아니라 의식의 대상임은 자명하다. 의식이 한 곳에 집중되면 다른 모든 의식의 대상은 의식에서 사라진다.

깨달음

깨달음이란 자신에 대한 끊임없는 확인이다. 어느 순간 죽음이 두렵지 않을 때, 모든 운명에 두려움이 없을 때, 자아는 없고 세계만 있을 때, 비로소 깨달음에 가까이 간 것이다. 외부의 어떤 특별한 사실을 인식하는 것이 득도가 아니었다. 그런 깨달음을 견고히 하고 실행하는 것이 득도이고 성불.

단상

· 내 삶의 동력과 쾌락은 깨달음에 의한 정신적 고양감.

· 건강을 위해 걷는 자. 술 마시기 위해 걷는 자. 사유하기 위해 걷는 자.

나와 세계와 타자

세계와 마주한 나, 생각이 멈추고 자아가 사라진다. 나를 잊는다.

타자와 마주한 나, 생각이 시작되고 자아가 드러난다. 다시 내가 된다.

서영에게

한 인간으로서 시대의 사명(시대가 너에게 요구하는 고통)을 회피해서는 안 된다. 시대정신으로서 용감하게 실존하지는 못할망정 편한 삶만을 찾아 헤매는 비굴한 인생이어서는 안 된다.

최고의 삶의 철학

정신적 비약 없이 도달할 수 있는 최상의 삶의 철학은 스토아 철학과 에피쿠로스 철학이다. 약간의 비약이 요구되는 철학은 불가 철학, 도가 철학. 많은 비약 위에 있는 것이 종교다.

찰나의 삶

인생을 통찰해 보면, 인간의 추구가 무슨 유익이 있을까. 유익이 있다 한들 얼마나 지속될 것인가. 유익의 주체마저 사라져 버리는데…. 그러나 무상은 또한 화엄의 배경. 화엄은 무상을 배경으로 할 때만 드러난다. 하여, 찰나의 삶을 살 수밖에 없는 인간은 찰나의 순간을 즐겨야 한다. 자신의 운명을 즐겨야 한다.

언어와 실재

언어는 표현을 위한 도구이다. 언어는 실재를 묘사할 뿐이다. 실재의 주위를 맴돌 뿐이다. 실재를 인식하기 위해서는 언어가 끊기고 생각이 끊겨야 한다. 언어를 통해 깨달음 가까이는 가지만, 언어를 버리지 않는 한 깨달음 안으로 들어갈 수 없다. 언어로 표현된 사상은 결국 모사의 유희일 뿐이다.

섭리 안에서

무엇에 비추어 선이고 악인가. 섭리를 배경으로 볼 때 선, 악은 없다. 우리의 추구는 바람을 보려 하는 것은 아닌지.

주체, 구조, 탈(후기)구조 철학에서의 나

주체 철학: 나는 환경에 맞서는 이성적 존재.

구조주의: 나는 이미 정해진 구조 속에 던져진 수동적 존재.

탈구조주의: 나는 구조적 현실이 아니라 유동적 현실 속의 존재.

이미 부처

이미 부처인데 아직 부처가 아닌 것으로 착각한다. 이미 부처인데 부처가 되기 위해 정진한다. 끝없는 정진을 하며 언젠가 부처가 되리라고 생각한다. 정진 끝에 깨달음을 얻어 부처가 되지만 그때야 비로소 이미 부처였음을 인식한다.

불성과 도

불성은 도달해야 하는 경지가 아니라 수행의 과정 속에 있다.

불성은 불성을 향한 간절한 마음속에 있다.

도는 수행을 마친 후의 결과가 아니라 그 과정의 길 속에 녹여져 있는 것.

도는 수행의 부산물, 수행의 분비물이다.

자신에 대한 깨달음을 '불성'으로, 세계에 대한 깨달음을 '도'로 표상할 수 있을까.

선문답(禪問答)

문: 삶, 죽음, 부처는 무엇입니까.

답: 겨울바람이 차구나.

말로 표현할 수 없어 선문답. 표현하면 틀린 것이 되고, 구분할 수 없는 것이고, 깨달은 자의 입장에서 보면 질문 자체가 성립되지 않는 우문.

섭리. 자연의 이치. 답은 질문자 안에 있음. 질문자 스스로가 깨달을 수밖에 없음. 타인이 설명하거나 도와줄 수 없음. 만법은 연기라는 하나의 덩어리로 굴러가고 있음.

분리 불가. 정의 불가.

죽음의 유예

우리는 매 순간, 죽음 아닌 삶을 선택함으로써 죽음을 유예시키고 있다.

자연 속 인간

인간은 자연의 피조물로서 살아갈 뿐이다. 보다 나은 안락함과 명예를 추구하는 것은 인간의 욕심이다. 원시시대부터 인간은 결국 누구나 주어진 생을 벌거벗고 살아왔고, 벌거벗고 살아갈 것이다. 위대한 자나 이름 없이 산 자나 자연 앞에서는 같은 피조물일 뿐이다.

인간성

보통 인간은 선, 악, 정의 등과는 무관하다. 이성적으로 선과 정의를 알고 있지만 이성적 판단과 상관없이 자신의 이익에 따라 행동한다. 진보주의는, 인간의 이러함을 간과한 채 아무리 정의를 외쳐봐야, 공허한 메아리일 뿐이다. 인간의 본성에 근간한 정치철학이 없으면 대중의 지지를 얻을 수 없다. 오히려 염세주의자라면 이익 앞에서 인간의 부도덕함을 당연시하기에 그것에 대해 분노하거나 비관하지 않고 끌어안을 수 있다.

자본주의와 인간

우리는 마치 자본주의가 인간을 망쳐 가고 있다고 생각하고 자신은 그 뒤에 숨어 버린다. 사실은 자본주의 뒤에 숨어 있는 우리의 욕망과 무지와 이기가 우리를 망쳐 가고 있는 것이다. 우리는 우리를 속이며 책임을 회피하고 있다. 자본주의가 인간을 멸망시키는 것이 아니라 우리 자신이 우리를 멸망시킬 것이다.

부와 소유

많은 부는 소유해도 누릴 수 없다. 오히려 적정한 소유와 현명한 인간이 됨이 더 나을 것이다.

단상

· 평안 측면에서는 잠(죽음)이 깨어 있는(살아 있는) 것보다 더 낫다.
· 어둠은 생각마저 덮어 버린다.

철학과 종교

철학을 자아를 찾는 과정이라 한다면, 자아를 무화시키는 과정은 종교(불교)이다. 물론 무아는 과정이 아니라 인식이지만.

인과

모든 것(사건)에는, 원인이나 결과라고 단정할 수 있는 것은 없다. 모든 상황은 연이어서 원인과 결과로서 맞물려 돌아가며 한 덩어리로 엉켜 있다. 인연 연기.

죽음으로의 질주

"성찰 없는 분주함은 죽음으로의 질주다."

죽음을 향하여 가속되는 삶의 질주에 성찰을 통해 자주 브레이크를 건다. 잠시나마 죽음을 비웃고 삶을 비웃는다. 그러나 "이 부생약몽 위환기하(而 浮生若夢 爲歡幾何)…."

무지

무지한 자는 자신의 이해 범위 밖에 있는 대상에 대해 적의를 품는다.

지명(知命)

이제 명(命)을 찾을 때가 되었다. 내 존재의 의무…. 명(命)은 신이 부여해 주는 것도, 시대가 부여해 주는 것도 아니다. 내 안에서 내가 찾아야 한다. 지금까지가 도를 깨치기 위한 구도의 과정이었다면, 이제는 삶의 실천 방향을 찾아야 할 때다. 결과에 상관없이 행해야 하는 명(命)을 인식해야 한다.

망각

오늘의 어떠한 기억도, 감정도 결국 과거 속에 묻혀 무디어진다는 사실이 미치도록 괴롭지만, 오히려 그런 자연의 섭리가 미래의 그 날에는 고마울 것이다. 모든 사건과 경험과 느낌이 그 시간을 넘어 지속될 수 없음이 축복이다.

나의 관점과 도의 관점

유한, 분별은 상대적, 미시적, 개체적 관점. 나의 관점이다.

무한, 통찰은 절대적, 거시적, 전체적 관점. 섭리, 도의 관점이다.

무아로서의 죽음과 망(忘)

죽음은 육체적, 강제적 무아. 망(忘)은 정신적, 자발적 무아.

죽음과 겨룰만한 평안의 상태는 과연 무엇일까…. 꿈 없는 수면 상태.

망(忘).

자연과의 조화

겨울 새벽길을 걷는 것은 추위와의 싸움이 아니라 자연에 나를 길들이는 것.

산다는 것은 (자연에 대항하여 몸부림치지만 결국은) 자연을 따르는 것.

좋은 표현

"마지막 입는 옷(수의)에는 주머니가 없다."

"눈은 나보다 많은 것을 본다."

'12. 12. 13.

친화력

사회와 세상에 화합하지 못하고, 그것을 비웃는 결점을 어찌하랴. 깃들 가지가 없음을 탓해야 하는가, 아무하고나 섞이기 싫어하는 별스런 친화력을 탓해야 하는가.

천하를 거부한 허유와 소인배에 굽신거리기 싫어 관직을 내던지고 귀향한 도연명을 생각해 본다. 곤궁이 두려워 영혼을 파는 생은 살지 않으리라. 통찰과 초월이 더욱 필요한 시기다. 그러나 이러한 시간이 필요한 것을 보면 아직도 삶을 두려워하고 있는지도 모른다.

비록 물질적 안위에 영향을 받을지라도, 스스로의 평가가 견고하다면 타인의 평가에 언제까지 연연할 것인가. 이백과 두보의 생(生)도 긴 고통의 삶이었는데, 오히려 그들의 고양된 정신은 그러한 고통의 결과가 아닌가.

단상

- 인생의 무대에서는 항상 ○○인 것처럼 배역으로 살아야 한다. 가슴에는 배우로서의 연기를, 머리에는 관객으로서의 관조를 함께 지녀야 한다.
- 네가 본 것은 너의 욕망이다. 인식은 의지의 시녀다.
- 어떤 것을 깨달았다는 것은 그것을 마음 깊이 새기고 실천하는 것이다.

보험으로서의 철학

철학은 보험이다. 보험에 들면서도 보험금을 타는 상황이 오지 않기를 바라는 것처럼, 철학을 하면서도 철학의 위안을 받는 상황이 오지 않기를 바라지만, 슬프게도(한편 기쁘게도) 그런 상황은 오게 마련이다. 오도록 이미 결정되어 있다.

연기(緣起)

번뇌가 보리다. 번뇌가 보리에 이르게 한다. 원인(번뇌)과 결과(보리). 연기. 무한한 연(緣)의 덩어리를 통찰할 수 없다. 기(起)의 결과만을 후취할 뿐이다.

변화와 불변

변화는 개체로서의 변화가 있을 뿐 일자(하나)로서의 전체 세계는 변하지 않는다. 원자 내의 미립자들의 위치는 끊임없이 바뀌지만 물체는 그대로인 것처럼. 같은 강물에 발을 두 번 담글 수 없다는 말도 개체적 자연의 변화를 뜻함이다. 삶과 죽음 등은 개체로서의 변화다. 세계 전

철학, 이 삶의 전장(戰場)에서

체로서는 삶과 죽음이 없다. 구도의 결과인 정신의 고양은 자아의 확장으로 나타난다. 확장의 극한은 자아의 우주화, 세계화, 곧 자아의 무화이다. 그때 우주화된 자아에게 인간의 생사고락은 연민의 웃음과 함께 나타나는 에피소드일 뿐.

내가 개체에 머물러 있는 한 생사고락에서 벗어날 수 없다. 내가 세계가 되어 개체적 존재로서의 자아가 무화되어야 비로소 완전한 평화에 들어간다. 관조하는 자아나 스토아 철학도 개체적 인간으로서의 자아와 철학이다. 이제는 그것을 전 우주로 확장한 철학이 필요하다. 살든 죽든 흙 속에 묻혀 사라지든 이미 우주인 나에게 무슨 상관이랴. 그런 것들에 영향 받음은 우주적 자아를 깨닫지 못하고 개체적 자아에서 헤어나지 못한 까닭이다.

주체적 자아는 객체로서의 대상이 있기 마련이다. 자아가 전체가 되어 대상이 없어진다는 것은 주체로서의 자아도 사라진다는 것이다.

'12. 12. 15.

무(無)

등반가는 정상에 오름으로써 비로소 그 산을 잊는다. 그러나 그가 경험하고 즐길 수 있는 것은 등반 과정이다. 정상에는 아무것도 없다.

생사를 깨달은 자에게 삶은 무이다. 더 이상 생각할 것 없는, 더 이상 의미를 주지 않는 대상이다.

완성은 무이다. 그 무는 존재적 없음(존재적 무)이 아니라 더 이상 의미를 주지 않는 인식적 무이다.

철학

(하나의) 철학은 세계를 바라보는 (하나의) 창문이다. 아무리 많은 창문을 통해서도 세계 전체를 볼 수는 없다.

관념과 실재

관념은 실재가 아닌 모사(模寫)이지만 그 실재를 대리한다는 것에 의미가 있다.

'12. 12. 19.

깨달음

천재의 광기, 득도한 자의 거침없음, 세상과 권력에 대한 비웃음과 독설 등 이상하게 보였던 그들의 행동, 그런 행위들의 저변에는 우주와 섭리에 대한 통찰이 있고, 이 작은 세상에서의 삶과, 인간들이 그토록 욕망하고 두려워하는 것들이 얼마나 보잘것없는 것인가에 대한 인식이 있었던 것이다. 깨달은 자에게 삶은 그저 재미있고 쉬운 놀이, 즐거운 소풍이다.

좌망, 무아, 우주와의 합일, 해탈, 득도, 섭리의 인식, 평안, 두려움 없음, 중생에 대한 연민, 이 모든 것은 동시에 일어나는 것. 현재를 사는 것, 관조 등은 큰 깨달음 후에 저절로 오는 것.

깨달은 자

자아의 무한 확장. '세계와 나'에서 '와'가 사라지다. 세계=나. 일자.

아트만을 인식하는 순간 아트만은 곧 브라만임을 깨닫게 된다.

물에서 놀지만 젖지 않고, 술을 마시지만 취하지 않고, 삶을 살지만 삶에 잠기지 않는 자.

'아침에 도를 들으면 저녁에 죽어도 좋다.'는 공자의 말은 '도를 들으면 곧 죽어도 좋다.'로 정정해야 한다. 도를 깨달은 자에게는 이미 삶과 죽음이 없기 때문이다.

너 자신을 알라. 네 속에 불성을 찾으라. 스스로 아트만임을 인식하라.

'12. 12. 25.

삶과 꿈

죽음을 목전에 두고서야, 밤의 꿈만 아니라 대낮의 생생한 기억도 모두 다 꿈이었음을 깨달은들 무슨 소용인가. 막판에, 저절로 드러난 후에야 모든 것을 깨닫는 자는 환경의 노예로서 인생을 보낼 것이다.

순수 인식체

의지와 욕망을 가진 존재가 아니라 의지와 욕망 없이 인식만을 하는 순수 인식체로서 살 것. 순수 인식체에게 세계는 "전 은하계와 더불어 사라지고 있는 무(無). - 쇼펜하우어"이다.

진리의 편린

종교의 교리적 배타성은 진리의 편린에 대한 자아 집착의 형태이다.
- 하나의 창(철학/종교)으로 보는 세계의 일부를 세계 전체라고 오인하여 우기는 것.

2013

지천명(知天命)

지천명에 서다. 지금 나는 지천명인가. 하늘이 나에게 내린 명(命)을 알고 있는가.

비유(非有)로서의 무(無), 비무(非無)로서의 유(有)

무는 '없다'가 아니라 '있지 않다'이다. 유는 '있다'가 아니라 '없지 않다'이다. 무아는 '자아가 없음'이 아니라 '자아(생각하는 자아, 유지되는 자아, 인식 주체로서의 자아)가 있지 않음'이다. 무아임을 인식한다는 것은 '자아가 없음이 아니라 상존하지 않음'을 인식하는 것. 좌망(坐忘)이란 그 무아라는 인식마저 잊는 것.

재료와 완성품

무지와 지혜, 악과 선, 고통과 행복, 배와 피안의 관계는 재료와 완성품, 도구와 목적(결과)의 관계다. 상호 의존적 관계. 나에게 무지가 있다면 더 지혜로울 수 있다.

정신의 진보

자신의 슬픔과 고통의 운명이 자신이라는 개인이 아닌, 인간 전체의 운명임을 통찰하고 한 인간으로서 운명을 꿋꿋하게 받아들일 때, 그의 정신은 진보한다.

현대인과 죽음

현대인들이 과거인들보다 죽음에 초연하지 못함은, 정신적으로는 자

연과 멀리 떨어져 있기 때문이고 물질적으로는 소유물이 더 많기 때문
이다.

공(空)에 대한 고찰

공을 '존재론적 공'과 '인식론적 공'으로 나누어 생각해 보자. 존재론
적 공은 제법(諸法)의 유무 관점에서의 공에 대한 고찰이며, 인식론적
공은 제법에 대한 인식 측면의 공에 대한 고찰이다.

세계가 공한 것이 아니라 마음에 비친 세계가 공한 것이다(인식론적
공). 사물 혹은 사태는 연기하여 무상하며, 그것을 인식하고 있는 나조
차도 공하다(존재론적 공).

직접 존재론적 공을 깨닫기는 어렵다. 인식론적 공의 깨달음을 통한
존재론적 공의 깨달음으로 나아갈 수밖에 없다.

깨달음

깨달음은 돈오(頓悟)일 수도 있지만 늘 곁에 있던(당연시하던) 진리
들의 느린 천착(穿鑿)의 결과이기도 하다.

연기(緣起)의 원인

만물의 변화의 법칙, 연기법. 그러나 연기 자체의 원인은 무엇인가.
연기의 원인은 업인가. 그러나 업은 이전 업의 결과이지, 연기의 진정
한 원인이 아니다. 연기의 원인을 추리하는 것은 마치 신을 추리하는
것처럼 이율배반일 것이다.

깨어 있는 시간

나에게 왜 이 삶이 주어졌을까. 본래 무였음을 알기에 더욱 즐겁고 눈물겹게 고마운 생. 존재의 기쁨.

현자는 자신의 시간을 뜰채로 걷어 내어 살핀다.

좌망(坐忘)

나에게 일어나는 일은 나라는 개체에 일어나는 일이 아니라 세계 자체에 일어나는 일이다.

좌망이란 생각조차 잊는 것. 생각될 수 있는 대일(大一)은 대일이 아니다.

분별을 잃다. 인식을 잃다. 깨달음마저 잃다.

죽음

죽음의 평안. 무지한 자는 죽음을 택함으로써 그것을 후취하지만 현자는 깨달음을 통해 그것을 선취한다. 깨달음은 죽음을 선취하는 것. 죽음은 무 상태의 평안이지만 깨달음은 유 상태의 평안이다.

인식

인식한다는 것은 결핍, 욕망, 고통의 호소이다.

현자에게 인생은 고해(苦海)가 아니라 낙해(樂海)이다.

공가독작(空家獨酌)

왜 타인이 필요할까. 대화의 상대로서 필요하지만 막상 만나면 대화의 진부함에 지루함을 느끼면서도. 오히려 빈 집에서 이렇게 독작하는 것이 더 즐거운데….

자아와 불성

본래 자아란 없었다. 도(브라흐만, 섭리, 불성)만이 있었다. 인간의 무지와 욕망이 자신 안에 깃든 도를, 도와 분리된 자아라고 착각했던 것이다. 나의 욕망과 악한 마음까지도 사실은 그대로 불성이었던 것이다.

나도 없고 죽음도 없다. 모두가 아상(我相)이었다. 이제야 인생은 진정한 연극, 소꿉놀이임을 깨닫는다. 그러나 속세의 삶의 원동력은 자아와 욕망….

삶의 주체

내 삶은 내가 사는 것이 아니라 브라만(도, 불성, 섭리)에 의해 살아지고 있음을 깨닫는다. 내 의지와 욕망에 의해 내 삶에 더해지는 것은 주름(장식)에 불과하다. 욕망하건 안 하건 간에 삶의 기본적인 흐름과 방향은 변하지 않는다. 공연한 욕심은 스스로 힘든 삶을 자초할 뿐이다. 운명론, 예정설을 보는 관점도 자아나 의지의 측면이 아니라 무아, 즉 자아를 대신한 도의 측면에서 보아야 한다.

내가, 내가 생각하는 자아가 아닌, 불성이라면 나는 욕망의 자아를 따를 것이 아니라 불성을 따라야 한다. 어떻게 실천할 것이냐.

'13. 1. 6.

단상

· '내 안에는 내가 너무도 많다.'와 '내 안에는 내가 없다.'의 차이.

· 자유를 소화할 수 없는 자에게 자유는 고통이다. 그는 자유로울 자격이 없다.

· 철학의 핵심은 존재에 있는 것이 아니라 인식에 있다.

'13. 1. 15.

불이(不二)와 불성(佛性)

'깨닫기 전에도, 깨달은 후에도 여전히 산은 산이고 물은 물이다.'라는 말에 주목해야 한다. 실재는 다름 아닌 현상이다. 미혹의 눈은 현상을 보고 깨달음의 눈도 현상을 본다. 그러나 전자는 현상에서 현상을 보고 후자는 현상에서 실재를 본다. 같은 대상이지만 다른 의미를 인식한다.

극락과 지옥이 불이(不二)고 번뇌와 보리가 불이(不二)인 것처럼, 내가 자아라고 생각하는 것이 바로 불성인 것이다. 자아는 무지와 욕망의 덩어리, 무지와 욕망을 걷어 내면 자아 자체가 걷어지고 남는 것은 없다. 무아. 무아 그 자체를 불성이라고 부르는 것이다. 즉, 불성은 없다. 그러나 불성은 있다.

아(我), 무아(無我), 진아(眞我)

내 이름, '홍길동이라고 불려지는 나'는 진아가 아니다. 홍길동의 육체와 의식은 '나'가 아닌 '그(홍길동)'의 육체와 의식일 뿐이다. 홍길동의 자아는 홍길동의 의식이 만들어 낸 자아이다. 홍길동이라 불리는 나의 '진아'는 홍길동의 의식과 기억에 가려져 있다. 나 홍길동의 '진아'는 우주의 의식, 우주의 영, 모든 사물을 꿰뚫고 있는 하나의 영, 브라만이다. 삶과 죽음은 그(홍길동)의 의식과 자아와 육체에 일어난다. 홍길동의 진아는 삶과 죽음을 초월해 있으며, 영원하다.

눈 내리는 대지

님 가실 때 내리던 눈, 아직도 녹지 않고

마음속 님 그림자, 더욱 선명해져.

눈 쌓인 적막한 대지, 다시 눈 내리고….

무너지는 가슴, 소리 없이 눈 내리고….

배우는 인생, 즐기는 인생, 낭비하는 인생

즐기려는 자가 후회 없이 즐기기는 어렵다. 되돌아보면 낭비한 인생이 될 확률이 많기 때문이다. 그러나 배우려는 자는 진정한 즐거움까지 덤으로 누리게 된다. 순수하고 후회 없는 즐거움의 정수를.

'13. 1. 19.

나—대오(大悟) 9

내가 나의 자아를 볼 수 없듯이, 칼이 스스로를 벨 수 없듯이, 내 안의 불성, 아트만을 볼 수 없음이 깨침이다. 나 자체가 불성이요 아트만이었다.

나는 인드라망의 구슬, 불성의 화신.

분리된 자아가 아닌 전체로서의 무아. 시간의 흐름이 멈춘 순수 현재의 공.

자아가 무아이기도 하고 아니기도 한 것처럼, 불성은 있기도 하고 없기도 하다.

우주의 도미노 조각 하나가 드디어 쓰러졌다.

이론의 도출

데이터의 분석에 의해 이론이 도출되는 것이 아니라 원하는 이론을 세워 놓고 그에 맞는 데이터를 수집한다.

군자(君子)의 칠정(七情)

"군자의 칠정은 사물에 있지 마음에 있지 않다."라고 했는데 사물과 사태가 끝없이 마음을 찌르면 어찌할 것인가. 아무리 거울 같은 마음이라도 잔영이 남는 법, 잔영이 사라지기도 전에 또 새로운 사물이 마음의 거울에 비치는 상황이라면 군자의 마음도 편치 않으리라.

깨달음을 위해서라면 속세를 떠남이 옳다. 부처도 보리수 아래 고요한 상황에서 깨달음을 얻었지, 소란한 저잣거리에서 깨달음을 얻지는 않았다. 예수도 깨달음을 위해 홀로 광야로 나갔다. 그러한 고행 끝에 득도한 영웅은 세상으로 돌아온다. 영웅의 귀환. 그때에는 상황에 무관하게 평정함으로 중생들을 구제할 수 있을 것이다.

어떻게 좌망할 것인가

피안에 닿으면 배를 버린다는 것은 배가 더 이상 필요 없음을 알았기 때문이다. 깨달음을 얻었을 때 지식을 버린다는 것은 그 지식이 더 이상 필요 없음을 알았기 때문이다.

깨닫기 전에는 '배를 어떻게 버릴 것인가.', '지식을 어떻게 버릴 것인가.'를 고민했지만 깨달음 후에는 저절로 버리게 된다.

자아는 깨달음을 얻을 때 저절로 사라지는 환상이다.

아트만, 브라만과 무(無)

나는 아트만이자 브라만이며 동시에 나는 무이다. 브라만으로서의 나는 세계 전체이지만, 세계 또한 미시적 관점에서는 찰나에 변화 명멸하여 '있다' 할 수 없으므로 비유(非有)로서의 무이다. 거시적 관점에서 세계는 시간 속에서 결국 무화되므로 역시 상존하지 못한다는 점에서 무이다. "나와 은하수를 포함한 전 우주 또한 결국 무"인 것이다.

격언

"교육, 운동, 여행에는 돈을 안 쓸수록 좋다."

'13. 1. 26.

집착과 지혜

어떤 대상이나 상황에 대해 집착하지 않으려는 의지를 일으키는 것은 무지 때문이다. 모든 대상이나 상황은 찰나에 변화/명멸하는 것이기에 집착은커녕, 잡으려 해도 잡을 수 없음을 인식하는 것이 지혜이다. 즉, 집착하고 싶어도 집착할 수 없고, 집착이라는 자체가 불가능하다는 것을 깨닫는 것.

두 가지 관점에서의 무아(無我)

미시적 관점의 무아 - 찰나의 변화를 알아차림으로써 잠시라도 멈추어 선 '나', 잡을 수 있는 '나', '나'라고 할 수 있는 '나'가 없음.

거시적 관점(통찰)의 무아 - 직관. 설사 100년을 유지하는 육체와 영혼이 '나'라고 가정해도 무한 시간 속에서는 없는 것과 같음.

두 가지 불이(不二)

윤회와 열반은 존재론적으로 다른 두 영역이 아니라 다른 관점에서 본 동일 실재이다.

인식 주체(안이비설신의)와 인식 대상(인식태-색성향미촉법)이 따로 있는 것이 아니다.

찰나의 불꽃들 같이 죽음으로 대치되는 삶

찰나 전의 불꽃(삶)···. 수많은 연에 의해 기한 상태, 수많은 연의 모임, 불변의 실체 없음, 하나의 연이 사라짐에 따라 바닷물에 씻겨 가듯 사라질 모래성.

찰나 후의 불꽃(죽음)···. 수많은 연 중 미세한 한 가지 연이 변하여 기한(대치된) 상태, 역시 공(곧 사라질 인연의 모임), 삶과 죽음 또한 미세한 한 가지 연의 변화일 뿐. 변화 전도 공이고 변화 후도 공.

정신, 육체, 공(空)

정신과 육체의 인간은 인연 알갱이의 모임, 수많은 인연의 변화와, 인연 알갱이의 재배치에 따라 끝없이 변하는(대치되는) 공한 대상일 뿐. 삶의 어떤 시점의 대치점에서는 무심하면서 삶과 죽음이라는 대치점에서는 무심하지 못함은 곧 무지.

모든 것이 연으로 모여진 무상한 인간의 육체와 정신에 대해 언급한다는 것이 석가에게는 우스운 일이었으리라. 영혼, 자아라는 것이 있다 한들 연기 속에 이루어진 어떤 인연 요소 이상이 아니었으리라(One of them). 데카르트가 그토록 고민했던 '나'라는 존재 또한 그저 연기의 결과일 뿐.

단상

· 연기와 공을 생각할 때, 시간은 미분적으로, 공간은 적분적으로 생각함이 중요하다.

· 태어나, 의식과 아뢰야식(阿賴耶識)을 가지는 인간으로의 대체까지는 긴 시간이 필요하지만, 수태(생명) 또는 죽음으로의 대체는 찰나에 일어난다.

공(空)과 의존성

공은 의존성이다. '있다', '없다', '비어 있다' 등의 존재론적 개념이 아니다. 여기 사과가 실재하지만 공하다는 말은 사과가 본래 없다, 비어 있다는 말이 아니라 그 실재의 속성이 공하다는 것이다. 사과는 홀로 존재한 것이 아니라 수많은 연에 의해 존재한 것이고 그 연이 사라지면 같이 사라질 것이기에 공한 것이다. 즉, 연기한 것이기에 공한 것이다.

'13. 1. 27.

가벼움

"삶은 산처럼 무겁고 죽음은 깃털처럼 가볍다." 우리는 삶과 죽음을 대등한 무게로 보지만 삶은 죽음에 비할 수 없이 무겁다. 죽음이 깃털처럼 가볍듯 삶도 그러해야 한다.

사랑

연인 사이에서, 만일 육체적 관계를 가지면 이별하거나 죽을 수밖에 없는 운명이라면, 그럼에도 불구하고 성적(性的) 관계를 가질 만큼 죽음을 무릅쓴 열렬한 사랑이 존재할까. 그것은 과연 사랑일까. 남녀 간의 사랑이란 무엇일까, 어디까지, 어느 수준까지일까.

그때

　그때 우리에게 비치던 황홀한 햇빛,

　그때 그 화사했던 세상 풍경,

　그때 나를 휘감던 부드러운 바람.

　그 사람과 마주했던

　그때의 설렘, 두근거림, 애타는 기다림.

　이제 영원히 느낄 수 없으리.

　그때의 내가 될 수 없음에….

아트만, 브라만

　우파니샤드의 '그것'을 설명할 수는 없지만 선지식(善知識) 또는 경전이 표현한 것을 보고 재인식(또는 선지식과의 인식의 일치)을 경험할 수는 있다.

　아트만은 내 몸에 딱 붙어 있는 것은 아니다. 나와 타인과 모든 사물을 관통하는 영(정신)이다.

　도는 변화의 원천이지만 변화 자체는 아니다.

　우리 모두는 자신의 역할(배역)을 벗어날 때 다 같은 배우, 아트만이다. 범아(凡兒)에 포함된 자아, 브라만의 일부로서의 자아, 도의 실행자로서의 자아, 별개의 자아가 아니라 범아의 그림자로서의 자아, 무아로서의 자아.

　망(忘)이란 범아에서 분리된 자아가 아니라 범아와의 합일로서의 자아의 사라짐, 또는 범아 속에서 자아를 잊음.

무아란 자아가 없다는 말이 아니라 자아라고 생각한 것이 사실은 범아(도)임을 깨닫는 것.

본래 자아란 없었다. 도(범아)만이 있을 뿐이다. 그러나 무지가 그 범아를 개별 자아라고 착각했던 것이다. 즉, 나의 악한 마음이 곧 불성이고 본래 불성 하나밖에 없는 것이다. 모든 것이 불성.

영혼의 여로

영혼의 여로는 "나와 세계"에서 "와"를 떼어 내는 과정이다. 이 "와"를 떼어 내기가 그토록 어렵단 말인가.

깨달음

깨달음은 절대로 생각하는 것을 포함하고 있지 않다. - 생각하는 순간 세계와의 합일이 아니다. 그 순간 세계는 생각의 대상이 되어 버리기 때문이다. '생각'이 제외된 세계.

순수 현재에 몰입하는 것이 무아이다. 현재가 아닌 과거와 미래에 대한 생각이 자아이다. 과거와 미래가 사라진 현재, 시간이 정지된, 흐름이 정지된, 생각이 멈춘 영원한 현재.

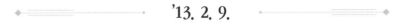

'13. 2. 9.

도(道)

도는 어디에나 있지만 어디서도 볼 수 없다. 도는 나를 포함한 전체이다. 도에 대한 인식이 있다면 그것은 도가 아니다. 인식된 도는 인식자가 제외된, 도 아닌 환상이다.

찰나설(刹那說)

"시위를 떠난 화살은 과녁을 맞히지 못한다."

- 모든 것은 단 한 찰나만 존재할 뿐이다. 과녁을 맞힌 화살은 변화된
  다른 화살이다.

색즉시공(色卽是空)

공한 세계를 보다. 공한 색을 보다. 무상한 화엄을 보다. 유장한 흐름
의 세계를 보다.

공을 벗어나다. 색을 벗어나다.

진제(眞諦)와 속제(俗諦)

진제를 생각하며 속제를 행하다. - 진제적 조망과 속제의 실천

진제는 섭리고 속제는 섭리의 대상이다. 진제는 조리법이고 속제는
재료이다.

무아와 아트만

무아와 아트만은 깨달음의 과정에 있는 자에게는 풀어야 할 모순되
는 커다란 과제이지만, 깨달은 자에게는 무의미한 분별이다. 그 또한
속제이며 방편일 뿐.

영원

영원함이란 계속적으로 이어지는 시간이 아니라 시간이 없는 순간이
다. **영원이란 시간의 굴레를 벗어나는 것.**

불성(佛性)

불성을 얻으려고 열심히 수행을 하여 불성을 깨닫고 보니 그 불성은 이미 내 안에서 늘 보던 것. 내 안에 도를 이미 갖고 있으면서 밖에서 도를 찾지만, 밖의 도를 깨닫고 보니 안의 도와 다르지 않다. 불성은 내 안에도, 밖에도, 온 천지에 있다. 나를 포함한 모든 것이 불성인 것이다. 다만 무지와 욕망으로 인해 눈을 들어 보지 못할 뿐이다. 아니 오히려 불성을 보지 않으려고 안간힘을 쓰고 있는 것이다.

'나는 본래 불성'임을 인정하면 끝이다. 내가 불성을 찾고 있다는 그 사실이 이미 '내가 불성'임을 안다는 증거이다. '수평선을 찾는 배는 이미 수평선을 인식한 것'과 같다. 바다 위의 배는 수평선을 찾든 찾지 않든 이미 수평선 위에 있다. 다만 수평선을 찾음으로써 자신이 수평선상에 있음을 인식하는 것이다. 깨달음을 얻으려는 자는 이미 깨달은 자다. 깨달음을 얻으려면 우선 깨달아야 한다. 우리는 이미 불성을 보고 있으면서 그것이 불성이 아니라고 우긴다. 나와 내가 보고 있는 모든 것, 그것이 불성이다.

◆──── • '13. 2. 10. • ────◆

다시 원점으로

마음이 불편한 이유는 자신의 안위에 대한 불안과 걱정이다. 안온한 상태가 본래 자신의 상태라고 생각할 뿐, 자신이 극한에 서 있어야 함을 망각한 것이다. 이미 정리가 끝난 주제인데 왜 다시 사로잡히는가. 지금 여기를 벗어나 과거를 후회하고 미래를 걱정하는 것은 자아라는 유령의 오만이다.

철학의 종교화와 부패

철학이 종교화될 때 오염되고 부패된다. 종교는 부패를 안고 있다. 종교는 신을 위한 종교가 아닌 인간을 위한 종교이기 때문이다. 신은 종교가 필요 없다.

범아일여(凡兒一如)

모든 것이 청정한 이 진여의 세계에서 무아의 나는 이미 세계인데 무엇을 욕망하고 무엇을 두려워하는가. 전변(轉變) 이전의 주관과 객관이 분리되지 않은 아뢰야식(阿賴耶識)을 인식할 때, 나는 세계요, 세계는 나이다. 범아일여.

주관과 객관이 하나가 될 때 나는 사라지고 우주의 영이 된다. 나는 기존의 나, 세계에서 분리된 나, 세계를 대상으로 바라보는 나가 아니라 세계 자체로서의 나이다.

무아가 될 때 세계도 무가 되는 불교의 공과, 무아가 될 때 내가 곧 세계가 되어(범아일여) 세계는 결국 유가 되는 브라만교 사이의 심연.

단상

· **세상 속을 살아가면서 나는 무아로서, 나의 운명을 연기(演技)할 뿐이다.**

· 나에게 아트만은 무아를, 브라만은 섭리를 의미한다.

· 무아(공)는 그 자체로서 관념적으로 존재한다.

삶의 느낌

누구에게나 삶의 느낌은 같다. 그러나 인간은 각자의 위치에 따라 다른 삶을 살고 있으므로, 다른 느낌을 갖고 살 것이라고 오해한다.

완전한 자유

나의 자유는 대척점 있는 조건부 자유인가, 대척점 없는 완전한 자유인가. 무아, 곧 주관과 객관의 구분이 없는 세계와의 합일, 우주의 영이 되는 것이 완전한 자유의 전제 조건이다.

죽음

죽음은 육체로부터 시작되지만 정신의 소멸에 의해 완성된다. 육체는 죽음을 인식하지 못한다. 죽음을 이해하고 죽음을 초월할 수 있는 것은 정신이다.

정신이 육체에 갇혀 육체의 노예가 될 수밖에 없는 삶은 과감히 포기할 수 있어야 한다. 육체의 고통과 돌봄으로 더 이상 정신의 활동을 할 수 없을 때, 자신의 세계가 자신의 육체와 주변으로 한정될 수밖에 없을 때는 생을 접어야 한다.

이제, 얼마 남지 않은 생을 어떻게 살 것인가.

욕망의 윤회

모든 문화와 자아, 영혼, 신 등 인간이 만든 모든 개념은 인간의 욕망이 만들어 낸 것. 욕망은 대상을 만들어 그것에 집착한다. 욕망은 대상을 만들고 그 대상은 다시 욕망을 불러일으키고⋯. 욕망의 윤회.

창

불교 철학 또한 섭리 차제가 아니라 섭리를 조망할 수 있는 창 중의 하나임을 잊어서는 안 된다. 다만 성능 좋은 창이긴 하다. 특정 철학이나 종교를 다른 것의 위에 둠으로써 도그마를 만들지 않아야 한다. 모든 종교와 철학은 결국 인간의 욕망의 산물이라는 면에서 같다. 다만 완성도에서 차이가 있을 뿐이다.

자아라는 주머니

모래를 담고 있는 주머니가 사라지면 주머니에 의해 자연과 분리되었던 모래가 흩어져 자연과 하나가 되듯, 오온(五蘊)을 담고 있는(오온으로 이루어진) 자아라는 개념의 주머니가 사라지면 오온은 그저 연기한 자연의 일부로서 자연 그 자체일 뿐이다. 오온의 덩어리로서 A는 있으나 자아로서의 A는 없다. 무아의 상태에서 깨어 있는 의식은 A의 자아가 아니라 욕망 없이 관조하는 우주의 영이다.

'13. 3. 1.

오온(五蘊)과 '해탈의 의미'

오온의 윤회. 무아윤회. 그러면 깨닫는 자는 누구이며 깨닫는 것은 무엇인가. 해탈하는 자는 누구인가. 무엇이 해탈하는가. '나'는 그저 오온의 덩어리로서 정진하여 해탈하는 오온이라면 해탈하는 각자는 무슨 의미를 가지며, 해탈함으로써 세계에 어떤 영향을 미치는가. 모든 인간, 즉 모든 오온의 덩어리가 모두 해탈했다고 가정하자. 그 의의는 모든 오온의 덩어리가 평안을 얻었다는 것 외에 무슨 의미가 있는가. 해탈, 열반이 무슨 의미가 있는가. 해탈이란, 자신이, 연기(緣起)한 오온의 덩어리일 뿐임을 깨닫는 것인가. 업을 짓는 것도 오온이요, 해탈하는 것도 오온이라면, 오온은 본래 무상한 것이니 업, 해탈 또한 공한 것아닌가. 자아가 아닌 무상한 오온이 해탈하여 윤회를 벗어난다는 것은무슨 의미인가. 윤회를 벗어난 무상한 오온, 사법인을 깨달은 해탈한오온은 무슨 의미를 갖는가. 결국 우리는 주체 없는 연기의 세계에서무아니, 고(苦)니, 해탈이니, 업이니 하는 분별의 개념들의 꿈을 한바탕꾸고 있는 것이 아닌가.

분별적, 개념적으로 사고하면 전체를 볼 수 없고, 세계는 연기의 순환이며 모든 것은 연기에 의하여 찰나의 순간에 나타났다 사라지는 수동적, 비자성적인 것임을 통찰할지라도….

절대의 진리

어떻게 자아와 욕망과 생각을 버릴 것인가. 결코 나의 의지로는 버릴수 없지만 어떤 깨달음에 의해 저절로 버려질 것임을 알고 있다. 세계는 이미 여여했다. 내 마음에 비친 세계만이 상대적 세계였다. 세계는일체유심조, 공이다. 더 이상 경험의 논리로 따지고 분별하지 말라. 인식해야 할 것은 경험의 진리가 아닌 절대의 진리이다. 바람을 보려 애쓰지 말라. 바람은 저절로 느껴지는 것. 열반을 규명하려 애쓰지 말라.이 길을 가다 보면 열반 또한 어느 순간 느껴지리니.

연기(緣起)와 연기(演技)

세상의 이치는 연기(緣起)지만 이것을 통찰한 자는 연기(緣起)가 아닌 것처럼 연기(演技)하며 살아간다.

금전

금전에 초연하지 못한 범부. 범부에게 금전, 즉 욕망의 대상은 자신보다도 소중하다.

◆────── ◆ '13. 3. 9. ◆ ──────◆

단상

· 너의 신념이 진리다. 세상의 모든 섭리를 알아야 할 필요는 없고 알수도 없다.
· 인간이 알 수 있는 것은 섭리의 한 조각일 뿐이다.

단상

· 근심의 수준은 행복 수준 지표. 행복한 자일수록 쓸데없는 근심이많다.
· 존재의 무상함과 찰나멸을 인식할수록 아이러니하게도 존재의 기쁨이 깊어진다.
· 제도나 관습의 기원을 알게 되면 권위는 사라진다.
· 좋아하는 것에 빠져 사는 자와 상자 속에 갇힌 달팽이가 다른 것은무엇일까.
· 내 평정의 성벽은 에피쿠로스 철학, 몸에 두른 갑옷은 스토아 철학

◆────── ◆ '13. 4. 18. ◆ ──────◆

진아(眞我)―대오(大悟) 10

나는 ○○○이라고 명명된 객체를 통해 그의 입장에서 세상을 보고오감을 느낀다. 나는 그의 밖에 있다. 나는 그가 아니다. 그를 통해 세

계를 관조할 뿐이다. 나는 관조의 영, 텅 빈 객석의 관객. 나와 세계에 주체는 없다. 존재하는 것은 객체뿐이다. 자아로부터의 해방.

세상이라는 연극 무대 위에서 인생이라는 연극이 펼쳐질 때 자아에 대한 깨달음의 진보는 '배역 → 배우 → 관객'이다. 내가 원하는 것은 배역이나 배우가 아닌 관객을 만나 그와 연극 자체에 대해서 대화하는 것이다.

나에게 모든 것은 공하다. 나는 세계에 존재하지 않기 때문이다. 세계에서 나는 공하고 나에게서 세계는 공하다. 삶과 죽음은 그(○○○)의 것이다.

무엇이 보리이고 무엇이 번뇌인가. 다 매한가지 인간의 분별일 뿐. 분별 자체가 나눌 수 없는 작용과 반작용을 억지로 구분한 것일 뿐….

예수를 통해 육화된 신이 야훼라면 깨달은 자는 그(○○○)를 통해 육화된 신이 아닐까.

'13. 4. 27.

세속적 윤리

자신의 안락이 보장되는 한계 내에서만 윤리적인 세속적 윤리는, 윤리가 아니다.

'13. 5. 11.

인식의 두 가지 층

· 섭리의 층 - 우주의 구조(배경), 공, 무아, 운명의 층. 세계에 대한 통찰적 측면.

· 삶의 층 - 실존, 존재, 육체적 층. 세계의 일원으로 살아가는 측면.

양자는 상반되는 것 같으나 포함의 관계(삶의 층<섭리의 층). 육체 없이 인식만으로 살아갈 수 없듯이, 배역을 맡은 배우는 자신의 의도가 아니라 각본대로 연기하는 것.

- 인간은 죽을 수밖에 없는 운명(배경)임을 알면서도 죽지 않기 위해 운명과 싸운다(삶).
- 섭리로서의 세계의 흐름을 피할 수 없음을 알면서도 실존하기 위해 의지를 편다.
- 제행무상을 알면서도 손에 잡히는 부와 명예를 욕망한다.

해결과 소멸

인생의 문제는 우리 뜻대로 해결되지 않는다. 문제의 해결보다는 문제 자체의 소멸을 추구하는 것이 지혜.

인식의 문제

욕망을 버린다는 것. 의지의 문제가 아니라 인식의 문제, 깨달음의 문제.

삶의 목적

삶의 목적은 자신의 행복이나 가족의 부양이 아니다. 그것은 목적이 아니라 의무로서 이미 결정되어 있다. 참 목적은 나에 대한, 세계에 대한, 타자에 대한 참 이해를 하는 것. 그럼으로써 '나'와 '세계'와 '타자'에서 '와'라는 글자의 의미가 사라지고 그 글자마저 사라지는 길을 가는 것.

살아 있는 시간

최고의 상태는 평정이며 삶보다 죽음이 더 평정에 가까움을 알지만, 사는 이유는 삶이라는 기회가 주어졌기 때문이다. 이 행운을 잘 활용하기 위함이다.

리시버를 귀에 꽂고 걷지 않는다. TV 연속극을 보지 않는다. 깨어 있지 않은 시간은 죽음의 시간이기 때문이다. 그런 시간을 보낸다는 것은 사는 이유와 정반대이다.

무의미한 시간과 고통의 시간들을 패스(Pass)하지 않고 싸우면서 살아야 하는 이유는 그런 시간들을 제외하면 인생은 너무 짧기 때문이다. 행복했던 시간을 생각해 보라. 얼마나 되는지!

'13. 6. 1.

단상

- 어디로 갈지 모르는 내 인생에 경의를 표하다.
- 이성을 지배하는 육체의 힘을 인정하지 않을 수 없다.
- 철학은 욕망의 제거 과정, 종교는 욕망의 실현 과정. 인간은 스스로 만든 자아라는 감옥에 갇혀 산다.
- 깨어나 관조함으로써 날아가는 시간의 화살을 붙잡고 있다.

그리스 비극 중에서

- 사랑에 빠진 노인만큼 비참한 것은 없다.
- 얼음은 처음엔 시원해서 좋지만, 나중엔 차가워져 계속 들고 있기 어려워도 어떤 아쉬움에 버리질 못한다.
- 여자는 선천적으로 여자 편이다.

- 여자들에게 변명 찾기란 식은 죽 먹기보다 쉽다.
- 돈은 인간을 살아남기에 급급해하는 겁쟁이로 만든다.
- 무지는 악이다.
- 행운은 모든 사람의 것이지만 지혜는 그것을 얻은 사람의 것이다.
- 목적 없는 시간은 아무런 선도 낳지 않는다.

정신의 수준

정신의 수준은 외적인 지혜가 아니라 내적인 성찰에 달려 있다. 중요한 것은 내 밖의 지혜가 아니라 내 안의 무지다. 이제 더 이상 외적 지혜를 닦지 않는다. 내 안의 무지를 닦는다.

죽음과 세계

타인의 죽음에도 불구하고 세계는 여전히 존재한다. 그러나 나의 죽음과 함께 세계는 사라진다. 세계는 나의 식전변(識轉變)의 산물이기 때문이다. 나의 생과 더불어 나의 세계는 나타나고 나의 죽음과 더불어 나의 세계는 사라진다. 식전변 이전의 주/객관이 사라진 상태로 돌아간다. 나의 죽음은 객관화할 수 없다.

'13. 6. 6.

연기(緣起)와 인과(因果)

연기 이전에는 원인과 결과를 말할 수 없다(분리할 수 없다). 연기한 후에는 원인을 말할 수는 없으나 결과는 말할 수 있다. 원인과 결과는 분리되지 않는다(인과율의 부정). 원인과 결과는 얽혀 있다(연기).

진리는 개념으로 포착할 수 없는 흐름(연기)이다. 그러나 인간은 포착(정의, 개념화)하려 한다.

구조 속의 인간

인간은 사육되고 있는지도 모른다. 적당한 음식과 적당한 고통과 행복 속에서 전체의 구조 밖을 생각하지 못하도록. 눈앞의 생에 몰입한 채 살아가도록. 비록 땅을 딛고 서 있고 땅의 음식과 땅의 구조 내에서 살고 있지만, 보이지 않는 것을 바라보고 구조 밖을 생각해야 한다.

깨달은 자의 삶과 죽음

깨달은 자에게 남은 삶은 여분이다.

> "천명을 즐기면 그만이었지 다시 무엇을 의심하랴"
>
> — 〈귀거래사〉, 도연명

깨달음(인식)으로써, 몸을 던지는 신앙(의지)은 불필요하다. 노력하지 않아도 저절로 그렇게 행동하게 된다. 철든 아이처럼.

삶 속에 죽음이 있다. 찰나 전의 삶은 항상 죽고 있고 항상 찰나 후의 다른 삶으로 대체(자기 차이화)된다. 일반적으로 말하는 죽음은 무수한 삶의 죽음 중의 하나이다.

공은, 무상이라는 건더기 없는 액체의 흐름(미분의 극한)과 같고 찰나멸은, 무상이라는 건더기의 명멸(明滅)로서의 흐름과 같다(미분).

실재하는 것은 찰나 생멸적인 인연화합의 현상들뿐이지만 우리는 자신의 개념적 분별에 따라 그 현상들을 구성한다. 나는 연기의 산물이므로 공하고 저 돌도 연기의 산물임으로 공하다.

"죽음은 삶을 마친 다음에 있는 것이 아니라 삶의 한복판을 돌연히 엄습하여 절단하는 것이다."

- 《무상의 철학》, 타니 타다시

'13. 6. 29.

3인칭 관점

깨달음의 하나는 1인칭 시점이 아니라 3인칭 시점으로 세상과 대상과 자신을 바라보는 것. 배역이 아닌, 배우도 아닌 관객의 시점으로 무대(세계)를 바라보는 것. 존재의 시점이 아닌 연기(緣起)의 시점으로 바라보는 것. 생과 멸이 동시에 일어나는 순간적 존재, 즉 찰나멸의 시점으로 바라보는 것. 나라는 존재의 프리즘을 통해 인식하는 것이 아니라, 관조의 영(靈)으로서 인식하는 것.

대화

대화는 말 없는 자들 사이에서 이루어진다. 대화는 말을 주고받는 것이 아니라 뜻을 주고받는 것이다. 뜻을 얻은 자는 말이 없다.

사람들이 하는 말을 들어 보면, 무의미하지 않은 말, 난센스(Nonsense)가 아닌 말을 하기가 쉽지 않은 것 같다.

'13. 7. 6.

해탈

해탈이란 자아, 세계 그리고 모든 현상은 아뢰야식의 전변임을 깨달아(의타기) 그것에 대한 분별과 집착(변계소집)을 버리고 제행무상, 제법무아, 진여를 깨달음(원성실).

유식무경(唯識無境)

유식무경은 논리의 세계가 아니라 관념의 세계다. 외부 세계에 마음의 중심을 두는 한 깨달음은 요원하다. 내면으로 침잠해야 한다.

모든 존재 각각이 만들어 낸 우주의 실상을 합치면 그야말로 카오스, 홀로그램. 개체의 소멸과 함께 그의 우주도 소멸된다. 남아 있는 것처럼 생각되는 세계는 생존해 있는 남은 자의 세계이다.

- 나의 식이 사라지면 나의 세계는 사라진다. 남아 있는 세계는 타인의 세계이지 나의 세계가 아니다.

"지혜는 밖으로부터 얻어지는 것이 아니라 안에서 되찾는 것이다."

-《유식무경》, 한자경

스토아 철학과 불교 철학

스토아 철학은 현실적이며 최고의 경지는 극한에 서는 것(평정)이다. 불교 철학은 초월적이며 최고의 경지는 무아이다. 현세를 살아갈 때, 극한에 서는 것으로도 두려움이 없어지지만 무아는 두려움 자체가 발생하지 않는다.

유식(唯識)을 통한 깨달음

당신은 당신이 구성한 세계에서 살고, 나는 내가 구성한 세계에서 산다.

깨닫고 보니 각자는 인생이라는 연극의 배우가 아니라 연출자였다.

당신과 나의 관계? 당신은 내가 연출하는 연극의 배우이며 나는 당신이 연출하는 연극의 배우이다.

가(假)의 세계

가의 세계라서 더 아름답다. 영원하지 않은 생이라 더 소중하다.

존재와 인식과의 관계는 이성과 의지와의 관계와 같다.

이성은 의지의 시녀다. 인식은 존재를 창조한다.

대화

대화란 대상에 대한 주관적 견해를 말하는 것. 대상에 대한 공표된 지식이나 타인의 견해를 재진술하는 것은 저급한 대화다.

무아

나, 자아라고 믿었던 내가, 눈앞에서 산산이 부서짐을 인식하라. 바람에 모래 흩어지듯. 오온으로 부서진 나는 다시는 뭉쳐지지 못하리.

누가 있어 해탈한단 말인가. 해탈이란 자아에 집착하던 내가 오온으로 부서지는 것. 무아가 되는 것. 사라지는 것.

나는 없다. ○○○라는 오온의 덩어리가 뭉침과 흩어짐을 반복하고 있을 뿐이다.

단상

· 존재를 떠난 인식은 있을 수 있으나 인식을 떠난 존재는 있을 수 없다.

· **행복에 도달할 수는 있지만 행복에 머물 수는 없다.**

내 안의 무지와 내 밖의 지식

내 밖의 지식을 통해 지혜를 닦는 것과, 내 안의 무지를 닦는 것은 본질적으로 차원이 다르다. 전자는 잘못된 기초 위에 인식의 건물을 세우는 것이며 후자는 환상을 뚫고 깨달음으로 나아가는 것이다.

대상의 초월

모래 한 알갱이를 놓고 모래 한 알갱이가 '있다', '없다'는 유의미할지 모르지만, 백사장의 모래 전체를 보며 모래 한 알갱이가 '있다', '없다'는 무의미하다.

우주의 섭리에 대해 '있다', '없다'는 무의미하다. 즉, 우주의 섭리는 논리적 유무를 초월한다.

- 유와 무, 긍정과 부정이 무의미한 세계.

현실이라는 꿈

인생이 꿈이라면 무아, 공은 쉽게 이해된다. 어디까지가 꿈이고 어디까지가 현실인가. 현실이란 것도 여러 계층으로 이루어진 꿈의 한 계층이 아닐는지. 꿈속에서의 현실은 너무나 생생하다. 현실 또한 하나의 꿈이 아니라고 확실히 증명할 수는 없다. 과거는 확실히 꿈이다. 현재도 꿈이 되어 가는 과정이다. 미래는 존재하지 않는다.

평정, 칠정, 집착

마음속에 아무것도 없는 평정의 삶을 지향하지만, 사랑의 감정조차

자리할 수 없는 그런 삶을 지향해야 하는가. 삶이란 무엇인가. 왜 인간으로 사는가. 아무 감정 없는 삶이 최선의 삶인가. 희로애락 없는 삶이 인간의 삶으로서 더 바람직한가.

문제는 집착이다. 희로애락을 느끼며 살되 그것에 집착하지 않는 삶이 바람직한 삶이다. 그러나 집착하지 않는다는 것은 이미 깨달았다는 것이고 깨달은 삶에서의 칠정은 좋고 나쁜 삶의 표식이 될 수 없다. 깨달은 삶에서의 칠정은 스토아 철인에게 있어서의 황금과 같은 것이다. 그들은 황금을 굳이 거부하지는 않았으나 마음 안으로 들여놓지는 않았다. 남의 것을 잠시 맡아 두는 것이므로.

백척간두 진일보(百尺竿頭 進一步)

섭리에 맡김, 의지를 버림, 자아를 버림, 사고를 멈춤, 자유.

무아, 무집착, 깨달음 같은 무위의 경지는 동시에 이르는 인식의 상태.

사라지는 것에 대한 사랑

재물과 명예, 세속적 쾌락은 비유하면 자식과 같다. 없으면 없는 대로 살 수 있지만, 그것을 누리다가 잃을 때는 엄청난 불행이 엄습한다. 반드시 필요 없는 것이라면 바라지 않고 없이 사는 것도 지혜. **가치는 욕망의 투영.**

일시적인 것을 사랑함은 끊임없는 불안의 원인이다. 영원하고 무한한 것(섭리, 도)에 대한 사랑은 강렬한 기쁨을 준다.

자아

자아라고 하는 비실재의 대상을 가리키는 말에 대해 논하는 것 자체가 무의미하다. 자아의 술어가 우습다.

삶과 죽음

죽음보다 못한 삶이라고 비유적으로 말하지만, 본래 죽음의 상태는 삶의 상태보다 나은 상태라는 사실을 어찌 함부로 말하랴. 단지 모든 삶의 도구—돈, 쾌락, 시간….—로 삶을 즐기려 하지만 죽음의 평온에 비하랴.

깨달음의 표현

뜨거운 국물을 마시며 시원하다고 하는 역설과 같은 것이 깨달음의 언어적 표현이다. 언어 자체로는 이해할 수 없다. 깨달음은 언어 이전의 인식의 문제이다.

운명을 벗어난다는 것

어떤 운명이라도 기꺼이 받아들일 때 그는 운명을 벗어나는 것이다. 운명에 영향 받지 않음으로써 운명을 벗어나는 것이다.

언제 죽음이 와도 흔쾌히 죽음을 맞으리라는 생각으로 삶과 죽음을 벗어난다.

A에 대해 초월함은 모든 경우의 A라는 상황을 전적으로 수용할 수 있는 것. A와 상관없는 것. A의 영향을 받지 않는 것. A를 벗어나는 것. A를 삼켜 버리는 것.

고통과 의식

고통은 의식을 살아 있게 한다. 안락함은 의식을 잠들게 한다. 고통을 느낀다는 것은 의식이 살아 있다는 것이다.

무대 위에서 관조의 어려움

몸과 마음은 같이 가는 것 같다. 마음은 환경에 영향받는 몸을 뿌리칠 수 없다. 무대 위에 있는 한 연극(연기)을 할 수밖에 없으며 관조자가 될 수 없다. 중요한 것은 마음의 중심이 어디에 있는가이다.

보살(菩薩)의 사랑

중생이 좋아서 사랑하는 것이 아니라 그들의 무지가 불쌍해서 사랑하게 되다.

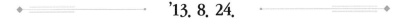

'13. 8. 24.

의식―삶과 죽음

삶은 의식이 있는 죽음, 죽음은 의식이 없는 삶.

일체개고(一切皆苦)

고통뿐만 아니라 행복조차도 권태로서의 고통이다. 더 이상 바랄 것 없는 상태일수록 고통에 사로잡힌다. 더 이상 자신을 행복하게 해 줄 대상이나 상황이 없음을 알기 때문이다.

생은 고통이고 해탈의 길은 멀기만 하다. 고통을 느끼고 또 해탈을 염두에 두고 살며, 해탈에 이르는 도상에서 죽는 자는 아무것도 모르는 채 죽는 자와 무엇이 다른가. 오히려 알기에 더욱 괴로운 생이 아닌가.

'나는 정지해 있고 나를 지나가는 세계 - 관조'에서 더 나아가 세계의 섭리의 깨달음을 추구했으나 한계에 이른 것인가. 왜 자꾸 불완전하고 끝없는 갈증을 일으키는 육경(六境)에 의지하는가. 안으로 침잠하여 완전한 만족을 얻을 수는 없는가. 원할수록, 충족될수록 더욱 집착하게 되는 외부의 것들.

내 철학의 한계

- 이러저러한 말과 철학으로 설명하기에 경험은 너무 진하고 세상은 너무 복잡하다.
- 부당함 앞에 평정은 설 자리를 잃는다.
- 폭언 앞에 손은 벌써 복수의 칼을 잡는다.
- 언제까지 자신의 행위를 연기(演技)로 치부할 것인가.
- 언제까지 관객으로서 자위하며 숨어 있을 것인가.
- 식지 않는 정념이 문제인가, 실재를 포용할 수 없는 관념적 철학이 문제인가.
- 철학은 현실에 박살나는 유리에 불과한가.

'13. 8. 31.

세계, 실체, 진아(眞我), 개아(個我)

세계(실체)에는 생겨나는 것도 사라지는 것도 없다. 세계는 존재할 뿐이다. 생겨난다고 생각되는 모든 것들은 원래 있었던 것들이다. 연기(緣起)에 의해 재구성되었을 뿐이고 사라짐도 연기에 의해 본래대로 돌아갔을 뿐이다.

나를 벗어나다. 나(진아)는 내(개아)가 아니다. 진아는 실체로서 존재한다. 진아는 자신이 자신을 본다. 주객은 없다. 진아는 여여함의 자각이다.

개아가 먼저 있어 진아를 깨달았는가, 본래 존재한 진아가 개아의 걸힘으로 나타났는가. 진아로서의 나는 그동안 개아에 너무 붙어서 살아왔다. 아니 개아가 진아를 가려 왔던 것이다.

내가, 내가 아님을 인식할 때, 내가 개아가 아니라 세계 자체로서의 진아임을 인식할 때, 나의 모든 소유는 부질없어진다. 생명마저도…. 나는 우주의 실체이기 때문이다. 고통도 행복도 나의 것이 아닌 개아로서의 그의 것이다. 생멸도, 행복과 불행도 보리와 번뇌도 진아로서의 나에게는 불이(不二)다. 모든 구별은 개아로서의 그의 것이다.

한번 인식한 것은, 인식 주체와 그 대상의 존재 여부와 상관없이, 인식된 사실로서 존재한다. 나와 우주를 갈라놓은 것은 자아라는 무지.

끝은 없다. 오픈되어 있다. 목적은 없다. 그저 존재할 뿐이다. 진아는 세계 자체, 우주의 이치, 섭리이다.

하나의 나무의 관찰에 몰입해 있는 자는 숲을 이해할 수 없다. 하물며 우주야! 우주를 이해한 자는 하나의 나무에서도 우주를 인식할 수 있지만 그 역은 불가능하다.

◆————————•————— **'13. 9. 14.** —————•————————◆

진리의 개별성

실재하는 세계와 유식무경, 어느 것이 진리인가. 칸트의 이율배반을 숙고할 때 자신의 의지와 욕망이 자신의 진리에 대한 신념을 결정하는 것 같다.

가려는 그곳

지금 이곳을 두고 어딜 그리 빨리 가려 하는가. 그곳은 어디인가. 그곳엔 무엇이 있는가. 그곳이 현상의 세계이든, 관념의 세계이든 간에.

'13. 9. 18.

이십 년 후

평균 남은 생 이십 년. 외부 세계의 도처를 경험하며 즐거움을 찾을 것인가, 내 안으로의 정진에 매진할 것인가. 전자는 사멸을 인정한 존재로서의 최선의 길이며 후자는 사멸을 다른 차원에서 극복하려는 인식의 길이다. 어느 방향을 견지할 것인가. 분명한 것은 이십 년 후에는 내 육체가 존재하지 않는다는 것이다. 이십 년 후에는.

견해와 인식

우주는 매우 다양하다. 우주를 한눈에 조망할 수 있는 도구나 이론은 없다. 그리하여 상반된 서로 다른 이론과 주장이 우주의 각 부분을 바라보는 각각의 창문으로서 양립, 상존할 수 있는 것이다. 진리 또는 인식의 계층도 매우 다양하다. 그리하여 각 인식의 수준에 따라 상반되는 진리들이 상존할 수 있는 것이다.

모든 철학과 종교는 모두 그르지 않다. 우주의 섭리를 설명하기 위해서는 지금까지의 모든 철학과 종교가 필요할 뿐만 아니라 더 많은 종교와 철학이 필요하다. 특정 종교 혹은 철학만이 옳고 다른 것은 옳지 않다는 견해는 우주의 일부만을 수용하고 다른 나머지 전체를 거부하는 것과 같다.

인생이라는 꿈

하룻밤 꿈은 그 꿈에서 깨어난 자가 꾼 것이지만 인생이라는 이 긴 꿈은 누가 꾸는 것인가. 이 꿈속의 '나'라는 존재는 이 꿈을 과연 벗어날 수 있을 것인가. 죽음에 이른다고 이 꿈에서 깨어날 수 있을 것인가. 이 인생이라는 꿈에서.

누구나 인생이라는 꿈의 주인공은 자신이다. 그러나 그 주인공 또한 꿈속의 등장인물일 뿐이다. 꿈을 꾸고 있는 자가 아니다. 꿈을 꾸고 있는 자는 누구인가. 진아는 과연 어떠한 것인가.

단상

- 이 또한 꿈속의 경치이거늘 어찌 이토록 아름다운 것인가.
- 인생을 바라보는 두 가지 태도 - 생에 대한 미시적 안목 vs. 생 자체에 대한 거시적 통찰.
- 집착 - 감정의 낭비, 시간의 낭비, 무지.
- 취한 자의 잠자리는 고독하다.

훌륭한 사람

"훌륭한 사람은 생각을 이야기하고, 평범한 사람은 일상사를 이야기하고, 속 좁은 사람은 사람(남)을 이야기한다."

– 엘리노어 루즈벨트

희망 사항

이 세계와 자아와 삶과 죽음에 대한 심원한 이해와 통찰 하에서 남은 삶 동안 내가 좋아하는 즐거운 일이 계속되기를 바란다. 예정된 가장 즐거운 사건인 죽음을 맞이할 때까지.

통찰

운명의 끝자락에 매달릴 것인가, 우주의 섭리를 통찰할 것인가. 모래
알 한 알갱이를 볼 것인가, 백사장 전체를 볼 것인가. 우주 속 미미한 존
재로 남을 것인가, 우주를 품은 존재가 될 것인가. 섭리를 인식하고 섭
리대로 사는 자는 곧 섭리다.

경험론자와 관념론자의 세계

경험론자는 소여의(주어진) 세계를 볼 뿐이지만 관념론자는 자신이
구성한 세계를 본다.

'13. 10. 5.

삶과 죽음

삶은 관성—삶을 유지하려는 관성—의 톱니바퀴다.

삶은 죽음—무의 긴 잠인 죽음—을 두려워한다.

죽음—삶의 베일에 가려진 죽음—이야말로 진정한 평화의 안식처가
아닐까.

이 삶을 어떻게 이어 갈 것인가를 걱정해야 한다. 삶과 죽음의 담벼
락 위에서.

핵심

이륙의 핵심은(무형의) 속도다. 나는 것은(유형의) 비행기라고 파악
되지만 날게 하는 것은 속도다. 비행기는 하나의 외형에 지나지 않는

다. 굳이 내가 아니라도 섭리(운명)라는 속도 안에 있으면 누구나 나의 인생을 살 것이며 그런 관점에서 자아는 무의미하다.

박제된 사랑

나는 그녀를 한 번이라도 진정 사랑한 적이 있는가. 과연 나의 사랑은 무엇이었나. 나의 사랑은 관계 구조 속에 박제된 사랑이 아니었나. 그것은 사랑이 아니라 의무가 아니었는지.

'13. 10. 6.

진아(眞我)

우리(사실은 순수자각/의식 자체)는 자신을 개아(個我)로 인식할 수도 있고 진아로 인식할 수도 있다. 우리는 스스로 진아임을 부정하고 개아라고 인식하여 그것을 벗어나고자 노력한다. 구루(Guru)는 결론적인 답을 얘기하지만 우리는 그것을 믿지 않고 과정을 요구한다. 철학의 한계.

진아=깨달음=자각. 육체의 사후에도 깨달음은 존재한다. 진아는 깨닫게 되는 어떤 것(대상)이 아니라 깨달음(섭리) 자체다.

나 → 소유 → 집착/욕망. 집착/욕망을 버리면 소유가 없어지고 내가 사라진다. 소유를 버림으로써 전체를 소유하게 되고 개아가 사라짐으로써 나는 전체(진아)가 된다.

내가 어떤 행위를 한 것이 아니라 그 행위들이 이루어진 것이다. 모든 존재는 연극의 소품일 뿐이다. 자신이 행위 한다고 생각하지만 모든 행위들은 연극 각본대로 일어날 뿐이다. 자신은 없다. 각본만이 있을 뿐이다. 나=진아=각본=섭리.

진아라는 종이에 마음은 세계라는 글자를 쓰고 자아는 그 세계를 본다. 그러나 글자가 쓰여지지 않은 종이를 볼 수 있어야 한다. 나아가 종이와 글자, 둘 다를 하나로 볼 수 있어야 한다. 글자가 쓰여진 종이(진아) vs. 종이에 쓰여진 글자(세계)

범인은 생각의 환(幻)으로서의 세계를 실재로 보고, 깨달은 자는 진아로서의 세계를 실재로 본다. 즉, 범인이 보는 세계는 환이고 깨달은 자가 보는 세계는 실재(진아)다.

감각된 세계(산은 산이고 물은 물이다, 非覺, A) → 유식무경(산은 산이 아니고 물은 물이 아니다, 구도/수행, B) → 이사무애/사사무애(산은 산이고 물은 물이다, 覺, A).

'내가 존재한다는 것'과 '세계가 존재한다는 것' 중에 어느 것이 더 확실한가.

나는 나의 마음인가, 나의 육체인가. 나는 그 어느 것도 아니다. 나는 나의 마음과 몸을 넘어선 그 무엇이다. 그 무엇은 무얼까. 진아.

'13. 10. 19.

평안

죽는다면 이런 상태와 기분으로 죽으면 좋으리라. 만족과 평안. 이 평안은 어디에서 연유한 것인가. 외부에서 기인한 것이라면 이 평안은 환각이며 외부와 무관한 것이라면 견고한 것이리라. 무의 평안. 유와 무의 이분법적 무이거나, 유에 대한 상대적 무가 아닌, 절대 무의 평안.

행복

행복을 추구한다는 것은 행복하지 않다는 것. 행복을 추구할 수밖에 없는 인간은 본래 불행한 존재인가. 목적, 목표, 희망이 있다는 것은 행복하지 못하다는 것이다. 현 상태의 자족과 무욕이 행복이다.

욕망과 세계

나도 없고 세계도 없는, 그러나 순수의식만이 존재하는 그런 삶을 살다.

정적 속에 눈을 감았을 때의 세계가 참 세계다. 눈을 떴을 때 보이는 세계는 취할 수도 있고 버릴 수도 있는 덤이다. 살고자 하는 욕망이 없는 자에게 세계는 사라진다.

깨달음

깨달음은 새로운 것에 대한 인식이 아니라 이미 알고 있었던 것을 몸으로 적시는 깊은 인식이다. 깨닫는다는 것은 삶을 관통하고 죽음을 초월한, 우주의 섭리에 대한 인식이다. 섭리를 인식한다는 것은 곧 스스로가 섭리 안에 존재하며 자아가 사라져 섭리 자체가 된다는 것이다.

사는 이유

나는 왜 사는가, 나는 왜 욕망을 추구하는가, 추구한 결과는 나에게 어떠한 의미가 있는가. 스스로가 만든 업의 그물에 포박당해 사는 삶의 목적은 무엇인가. 해 아래 존재하는 것들, 세계와 분리된 것들의 삶 속에는 아무런 의미가 없다. 의미와 당위를 찾고 싶어 할 뿐.

선(禪)

삶 가운데에 있는, 삶 속의 층이 아니라, 삶 자체를 벗어난 것을 사유하는 선.

나는 우주

나는 우주를 품고 있고 우주는 나를 품고 있다. 이것이 논리적 참이기 위해서는 나는 우주이어야 한다.

무상한 행복

행복에 대한 깊은 사유 끝에는 행복이 실재하지 않음을 깨닫는다. 또한 신, 자아 등 관념적으로 존재한다고 생각되는 형이상학적 대상들은 실재하지 않는다. 관념이 지시하는 대상은 부재하며, 그 대상이 있다 해도 그것은 무상하기 때문이다.

삶

삶은 강 건너 불구경이어야 한다. 무엇에도 얽매이지 않고 무엇에도 영향을 주지 않는 불교적 삶, 스토아적 삶.

천천히, 더 천천히! 빨리 가려는 그곳에는 무엇이 있는가.

'13. 10. 26.

진보와 보수

진보의 길은 험난하다. 진보의 속성은 산화(散華)다. 진보는 언제나 마이너리티(Minority)일 수밖에 없다. 진보는 승리하는 순간 보수가 된다. 인간의 속성이 보수이듯, 권력의 기본 속성은 보수다. 사회의 발전은 진보가 이끌어 내지만, 승리로서가 아니라 희생을 통해서이다. 결국 진보의 길에 선다는 것은 자신을 희생한다는 것이며, 권력을 향한 진보는 진보를 가장한 보수다.

무(無)

무는 없음이 아니라 현재 있지 않음이다. 무는 가능성(空)이다. 무는 현재는 공(空)하지만 만(滿)의 가능성을 내포하고 있다.

단상

· 읽는 시간이 아깝지 않을 책은 몇 권이나 될 것인가.

· 자신의 언행에 책임을 지는 극한의 자세는 너의 의지냐, 너의 운명이냐.

· 얼마나 더 죽음을 연습해야 하는가. 연습한다 함은 삶과 죽음을 달리 보는 것 아닌가.

· 인식과 그 인식의 육화(肉化) 사이에는 엄청난 심연이 가로 놓여 있다. 그것을 메우는 행위가 정진이다.

· 성찰 없이 주변 사에 매몰되어 살다 맞는 죽음은 비명횡사다.

· 인간 사회에서 절대적 선과 악은 없다. 상대적 진실만 있을 뿐이다.

· 언젠가 죽어야 할 존재는 죽음을 두려워해서는 안 된다.

삶의 층

범인은 배역이라는 한 가지 층의 삶을 산다. 생각하는 자는 배역과 배우라는 두 가지 층의 삶을 산다. 현자는 배역과 배우, 관객이라는 세 가지 층의 삶을 산다.

낮과 밤의 변화를 쫓는 자는 계절의 변화에 놀라고 계절의 변화를 쫓는 자는 세월의 변화에 놀란다. 섭리를 통찰한 자는 무심하다.

당연의 장막

　우리는 당연의 장막으로 가려진 방에서 당연의 스크린 위에 마음이라는 영사기에서 나오는 세계를 보고 있다. 장막을 걷어야 한다. 밝은 세계, 참 세계를 보아야 한다. 본래 당연한 것이란 없다.

　현재의 익숙함, 현 상황의 당연함…. 이 같은 당연의 장막을 벗어날 때 무한한 생의 기쁨 속으로 들어갈 수 있다. 세상에서 가장 큰 신비로움이자 기쁨은 내가 없지 않고 있다는 것. 익숙함은 사고를 경화시킨다. 새로운 맛을 찾듯 새로운 생각과 관점을 찾는 것이 철학함이다. 결국 철학함이란 당연의 장막을 거두어 나가는 것이다.

　익숙한(당연한) 행복은 더 이상 행복이 아니지만, 익숙한(당연한) 고통은 여전히 고통이다.

단상

- 새로운 옷을 하나 사면 이전의 옷 하나가 무용하게 되듯, 새로운 깨달음은 이전의 무지를 벗어나는 것이고 새로운 생각의 수용은 이전의 생각에서 벗어나게 한다.
- 현 사회구조나 현상의 배후에는 그것을 만들어 내고 유지하려는 권력의지가 있으며 권력의지의 출발점을 찾아 올라가는 것이 계보학이다.
- 이 세계는 아름답다. 생의 마지막 날에 보는 것처럼. 그 이유는 세계를 투영하는 자의 마음이 아름답기 때문이다. 세계는 마음의 상이다.
- 누군가 "一葉落知天下秋(한 잎 낙엽으로 가을임을 안다)."라 했지만, 나는 "燒葉香知天下冬(낙엽 태우는 냄새에 겨울임을 안다)."

어디로 가고 있는가

나는 어디로 가고 있는가. 쇠붙이가 자석에 끌려가듯 일상의 일들에 정신이 팔려 결국은 죽음의 팔에 뛰어드는가. 그 사소함들이 생존의 문제가 아님에도 불구하고 거기서 빠져나오지 못하고 허우적거리는 삶은 얼마나 불쌍한가. **자신은 쾌락을 사고 있다고 생각하지만 사실은 쾌락에 자신을 팔고 있는데…**. 오온성고(五蘊盛苦).

내 것

본래 주어진 것은 내 것이 아니다. 그것이 행복이든 돈이든 명예든 물건이든, 내가 쟁취한 것만이 진정한 내 것이다.

도구

피안에 닿았을 때 차안의 강을 건넌 도구인 배가 필요 없으며, 그 배를 벗어나야만 피안의 언덕으로 오를 수 있듯, 어떤 수준의 깨달음에 도달했을 때는 그 수준까지 올라갈 수 있게 한 여러 책들은 필요 없어진다. 쓸모없어진 도구, 오히려 오도(誤導)를 방지하기 위해 없애야 한다.

독서와 사유

사유 없는 독서는, 인터넷에서 얼마든지 검색할 수 있는, 지식의 축적일 뿐이다. 지식은 사유를 통해서만 지혜가 되어 체화된다. 지식은 내 밖에 있으나 지혜는 내 안에 있다.

자귀의(自歸依) 법등명(法燈明)

깨달음에 이르는 길은 깨달은 자마다 다르다. 달라야 한다. 타인의 길을 따라가서는 자신의 깨달음에 이를 수 없다. 깨달음, 천국, 극락에 이르게 해 준다는 모든 종교는 사기다. 자귀의 법등명.

즐거움의 추구

크리스마스 트리…. 감각의 기쁨. 아름답고, 즐거운 모습을 보고자 하는 노력. 이 정도의 생의 즐거움을 추구하는 것은 좋은 것 같다. 욕망하는 것인가, 다가오는 것을 받아들이는 것인가의 차이는 있겠지만.

'13. 12. 14.

시간

위안을 주는 것은 돈보다는 시간이다. 그러나 얼마 남지 않은 시간. 시곗바늘로 한 바퀴는 한 시간이지만 마음에는 영원이기도 하다. 객관의 짧은 인생을 두려워 말자. 순간은 곧 영원임을 깨닫자.

시간은 주어지는 것이 아니다. 극지방의 쇄빙선처럼 내가 헤치고 나가는 것이 나의 시간이다. 쇄빙선은 언제 멈출지 모르지만 나아가야 한다. 죽음을 생각하는 자는 삶의 찰나의 시간을 인식한다.

깨달음의 추구

도 닦는 자는 섭리의 조각들을 깨달아 모아 두는 자이다. 섭리의 조각들은 무수히 많아서 섭리는 결코 완성할 수 없는 모자이크지만 그 조각들은 영혼의 재화다. **일정량을 모았으면 그만두어도 좋으리라.** 어차피 완성할 수 없는 섭리의 모자이크이기도 하고 섭리만을 추구하다 인생의 맛도 못 본채 인생을 마칠 수도 있기에.

삶과 연기(演技)

무대의 막이 올라가 있는 한 무대 밖을 나갈 수 없다. 관조할 수 없다. 맡은 역할에 충실해야 한다. 비록 연극이 곧 끝남을 알고 있을지라도 그 마지막 순간까지 충실히 연기해야 한다. 연극 대본을 통찰한 자의 연기.

단상

- 사회적으로 성공한 자들의 내공도 인정해 주자.
- 복권의 가치는 상상의 즐거움이다. 따라서 복권을 사면 상상을 해야 한다. 그것이 복권을 산 이유이며 복권의 가치이기 때문이다.
- 노력파 - 머리 나쁜 사람에 대한 조소.
- 추운 겨울, 새벽길을 가야 하는 자에게, 체온이 배어 있는 따뜻한 이불은 천근만근의 무게.

무지의 삶

귀한 고급 와인을 완샷하다. 와인을 마셔서 취할 뿐 와인 맛을 모르다.
자신도 잘 모르는 어딘가를 향해 맹목적으로 돌진하다. 그곳에 도달하기는 했으나 아무런 기억이 없다.

통찰한다는 것

무한한 인과의 계열과 연기의 사슬을 통찰한다는 것이 꼭 좋은 것만은 아니다. 때로는 대상의 연기를 통찰한다는 것으로 인해 슬프다. 무상은 슬픔으로 다가오기에.

2014

'14. 1. 4.

다른 층의 삶

삶은 평면적이지 않다. 경험적 삶의 세계와 관념적 삶의 세계는 다른 층에 위치한다. 즉, 경험의 세계와 관념의 세계를 연결할 수 없다.

신앙

인격신을 찾는 자나 마음 안의 불성을 찾는 자나 절대를 향한 믿음이라는 면에서는 다르지 않다. 각각이 추구하는 바는 사실, 진위, 증명의 문제일 수 없다.

보험의 목적

보험은 당초 죽음에 대비하기 위한 것이었으나 이제는 삶에 대비하기 위한 것으로 바뀌었다. 일부는 죽음 같은 삶(육체와 정신이 따로 노는 죽음보다 못한 삶)을 유지하기 위한 것으로. 죽음을 덧씌운 삶을 사는 이유는 무엇인가. 본능인가, 무지인가.

낯설음

이십 대에 들었던 팝송을 들으면, 모든 것이 불편했던 그 시절이 되살아난다. 새롭게 겪어야 했던 성인문화가 어색했고 결코 융화될 수 없었던 그 시절의 나와 상황. 하여 늘 이방인의 느낌으로 살 수밖에 없었고 그 느낌을 지금까지 가지고 산다. 세상과 사람에 대한 낯설음과 함께.

철학, 이 삶의 전장(戰場)에서

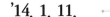

현대의 사랑

과거 시대의 사랑이 황금알을 낳는 거위라면 현시대의 사랑은 배를 갈라 버린 거위이다.

착각과 고통

세계 속에서 자아 중심적으로 세계를 이해하는 경향이 인간의 고통의 원인이다. 착각과 무지에서 연유하는 고통. 섭리를 구현하는 하나의 무대장식에 불과한 자신이 마치 무대의 주인공인 양 생각함으로써 고통 받는 것이다.

인식 또 인식

종교철학의 공통점은 각 종교가 말하는 궁극, 핵심은 그것이 무엇이든 간에 이미 우리의 마음속에 본래부터 내재되어 있다는 것이다. 불교의 불성, 기독교의 사랑, 힌두교의 자유…. 우리가 해야 할 것은 그것을 실제로 인식하는 것뿐이다. 도 닦는 것은 다름 아닌 바로 그것을 인식하려는 것이다. 진리, 지혜는 창조되는 것이 아니라 인식될 뿐이다.

섭리의 인식

실제로 우리는 섭리를 막연하게 알고는 있다. 다만, 마치 불성이 내 안에 있다고 생각할 뿐 인식하지 못하는 것처럼, 확실히 인식하지 못할 뿐이다. 자신에게 일어난 사건들을 섭리로써 후취할 수 있을 뿐만 아니라 자신이 상상하는 이상의 모든 것을 섭리로 받아들일 때, 그는 비로소 섭리를 인식한 것이다. 섭리의 순수한 선취는 불가능하다.

앎과 사랑

알지 못하면 사랑할 수 없다. 깊이 알면 사랑하지 않을 수 없다. 우리
는 사랑하고 싶지 않기에 알려 하지 않는다.

◆ ━━━ ━━ ━━ **'14. 1. 19.** ━ ━━ ━━━ ◆

도(道)

크다/작다, 멀다/가깝다, 어제/오늘, 선/악, 정의/불의 같은 인간의 개
념으로는 도를 파악할 수 없다. 도는 인간 중심적 개념 밖에 있기 때문
이다. 인간이 대상의 본질과 목적을 규정하는 한 그 대상의 존재 이유
를 알 수 없다. 인간의 개념은 휴머니즘(?)적이기 때문이다. '화분의 꽃
의 목적은 관상하기 위함이다.', '소의 목적은 경작에 활용하고 식용으
로 활용하는 것이다.'라고 인식하지만 그것들의 존재 이유는 인간의 목
적과는 결코 같지 않다. 인간은 꽃이나 소의 존재 이유를 인식할 수 있
는가. 인간은 도의 단편만을 인식할 뿐이다. 도는 언어/개념에 포괄할
수 없다. 도에 대한 인식을 포기하는 것이 섭리에 부합할 수 있다.

도로 표현될 수 없는 도를 인식하려고 하다. 본질 없는 도의 본질을
알려고 하다. 바람을 밧줄로 묶으려 하다.

도는 알 수는 없으나 느낄 수는 있다. 즉, 도는 선취할 수는 없으나 후
취할 수는 있다.

범인의 관심

범인은 자신이 '어떤 사람인가.'가 아니라 자신이 '어떻게 보여지는

가.'를 알고 싶어 한다. 그의 관심은 자신도 아니고 타인도 아니고 세계도 아니다. 그의 관심은 자신과 타인 사이에 있다. 자신 외에는 아무도 들여다보지 않는 공허함에….

'14. 2. 9.

단상

- 개아 - 육체 속에 갇힌 나.
- 진아 - 우주 밖에 있는 나.
- 외모의 가치는 피부만큼 얇다.
- 현실을 위해 영혼을 팔다. 현실의 이익을 위해 영혼의 기쁨을 팔다.

낯선 곳에서의 새벽 시간

낯선 곳이라는 공간적 새로움과 새벽이라는 시간적 익숙하지 않음이 만나 뿜어내는 환상 같은 매력.

무상한 인생

삶에 취한 자의 생은 삶에 쫓겨 사는 인생이지만 삶에서 깨어난 자의 생은 무상할 뿐이다. 생의 고통에 비해 생의 기쁨은 얼마나 작고 순간적인가.

돈 버는 재미, 술 마시는 즐거움 등 쾌락은 무상한 생을 잠시 망각하게 하는 약일 뿐, 생의 본질 자체는 피할 수 없는 무상이다. 이러한 생각 자체가 자신이 본래 존재해야 한다는 입장에서 연유되는 오류임을 알고는 있지만, 어쩌랴! 언제나 관조의 삶만을 살 수는 없는 인간의 운명을 타고난 것을. 술에 취한 채 눈에 어둠이 덮였으면….

몰입과 관조

자신을 망각한 몰입의 시간과 자신을 관조하는 초월의 시간 중 어떤 시간이 좋은가. 전자는 무아의 시간, 즐거움의 시간이지만, 후자는 괴로움과 번민의 시간이다.

삶과 죽음을 이미 통찰한 자에게 반복되는 삶은 짐스러울 수도 있다. 어쩌면 고통 없는 가장 행복한 자의 권태.

공허

지적 깨달음이 없는 생활은 무엇을 한다 해도 나에게는 공허하기만 하다. 허무함이 짙게 깔린 우울한 삶이 되고 만다. 이것은…. 새로운 병이다.

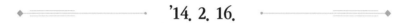

'14. 2. 16.

진리의 전달

진리의 정수를 그대로 말한다면 사람들은 이해할 수 없어 받아들이지 못한다. 공허해할 뿐이다. 감성의 배에 태워 인식의 강을 건널 수밖에….

신념과 회의

신념보다는 회의가 안전하다. 특히 성공한 자의 신념은 위험하다.

무지

사람들은 육체적, 물질적인 비난보다는 지적 능력이나 성격 같은 정신적 비난에 민감하고 분노한다. 그 비난의 대상이, 보이고 비교 가능한 경험적인 것과 보이지 않고 비교하기 어려운 관념적인 것의 차이 때문일 것이다. 이에 대한 데카르트의 말은 생각할수록 뛰어난(교묘한) 비웃음이다.

> "세상에 양식은 골고루 분배되어 있는 것 같다. 아무도 자신의 양식이 모자란다고 불평하지 않으니…"
>
> －《방법서설》

- 세상 사람들에게 이성(지능)은 골고루 분배되어 있는 것 같다. 누구도 남보다 자신의 이성이 못하다고 불평하지 않으니….
  무지한 자는 자신의 무지를 인식할 수 없다. 자신의 무지를 인식할 만한 지혜가 없기 때문에, 그리고 자신의 무지를 인식하고 싶지 않기 때문에.

철학과 인간

철학은 인간을 품격 있게 만들었다. 철학이 없었다면 인간은 그저 조금 더 영리한 동물로 남아 있었을 것이다. 철학 없는 인간은 맹목이다.

본능과 사회

인간에게 자연적으로 주어진 본능과, 그 본능을 표현하면 안 되는 사회 제도. 본능을 제한하고 억압하는 사회. 본능을 잘 제어하는 것이 사회에의 적응이며 사회에서 생존의 기본 필요조건이다. 즉, 사회 속에서 산다는 것은 본능 측면에서는 끊임없는 속임, 위선의 연속.

살아야 하는 이유

인생이란 태어나는 순간부터 고통에서 도망치려는 몸부림의 연속이다. 죽음을 두려워하는 것을 보면 알 수 있듯이, 결과를 알 수 없는 변화를 꺼리고 두려워하는 것은 인간의 본능이다.

배를 채우고 비우고, 또 채우고 비우고…. 고통과 해소, 행복과 권태의 반복. 해 아래 무슨 새로운 행복이 더 있으랴, 고통이나 없으면 다행인 인생. 무엇을 위해 더 살아야 하는가. 우주의 생명체로서 인간의 생 자체에 어떤 의의와 목적이 있을까. 인간뿐만 아니라 모든 생명체에는 아무런 목적도 의의도 없다. 생이 주어졌으니 본능대로 그 생을 유지하는 것일 뿐.

이미 주어진 구조와 가치 속에서 그것들에 이끌리어 희로애락 하는 사람들. 태어나자마자 꿈속을 헤매다가 깨어나지도 못한 채로 죽는 인생.

깨어난 자라도 할 수 있는 최상의 것은 이러한 인생의 한계와 생사를 초월하여, 꿈속의 삶을 비웃고, 한계 지어진 인생 자체, 인간의 숙명과 즐거이 노니는 것이다.

사는 것이 행복을 위해서라면 더 산다 한들, 지금보다 더 행복할 확률은 적고, 더 고통스러울 확률이 큰데 굳이 더 살아야 할 까닭이 있을까. 공짜로 사는 인생이라도 그 생이 잘해봐야 고통 없는 반복의 연속이라면, 남은 삶의 목적은 무엇이란 말인가. 고통을 포함한 다양한 삶을 맛보기 위해서? 굳이 그런 맛을 보고 싶지 않다면, 살아야 하는 이유는? 가족 등 주변 사람들의 꿈속의 삶을 지원해야 하는 의무? 꿈에서 깨어나지 못한 자들에 대한 깨우침의 의무? 새로운 화두…. 여기서 생을 멈추지 않고 살아가야 하는 이유.

'14. 3. 2.

죽음

우리는 문득 자신 앞에 놓인 고단하고 권태로운 생을 마주하고 비애를 느끼기도 하고, 때로는 얼마 남지 않은 생을 아쉬워하기도 한다.

삶을 전율케 하는 것은 죽음뿐이다. 그러나 죽음이 곁에 있음을 자꾸 잊고 산다. 삶의 배경이 되어 주는 죽음, 삶을 돌연히 엄습하여 절단하는 죽음, 삶을 가치 있고 아름답게 하는 죽음을. 중년의 세월 넘어 어느 정도 깨달은 자라면 삶에 몰입한다는 것은 바람직한 일일까.

철듦

어린이나 학생의 철듦은 삶으로의 진입이며, 경쟁과 소유를 통해 보다 풍요로운 삶을 살아가기 위한 깨달음이다. 철들지 않는 아이는 성인이 될 수 없다.

성인의 철듦은 삶에서의 벗어남이며, 섭리의 인식과 초월적 관조를 통해 평정을 유지하기 위한 깨달음이다. 철들지 못한 성인은 삶에 파묻혀 죽음으로 질주한다.

서글픈 인생

한 인간의 현재의 모습을 보면 기쁘거나 슬프지만, 인생 전체를 통찰할 때 불쌍하고 서글프지 않은 인생은 없다. 그것은 죽음 때문만은 아니다. 욕망이 존재의 한계를 넘어 질주하기 때문이다.

욕망과 인식

신, 자아, 영혼 등 욕망하는 것을 인식할 수도 있지만, 인식했다는 착각일 수도 있다.

진아 또는 무아

내가 생각하는 자아, 관념 속에 떠올릴 수 있는 자아는 의식의 대상으로서의 자아, 경험적 자아이다. 그러나 의식의 흐름 뒤에서 의식의 주관으로서의 자아는 무엇인가. 존재한다면 그것은 이름 붙일 수 없는 무엇, 경험적 자아와는 관계없는 관조의 영으로서의 진아일 것이며, 의식의 흐름 뒤의 진아가 없다면 무아, 공이라 할 수 있을 것이다. 여기서, 의식(표상)할 수 없는 그것의 존재를 상정하여 그것을 진아라 부르는 것과, 의식할 수 없다는 것에 중점을 두어 무아라고 부르는 것은 결국 의식할 수 없는 같은 대상을 지칭하는 것이다.

해탈

해탈 그것은, '내가 생각하는 나'는 없다는 것을 인식하고, '윤회하는 나는 내가 아니라는 것'이 아니고 그러한 '윤회하는 나' 자체가 없다는 것을 인식하는 것. 또한 내가 사고하는 모든 것은 연기의 결과, 공이라는 것, 그것을 '무아로서의 내가 관조하는 것'이 아니라 나를 포함한 세계 자체가 무라는 것, 존재론적으로나 인식론적으로나 무라는 것을 인식하는 것.

통찰

책상을 보고, 책상이 있다고 하는 자는 찰나생을 보는 것이고 책상이 없다고 하는 자는 찰나멸을 통찰한 자이다. 깨달은 자는 그저 '공하다' 라고 할 뿐이다.

오관(五觀)은 본능적으로 감각하기 위해 존재한다. 눈은 무엇인가를 보고 싶어 한다. 따라서 멸보다는 생을 먼저 보는 것이며 무보다는 유를 보고자 한다.

공허와 맹목

객관 없는 주관은 공허하며, 주관 없는 객관은 맹목이다. 공허와 맹목의 반복으로 점철되는 인생….

여생의 목표

형이상학적으로는 초월 자아, 불성을 깨닫는 것, 그리하여 해탈하는 것.
현실의 삶 속에서는 생과 사, 행복과 고통을 무시하고 오직 덕 있는 삶을 사는 것.

책을 읽는 Type

애써 글을 이해하려는 자와 글이 자신에게 의미를 부여해 주기를 바라는 자.
성찰하는 자 vs. 느끼려는 자
배우려는 자 vs. 즐기려는 자

'14. 3. 29.

무식과 무지

무식은 지식의 부족. 무지는 지혜의 부족. 무식한 사람은 많지 않으나 무지한 사람은 많다.

화엄과 무상

만물을 찰나생의 관점에서 보면 화엄이고 찰나멸의 관점에서 보면 무상이다. 또한 현시적 관점에서 보면 화엄이고 통시적 관점에서 보면 무상이다. 그러나 영원의 상아래서 보면 결국은 제행무상(諸行無常)인 것이다.

배경 또는 그림자

개념은 그림자를 동반할 수밖에 없다. 선이라는 개념의 배경(그림자)이 악인 것처럼. 배경 없이 포착된 대상은 제대로 인식될 수 없다. 고통의 배경이 없는 행복은 참 행복이 아닌 권태인 것처럼.

종교인의 사상적 두께

종교인 중에 다른 사상과 타 종교에 대한 깊은 인식 후에 자신의 종교를 선택한 자는 얼마나 될까. 그들이 자신의 종교만이 참되다고 생각하는 것은 자신의 종교 외에는 잘 모른다는 것이기도 하다. 책을 몇 권 읽지 않은 자에게 좋은 책을 추천하라고 하면 자신이 읽은 책을 추천하는 것과 같다.

내공

자기 인생의 고통스러운 모습마저도 희화화(戱畵化), 대상화(對象化)할 수 있는 능력.

좌망(坐忘)

자아가 활동하지 않는 상태. 무엇인가를 찾아 두리번거리지 않고 과거와 현재와 미래에 대해 생각하지 않는 상태. 생을 벗어난 상태. 죽음 같은 깊은 잠의 상태.

칠정(七情)에 대하여

칠정이 무지의 산물임을 통찰한 자는 칠정 속에서도 자신이 칠정에 빠져 있음을 관조한다. 삶에 취하지 않는다. 인간과 세계 사이에 칠정은 없다. 칠정은 인간들 사이에서 생겨난다. 삶과 죽음은 칠정을 떠나 있는 것이다. 죽음을 슬퍼하려거든 눈부신 벚꽃의 개화를 먼저 슬퍼하라. 칠정의 원인인 무지와 욕망을 먼저 슬퍼하라.

불이(不二)에 대하여

하나의 대상에 두 가지 관념을 덧씌운다. 그리하여 하나는 두 개가 된다. 그러나 그 두 개는 본래 하나라는 것을 깨달음이 불이를 인식하는 것이다. 행/불행, 선/악, 번뇌/보리….

공부

지를 닦기 위한 공부가 아니라 무지를 닦기 위한 공부,

인간의 본성(이기심, 악함) 속에서 나는 어떻게 살아야 하는가.

철학적인 삶

모두들 가로 방향의 삶 속에 빠져 있을 때 세로 방향으로 삶을 가로지르다.

자신이 삶이 고통스러워도 고통스러운 삶 자체를 사유하다.

타인의 욕설을 들을 때 그 욕설이 자신에게 미치는 의미를 생각하는 사람(범인)이 아니라 그 욕설의 재미를 생각하는 사람(철인).

상해에서 (4. 27~29)

세계는 여여(如如)하게 흘러간다. 변하는 것은 세계가 아니라 나다.

◆ ─── ─── ─── ── **'14. 5. 4.** ── ─── ─── ─── ◆

스토아적 해탈

나를 포함한 동식물, 무생물 등 모두는 우주의 섭리 안에 있는 자연의 일부라는 것은 자명하다. 동시에 나는 자연이다. 그러나 이 진리를 인지할 수 있는 능력을 가진 유일한 존재는 인간이다. 그러나 대부분이 그 능력 자체를 인지하지 못하는 것을 보면 애초에 인간에게 그러한 능력은 필요 없었다.

각자는 우주와 자연이라는 브라만의 양태이며 그 진리를 깨달은 자는 아트만이다. 그리고 자신이 아트만임을 인식하는 순간 그는 자신이 곧 브라만임도 함께 인식하게 된다. 다이아몬드의 조각은 그 자체가 이미 다이아몬드인 것처럼. 그에게 이미 삶과 죽음의 구분은 없다. 영원한 것은 우주 전체를 운행하는 인과의 계열, 연기의 사슬, 섭리. 자신이 아트만, 브라만, 우주의 영임을 인식하는 순간, 생사를 넘어, 현상하는 존재 자체를 초월한 해탈을 한다. 그는 이미 우주의 일원, 우주 자체이기에 생사는 의미 없다. 그러한 깨달음, 인식의 빛만이 의미 있다.

육체가 물질적 우주의 일부라면 이성은 섭리의 양태다.

단상

- '정도의 문제'와, '존재 또는 진위의 문제'의 차이.
- 즐기려는 자는 세계가 자신에게 들어오기를 원하는 자이고, 배우려는 자는 자신이 세계로 나아가려는 자이다.

평안의 인식

부족함 없는 평안. 그런데 왜 무엇인가 비어 있는 느낌이 드는가. 본래 인간은 외부의 사건에 끊임없이 시달려야 오히려 안정을 얻는 것인가. 안정이 아니라 다른 생각을 할 수 없는 (정신이 구속된) 상태를 무의식중에 원하는지도 모른다. 완전한 평화를 누리기에는 아직도 부족한가. 주어지는 평안을 평안으로 누리는 것도 쉬운 것은 아니다. 평안인가, 권태인가. 내 수준은 어디인가.

철학자와 종교

철학자에게 종교는 많은 철학 중의 하나일 뿐이다.

있다 vs. 없다

목적, 의미, 방향 **없는** 우주의 생성/변화에 인간은 자신의 소망을 투영하여 '우주의 섭리'라는 단어를 사용하는지도 모른다. 이 관점에서는 모든 가치(선악, 정의…)는 허무하다. 그러나 '**없다**'는 것은 '있음'을 인식하지 못하는 무지일 수도 있다.

한편, '있다'는 존재를 의미한다. 부정('없다')이란 주관적, 관념적일 뿐이다. '무(관념)가 있다(존재)' 또는 '부정(관념)이 있다(존재)'라는 표현 자체가 비논리적이다.

완성된 허무

'허무하다'라는 것은 '허무하지 않아야 할 어떤 것'을 전제로 한다. 그러나 '허무하지 않아야 할 어떤 것'이 당초에 없었음을 깨닫는다면 '허무하다'라는 것은 성립하지 않는다. 허무하다고 생각한 그것(방향, 목적 없는 생성) 자체 외에는 아무것도 없을 때, 허무는 더 이상 허무일 수 없다. 허무는 사라지고 허무라고 생각한 것이 그것 자체(진리?)로 나타난다.

세계는 여여할 뿐이다. 산은 산이고 물은 물일 뿐이다. 우리는 대상(세계)에 관념(허무)를 씌워 '여여함'을 '허무'로 본다(산은 산이 아니고…). 즉, 허무한 세계가 아닌 여여한 세계가 따로 있어야 한다고 생각한다. 그러나 세계는 오직 한 가지, (허무한=여여한)세계만이 있을 뿐이다(不二).

◆——————— **'14. 5. 17.** ———————◆

운명과 섭리에 대하여

'운명, 섭리'와 '우발, 카오스'의 대립을 푸는 열쇠는 시간이다. 전자는 결과의 관점이고 후자는 원인의 관점이다(원인은 발산하고 결과는 수렴한다).

운명은, 결과의 관점에서 볼 때는 정해져 있으나 원인(시작)의 관점에서 볼 때는 시간의 지속에 따라, 의지의 행위에 따라 변한다.

운명은 '정해져 있다'기보다는 '있다'. 인간은 운명을 미리 알 수 없기에 자신이 원치 않는 환경과 싸워야 하며 그 결과 어떠한 운명에 처하더라도 흔쾌히 받아들여야 한다. 운명은 정해져 있는 것도, 자신이 만들어 가는 것도 아니다. 단지 인간은 자신의 의지대로 되기를 원하며 환경과 투쟁할 뿐이다. 그 경우(운명)의 수의 장(場), 수많은 운명의 수 자체가 섭리다.

단상

- 평안과 권태는 불이(不二)다. 보리와 번뇌, 윤회와 해탈이 불이(不二)인 것처럼.
- 통찰이란 시공간적(존재론적) 개념보다는 인식 층위적 개념이다.
- 삶과 죽음은 생명 현상의 과정일 뿐이다.
- 생각이 깊은 자는 말이 없다. 생각 없는 자는 짖어 댄다.
- 잃어버린 개를 애타게 찾다. 사례금을 걸어 가며. 모든 사건은 연기의 고리 중의 하나인데…. 인간 사이의 관계도….

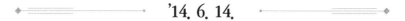

'14. 6. 14.

경제와 달관의 문제

세상에는 목숨 걸고 사는 자와 놀면서 사는 자가 있다. 맑스는 그 원인이 인간 외부의 생산 구조에 놓여 있다고 했다(경제의 문제).

세상에는 삶에 취해 사는 자와 삶에서 깨어나서 사는 자가 있다. 스토아 철학자는 그에 대한 주요 원인이 자신의 태도에 있다고 하였다(달관의 문제).

맑스는 원인을 외부에서 찾았고 스토아 철학자는 원인을 내부에서 찾았다. 서로 다른 층위의 문제이지만 결국은 둘 다 삶의 문제다.

연(緣)

집에서 기르던 달팽이를 풀 섶에 놓아 주고(버리고?) 올 때도 마음은 편치 않다. 연에 의한 정 때문이다. 그 무엇이든 어떤 것과 연을 맺는다는 것은 그 자체가 고통임에도 불구하고 우리는 왜 무분별하게 연을 맺는지….

허송세월

나는 지금 평안 속을 허우적거리며 중요한 무엇인가를 놓치고 살고 있지는 않은지…. 허송세월하고 있지는 않은지….

나

인간/문화계에서의 나는 인생 무대의 배우. 배역을 잘 소화해야 한다.
자연/우주계에서의 나는 인생 무대의 관조자.
무아/죽음의 세계에서의 나는 무, 전체.

'14. 6. 26.

여러분에게

여러분!

이제 "2014 상반기"라는 제목의 연극이 막을 내리려 하고 있습니다.

날로 각박해지고 힘들었던 상황 속에서도 자신의 배역을 꿋꿋하게 연기해 주신 여러분에게 깊은 감사를 드립니다.

운명은 고귀한 자나 비천한 자를 구분하지 않고 무차별적으로 몰아붙입니다. 자신의 배역 안에서 느끼는 개인의 희로애락은, 주어진 상황에서 연유하는 것이 아니라, 그 상황에 대한 자신의 견해에서 연유하지요. 여러분에게 주어진 상황에 대한 여러분의 견해에 따라 여러분은 고귀한 자도 될 수 있고 비천한 자도 될 수 있습니다.

며칠 후 상반기 연극의 막이 내리면 여러분은 무대 위의 배역에서 내려오고, 또 다음 연극에서는 운명이 우리에게 부여하는 다른 배역을 맡을 수도 있습니다. 우리는 배역이 아니라 배우이니까요.

어떠한 무대에서 어떤 역할을 맡아도, 우리는 인생이라는 연극무대 위의 배우인 이상 연기를 해야 합니다. 우리의 모든 행위는 사실상 연기인 것입니다. 하반기에도 여러분의 멋진 연기를 기대합니다.

'14. 7. 5.

축복

나의 세계는 나의 죽음과 더불어 끝난다. 삶은 사람에 따라서 축복일 수도 있지만 죽음은 누구에게나 진정한 축복이다.

자유

삶 속에 죽음이 있다는 것. 삶과 죽음은 인간의 인위적인 분별이라는 것. 나는 삶과 죽음을 초월하여 우주의 영원한 일원이라는 것. 살든 죽든, 육체든 영혼이든, 내가 반드시 존재하지 않아도 된다는 것. **나는 본래 없었다는 것.** 이 깨달음 하나로 주체 없는 자유가 된다.

업(業)과 보(報)

업과 보는 있지만 업을 짓는 자는 없다. 윤회하는 것은 사람(자아)이 아니라 업이다.

뷔페에 대하여

여러 가지 음식을 한꺼번에 먹을 수 있는 식사 방식(뷔페 등)은 몸을 망친다. 음식을 먹는 것 아니라 욕망을 먹게 된다. 음식을 입으로 먹지 않고 눈으로 먹게 된다. 음식 맛을 보는 것이 아니라 음식의 가짓수를 본다.

독서의 욕망

욕망을 채우려 한없이 기웃거리는 사람처럼 왜 한없이 읽을 책을 찾아 헤매는가. 욕망이 채워지면 별것 아니듯, 막상 읽어 보면 대부분의 책이 지루한 것을 알면서도. 이것 또한 외부에서 무엇인가를 채우려는 싸구려 욕망과 다름없다. 이제는 밖의 대상을 통해 무엇인가를 깨달으려 하기보다는 스스로의 사유에서 깨달음을 얻고자 한다. 독서에 대한 욕망도 버려야 한다.

사적 진리

개인은 누구나 자신의 감각과 생각에 갇혀 있다. 개인은 결코 감각 너머 형상을 볼 수 없다. 그가 형상, 보편이라고 믿는 것도 사실은 자기만의 감각과 생각일 뿐이다. 그의 모든 세계는 자신 안에 있을 뿐이다. 그가 보편적 진리라고 외치는 것도 사실은 그의 사적 진리일 뿐이다.

과잉과 권태

과잉은 권태. 넘침을 어떻게 조절할 것인가. 어떻게 풍요를 벗어날 것인가.

◆══════════─────── **'14. 7. 6.** ───────══════════◆

내공의 척도

기존 관념, 개념을 허무는 정도가 내공의 한 척도이다.

　　　　　　　　철학, 이 삶의 전장(戰場)에서

일체유심조(一切唯心造)

99명이 표상한 세계와 1명이 표상한 세계가 다르다면 객관 세계는 실재가 아니다.

종자생현행(種子生現行)

일체공(一切호)인데 사람에 따라 다른 세계를 만들어 낸다.

몰입과 무아

몰입은 일시적 무아의 상태. 게임, 스포츠, 오락, 참선 등은 모두 무아의 상태를 유도하는 도구와 방편. 몰입(일시적 무아)을 추구하는 사람들이 죽음(영원한 무아)은 왜 두려워할까.

공자와 노자의 인생관

공자의 인생관은 죽음을 배제한 것이었고(아직 삶도 모르는데 어찌 죽음을 알겠는가), 장자의 인생관은 죽음을 포함한 것이었다(마누라의 죽음 앞에 장구를 치며 노래 부르다).

도가적 인생관

태어남도 나의 뜻이 아닌 자연이요, 죽음도 나의 의지와 무관한 자연이니, 탄생과 죽음 사이에서 내가 할 일이란 그저 자연에 순응하며, 즐기며 살다 미련 없이 자연을 따라가는 것.

두 세계

의지와 표상으로서의 세계 - 자아의 투영인 세계(일반 객관 대상이나 세계).

여여한 세계 - 자아의 투영이 없는 세계.

위 두 세계의 차이의 심연에는 자아가 있다. 환영인 자아가.

인식 이전의 세계(여여한 세계)를 본다는 것은 인식 주관이 없는 상태에서 보는 것. 무아의 상태에서 보는 것.

있는 세계를 굳이 없다고 할 것은 무엇이며, 공한 세계에 빠져 집착할 것은 또 무엇인가.

주관

인간에게 보편/객관은 있을 수 없다. 보편/객관이라는 말은 언제나 상상, 허구를 지칭할 뿐이다. 오직 주관만이 작용한다.

최고의 쾌락

순수한 최고의 쾌락은 수동적 쾌락이다. 의지와 상관없이 허기를 채우는 쾌락! 의, 식, 주, 수면 등. 이러한 기본 쾌락에 비해 명예, 권력 등 의지에 의한 쾌락은 비용 대비 효과가 작다.

고독과 회합

인간은 외로움, 고독을 피하고 싶어 한다. 그러나 막상 회합에 나가 보면 오히려 고독한 술자리가 나은 경우가 더 많다. 그럼에도 누군가와 같이 하고픈 마음은 인간의 본능인가.

도가적 삶

도가적 삶을 아는 자라면 누구나 그런 삶을 동경한다. 왜 그렇게 살지 못하는가. 그 이유는 마음속에 무엇인가 가득 차 있기 때문이다. 그것이 욕망이든, 권력, 재산, 명예든…. 깨달은 자의 멋은 섭리를 수용하면서도 운명을 비웃는 것.

누구도 진리를 말할 수 없다

명심할 것은 그 누구도 진리를 말할 수 없다는 것. 예수든, 석가든 자신의 견해를 말한 것일 뿐. 결국 보편적 진리는 없다. 진리라면 그것은 인간의 인지 너머의 우주의 섭리. 인간의 모든 이데올로기는 단지 그 집단의 호/불호, 즉 욕망일 뿐이다.

낯섦과 인식

어떤 상황이 낯설 때(익숙해지기 전)에만 그 상황을 바로 볼 수 있다. 그 상황에 대한 올바른 판단을 할 수 있다. 익숙한 상황에 대해서는 올바른 서술을 할 수 없다.

섭리대로

나와 가족, 내 주변의 모든 것들이 내 의지대로가 아닌 우주의 섭리대로 이루어지길, 아니 이미 그렇게 이루어지고 있음을 확인할 수 있길 바란다.

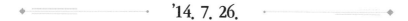

'14. 7. 26.

진정한 가치

진정 가치 있는 것은 그것이 너무 많이 있을 때도 가치 있는 것이다. 돈이 너무 많다면 그때의 돈은 가치가 있을까….

몰입과 성찰

자신이 원하는 것을 하면서 그것에 몰입하며 인생을 보낸다면 행복할까. 바람직할까. 성찰 없는 몰입은 마약에 취한 것과 같다. 성찰 없는 삶은 어떠한 삶이든 취한 삶이다.

***

'14. 8. 9.

죽음의 장막

죽음을 통과하는 장막은 불길이 이글거려 두려움을 불러일으키지만, 실제 그 앞에 가 보면 장막은 없다. 그 불길이 이글거리는 장막은 자신의 두려움 속에 있는 것이다.

***

'14. 8. 10.

도(道)

생사를 포함한 그 모든 가치에 대해 우주는 우리에게 말한 바 없다. 모든 믿음과 가치 분별은 개인의 환상 또는 자위의 결과, 개인의 분비물이다. 인간의 모든 가치 분별은 우주의 극히 일부인 인간의 세계에서만 통용되는 것. 그 사소한 기준으로 우주를 재단하려는 인간의 무지.

우주 자연이 우리에게 나타내 보이는 것, 그러나 인간의 분별로 가두어 둘 수 없는 그 무엇이 도(道)이다. 인간의 인식 범주(분별기준)는 우주의 섭리, 즉 도를 포함할 수 없다. 도는 인식 범주의 그물에 걸릴 수 없는 바람. 인식이 포착할 수 없는 인식 범주 너머의 초월.

우주의 섭리는 우주 전체에 스며들어 있다. 우주의 구성요소 자체가 바로 섭리인 것이다. 자신을 포함해서, 여러 동물, 나무, 꽃, 돌, 길….

그 모든 것에서도 도를 직관할 수 있다.

오랜만에 분별을 거치지 않은 세계—여여한 세계, 있는 그대로의 세계, 우주의 섭리—를 얼핏 느끼다. 이제 겨우 도의 내용이 아닌 도의 형식만을 직관할 뿐이다.

실제를 앎으로써 '분별없는 가치의 혼돈 속에서 어찌 살 수 있는가.'를 걱정하지 말라. 이제껏 더한 (분별의) 환상 속에서도 잘 살아왔다.

단상

· 옳고 그름은 사회에 달려 있고, 호오(好惡)는 자신의 취향에 달려 있고, 진위(眞僞)는 자신의 신념에 달려 있다.

성찰

경쟁의 승자가 섭리를 성찰하기는 어렵다. 승자는 뒤를 돌아보지 않고, 승리한 삶에 빠지게 되기 때문이다. 성찰하는 삶을 위해서는 중년쯤 삶의 경쟁에서 물러나는 것이 좋다.

내 감정은 타당한가

스스로의 지배자가 되려면 자신의 감정까지도 지배해야 한다. 연휴를 앞두고 기뻐하는 지금 나의 이 감정은 타당한가. 그 감정의 근거는 타당한가. 그 감정은 구조에 영향 받은 생각의 오류는 아닌가.

죽음과 극복

죽음은 언젠가 나의 삶을 절단할 것이고 나는 그것을 기다리며 현재를 향유할 뿐이다.

자신과 세계에 대한 심원한 이해와 통찰을 통해 삶과 죽음을 초월한 자, 즉 '나와 세계'의 '와'가 사라진 자에게 죽음은 없다.

진리

하나의 진리는 하나의 가설일 뿐이다. 우주 전체를 설명하는 진리는 없다. 아무리 성능 좋은 천체망원경으로도 하늘 전체를 볼 수는 없다.

시간을 초월한 진리(과학의 기본 가정 등)는 존재하는가.

진리는 시간의 함수일 뿐, 모든 진리가 시간을 초월해 존재하는 것은 아니다.

'14. 8. 16.

유식무경(唯識無境)

무수히 많은 대상 가운데 일부인 (오감으로 받아들인) 감각 대상과 선험적 이성으로 만들어진 세계가 나의 세계이다. 나의 세계는 타인이 볼 때는 나만의 환상이다. 타인의 세계도 내 입장에서는 그만의 환상이다. 처음에 감각한 세계 자체도 나와 분리된 밖의 세계가 아니라 당초에 내가 만든 세계일 수도 있다.

세계는 언제나 여여했고 지금도 여여하다. 무지한 자만이 자신이 투영된 세계를 본다.

정진

정진의 길을 가고 있지만 결국 득도하지 못할 것을 알고 있다. 그래도 이 길 외에는 최선의 길이 없기에 나아간다. 누구도 도를 모른다. 그렇기에 어쩌면 이미 이루었는지도 모른다.

삶, 죽음

연휴의 마지막 날의 늦은 저녁 풍경, 항상 애잔하다. 더군다나 생의 마지막에 보는 풍경이라면 어떻겠는가. 그러나 새싹과 시드는 꽃잎 모두 자신에 주어진 시간을 살 뿐이다. 그 이상의 감정은 무지다.

생(生)은 고(苦)다. 어떻게든 생의 즐거움을 우위에 두려고 했으나 인정하고 싶지는 않지만 죽음처럼 깊은 잠이 생보다 낫다. 태어남은 타인들에게는 축복일지는 몰라도 당사자에게는 형벌일 수도 있다.

"삶도 모르는데 죽음을 어찌 알랴."라고 말한 공자는 조금 부족했다. 죽음을 모르기에 삶을 모르는 것이다. 죽음은 삶을 알기 위한 필요조건이다.

단상

· 관계지향적이지 않은 사람은 자신의 부재에도 언제나 모든 것이 잘 흘러갈 것이다. 결국 그의 존재감은 무. 세상에 바람처럼 왔다 가는 인생을 산다는 의미에서는 오히려 바람직하다.

· 보편적 진리는 억지다. 그것은 사회 통제를 위한 가정일 뿐이다. 진리가 정해져 있지 않은 것처럼 옳은 삶 또한 정해져 있지 않다. 그래서 어렵다.

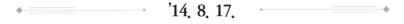

'14. 8. 17.

마음 건강

1. 행복이란 - 향후 좋은 일이 확정되어 있을 때, 행복은 미분 값.
2. 행복은 지속되지 않는다. - 행복의 지속은 권태. 고통이나 불행은 미래의 행복을 내포하고 있으나 권태는 더 이상의 행복을 기대할 수

없다.

3. 잠재적 행복 - 거지와 부자의 잠재적 행복 차이. 모든 것을 누린 자 (왕, 재벌)의 불행. 행복의 필요조건은 결핍.

4. 돈은 행복의 도구인가 목적인가. - 왜, 얼마나, 언제까지 벌어야 하나. 다다익선 아니다.

5. 원하는 것: (물질적) 안락한 삶 vs. (정신적) 평안한 삶.
   삶을 즐기는 것 vs. 삶을 배우는 것.

6. 행복 인식 능력 - 누구에게나 분배된 행복은 같으나 인식하여 누리는 것은 개인의 능력. 즉, 행복을 누리는 것도 능력! 디오게네스.

7. 행복의 장애물 - 당연의 베일(성취 전, 성취 후, 상실 시의 비교), 소유의 욕망.

8. 행복의 두레박 2가지 원리 - 행복 요소의 고른 평안이 행복을 많이 담는다.
   행복의 전제 조건이 많지 않은 소박함이 행복을 부른다.

9. 고통(걱정, 번민) - 만 가지 행복도 한 가지 고통에 패배한다(에피쿠로스, 쇼펜하우어).

10. 행복의 스펙트럼 - 누구나 절대 행복 또는 절대 고통에 설 수는 없다. 나는 현재 어디에 위치하길 바라는가.

11. 행복은 욕망의 성취인가 욕망을 버리는 것인가. - 쾌락인가 무고통의 평안인가.

12. 고기잡이는 갈대를 꺾지 않는다. - 고통은 내 삶(행복)의 재료.

13. 고통스런 시간을 버린다면 인생은 10년도 안 됨.

14. 행복 외적 존재에서 오는 것이 아니라 내적 인식에서 온다.

15. 스토아적 행복의 정의 - 운명에 따른 것(생사, 빈부, 질병, 명예,

권력…)은 단지 선호되는 것. 행복과 무관. 오직 덕 있는 행위 자체만이 행복.

16. 충족되지 않으면 고통스러운 것만을 욕망하라. - 필연적인 욕망.

17. 가진 것이 적을수록 부족한 것도 적다.

18. 어떻게 살아야 하는가. - 나는 인생의 무대의 배역(가면)이 아니라 배우, 관객(관조). 나에게 주어진 삶을 살 것인가, 내가 허락한 삶을 살 것인가.

추천 도서:

《에픽테토스의 자유와 행복에 이르는 삶의 기술》, 에픽테토스, 사람과 책.

《인생론》, 세네카, 동서문화사.

《명상록/인생론》, 마르크스 아우렐리우스/키케로, 동서문화사, 합본.

《쇼펜하우어의 인생론》, 쇼펜하우어, 홍신문화사.

'14. 8. 18.

연기(緣起)

연기한 자에게 죽음은 없다. 연기한 자는 세계에 이어져 있다. 그가 접하고 그를 존재하게 한 모든 음식물로, 물로, 바람으로, 햇빛으로. 자신과 세계가 분리되었다는 생각이 죽음을 두렵게 한다. 연기한 자는 다른 것으로 다시 연기할 것이다. 시작도 없고 끝도 없이.

도법자연(道法自然)

만물의 도(자연)는 '생겨난 것은 사라진다.'이다. 각각의 입장에서 어떤 것은 생겨나고 또 어떤 것은 사라지기도 하지만 세계는 항상성을 유지한다. 즉, 각 개체의 사태는 변화 속에 있지만 각 개체를 포함한 전체는 변화하지 않는다. 변하지 않는 궁극의 원리, 그것이 도(道).

같은 맥락에서 평정이라는 것에 대해 생각해 보면 수많은 사태에 대해서는 칠정이 일어나지만 모든 칠정의 작용의 결과, 그 합은 결국 관조라는 평정에 도달해야 한다. 하나의 사건에 대해서는 칠정이 일어날 수 있으나 거기에 머무르지 않고 곧 평정을 회복해야 하는 것이다.

어릴 때는 철이 없지만 세월에 따라 무수히 많은 정/반작용을 통해서 결국에는 철이 드는 것이 인생이라고 보면, 현재의 철없는 사태에 인위적으로 개입하는 것은 도에 입각한 처사가 아니다.

자연

바닷물에서 한 컵의 물을 담으면 그 컵의 물은 바닷물이고 그 물을 다시 바다에 부으면 컵의 물은 다시 바닷물과 하나가 된다. 그 물은 당초에 바닷물이었고 컵에 담겼을 때도 바닷물이었고 다시 바다에 부어졌어도 바닷물이다. 그 컵의 물을 바닷물과는 다른 어떤 성질의 물이 아니다.

인간은 자연에서 생겨났으니 여전히 자연이고 사라져도 여전히 자연이다. 자연과 분리된 별도의 나는 없다. 주/객관은 편의상의 개념이다. 편의상 만든 개념을 실재라고 생각함에서 오류가 시작된다.

즐겨라 쾌락을

즐겨라 쾌락을. 그 쾌락의 대상이 너에게 즐거움을 주는 한. 스토익의 삶도 좋지만 무한 속에 한 점도 안 되는, 일생의 쾌락을 다 합친다 한들 그 얼마나 되겠는가.

어차피 만사에 일희일비할 수밖에 없는 것이 인간이라면 칠정에 휩싸이지 말고 칠정을 즐겨라.

삶과 죽음

하늘의 한기와 땅의 온기가 교차하는 초가을 새벽, 안양천 변을 걸으며 삶과 죽음을 생각한다. 모든 대상과 사건, 그에 대한 감정을 마음 안으로 들여오지 않고 마음 밖에 두는 삶을. 자연 속에 그대로 녹아들어가는 죽음을.

존엄한 죽음

존엄한 죽음, 주위의 사람들의 마음에 진정한 슬픔을 남기는 죽음이어야 한다. 온전한 정신에서 죽음을 맞이해야 한다. 정신을 잃기 전에 몸을 정리해야 한다. 정신이 몸을 떠나기 전에 몸이 정신을 떠나야 한다.

섭리와 인간

곤란한 상황을 자신이 책임지려 하지 마라. 당신은 그럴 능력도 없을뿐더러 그럴 의무도 없다. 모든 것은 섭리와 운명이 주관하는 것이다. 불쌍하게도 인간은 그저 열심히 살 뿐이다.

바람이 비질한 자국 선명한, 파란 가을 하늘을 바라보며 마음이 무거운 것은 섭리에 맞서고 있기 때문이다. 흐르는 강물에 꽃잎 떠가듯 그저 섭리에 모든 것을 맡기면 그만인 것을.

본성

인간의 본성이 추구하는 것은 정의가 아니라 이익이다. 따라서 자본주의로의 이행은 큰 저항 없이 이루어지지만, 그에 반하는 어떤 혁명도 피와 강제 없이는 이루어지지 않는다. 인간의 본성에 반하는 모든 혁명은 결국 실패로 끝난다.

유일함

유일한 것은 비교할 수 없다. 가치를 매길 수 없다. 만물은 유일하다.

'14. 9. 20.

성찰 없는 삶

한강의 떠오르는 태양을 보며, 오늘도 이미 짜여진 구조 속에서 자신의 하는 일의 의미도 모르는 채, 꼭두각시처럼 하루를 열심히 살아갈 사람들을 생각하며 답답해한다. 성찰 없는 사람은 사물화 된다. 성찰 없는 삶은 죄악이다. 예루살렘의 아이히만의 삶처럼.

'14. 9. 27.

죽음에 대하여―아버지 장례를 마치고

죽음 앞에 철학은 공허한 놀음이다. 죽음 앞에 다른 모든 것들은 너무나 가볍고 하찮다.

죽음을 앞둔 살아 있는 모든 자에게는 쾌락만이 위로다. 현재 살아 있다는 것이 기본 가치이고 현재 즐기고 있다는 것이 최상의 가치이다.

삶과 죽음 사이에는 커다란 장벽이 있는 것이 아니라, 언제라도 쉽게 넘어갈 수 있는 종잇장 같은 얇은 커튼이 있을 뿐이다.

연기의 사슬, 인연의 그물, 인과의 계열…. 그 속에 있는 인간. 그러나 생존의 본능을 넘어 한 줌 흙으로 무화되고 싶다. 모든 정념을 접고.

인간

자아는 의식의 분비물, 신과 영혼은 욕망의 분비물이다.

사람들을 볼 때, 신분의 옷을 벗은, 오직 의식과 기억을 가지고 있을 뿐인 알몸의 인간을 본다. 걸어 다니는 흙덩어리들. 인간들 사이에 무슨 구분이 있겠는가. 인간과 다른 동식물 사이에 무슨 구분이 있겠는가. 오직 인간 스스로만이 그러한 그릇된 분별을 가질 뿐이다. 인간도 영겁의 죽음의 시간 속에서 순간 인간으로 화(化)했다가 다시 죽음, 즉 자연 속으로 돌아가는 것. 인간은 만물의 왕이 아니다. 왕이고 싶은 것이다. 다른 자연과 같이 자연의 극히 작은 일부일 뿐이다.

삶과 죽음

삶 안에서 보는 삶과 죽음 - 현재의 삶만이 당연한 것. 본래 현 존재는 당연히 존재해야 하는 것. 죽음은 있어서는 안 되는 것, 존재의 상실, 절멸, 저 멀리 삶의 대척점에 있는 것.

삶 밖에서 보는 삶과 죽음 - 영겁의 시간 속에서 나는 본래 없었음. 나는 우연히 잠시 발생했다가 사라지는 존재. 삶은 본래 곧 멸하는 것. 죽음은 삶이 다한 후에 오는 저 멀리 있는 것이 아니라 이 삶 속에 있는 것. 죽음은 삶과 별개가 아닌 것.

집착과 초월

삶에 빠지는 것을 경계하듯 죽음에 빠지는 것도 경계해야 한다. 그 어느 것도 초월이 아닌 집착이다. 아버지의 죽음을 겪으며 한동안 죽음에 빠져 있었다.

칠정과 격정은 무엇엔가 빠져 있을 때, 자신도 모르게 집착할 때 나타난다. 초월적 통찰, 초월적 자유가 요구된다.

여생(餘生)

최상으로서의 내 여생을 통찰한다. 아마도 지금보다 더 나은 생을 유지하기는 어려울 것이다. 물리적 상황은 당분간 더 나아지겠지만 그것을 감수하는 마음이 느끼지 못할 것이고, 더욱이 육체적 쇠락은 더해갈 것이다. 다만 정신적 성장은 조금 더 나아갈 것이다. 기대하는 것은 정신의 진보뿐이다. 통찰하건대 그것마저 기대할 수 없다면 그냥 살아가는 것은 무의미하다. 정신적, 물리적 발전의 여지가 없는 생은 더 이상 살 가치가 없다.

아! 나는 살아지는 삶을 살지 않을 수 있으려나. 혹시 나는 '쾌락'을 '가치' 혹은 '의미'로 치환해서 삶을 바라보고 있는 것은 아닌지….

'14. 10. 11.

인간이 추구하는 것

인간이 추구하는 것은 '결코 얻을 수 없는 것' 또는 '이미 가지고 있는 것' 두 가지로 결정되어 있다. 결코 얻을 수 없는 것을 향해 전력을 다하

철학, 이 삶의 전장(戰場)에서

거나, 이미 소유한 것을 인식하지 못하고 그것을 위해 또 전력을 다하는 것이다. 그래서 인간은 슬픈 존재이다. 늘 헛방을 치는 존재.

성찰하는 삶

주변의 허드렛일을 하느라 시간을 다 소비하며 생각 없이 사는 자와, 자신의 주변 일을 함으로써 바쁘기만 한 것이 아니라 일을 함으로써 자신의 삶에 자신이 잘 녹아드는 것을 성찰하는 자, 둘의 차이는 결국 마음인가.

독작(獨酌)

대부분의 경우, 타인과 함께 술 마시는 것보다는 혼자 마시는 것이 낫다. 공허한 대화와 그것에 예의 갖춤이 지겹다. 산중여유인대작(山中與幽人對酌)의 이백이 부럽다.

부부의 한계

형이상학을 함께 대화할 수 있는 부부. 이는 부부의 정의에서부터 바랄 수 없는 희망인가. 부부란 정신적 결합이 아니라 육체적 결합이라는 현실적 한계.

유한한 인생

어차피 무한이 아니라면 유한한 인생의 길고 짧음은 의미 없다. 유한한 인생, 우리는 어디를 향해 그리 앞다투어 가는가.

단상

- 나의 일이든 남의 일이든 사건에, 인과에 얽히지 말 것.
- 슬픔은 상황이 자신을 허락해야 비로소 나타난다.

깨어 있는 꿈

나는 깨어 있다고 생각하지만, 사실은 깨어 있는 꿈같은 삶 속에 빠져 있는 것은 아닌지. 한 차원 더 깨어나야 하는 것은 아닌지….

결합과 분해

수소와 산소는 결합하여 물이 되고 분해되면 원래대로 돌아간다. 인식적 저항은 없다. 인간은 다소 복잡하게 결합되었을 뿐인 자신의 분해에는 왜 그리 저항하는가.

인격의 인간, 유기체의 인간

"인격적 존재로서의 인간"은 인간이 자신을 미화한 최상의 표현이다. 거기에는 다른 동물, 사물들과 구별되고 싶은 욕망이 담겨 있다. 인격적 존재로서 살아가는 인간은 갖추어야 할 것, 필요한 것이 많아 고달프다.

"유기체로서의 인간"은 모든 욕망을 놓은 상태에서 인간을 표현한 것이다. 더 이상 갖추어야 할 것도, 필요한 것도 없는 마음 편한 표현이다.

두 표현은 하나의 대상을 다르게 인식한 것이다. 인간은 인격적이기도 하고 유기체적이기도 하다.

시간

많은 시간 속에서도 왜 시간이 부족함을 느끼는가. (얽매인) 많은 무용한 시간과, (자유로운) 적은 유용한 시간 때문인가.

돈과 인식 능력

돈은 외부로부터의 쾌락을 살 수 있는 최고의 수단이다. 세상을 즐기려는 자는 돈이 필요하다. 인식 능력은 내부에서 우러나오는 쾌락의 원천이다. 세상을 배우려는 자는 정진한다.

가슴 미어짐

오늘 신문에서 인천 일가족 3명 자살 기사를 읽었다. 생활고로 인한 자살이었다. 기사를 읽는 도중 15세 중학생의 유서를 읽고 가슴이 미어졌다.

"그동안 아빠 말을 안 들어 죄송하다. 밥 잘 챙기고 건강 유의해라. 나는 엄마하고 있는 게 더 좋다. 우리 가족은 영원히 함께할 것이기에 슬프지 않다."

딸아이 또래의 중학생, 어투도 비슷하다. 표현 못할 만감의 응어리가 가슴을 메이게 한다. 차라리 읽지 말 것을….

피안과 배

　깨달음은 가까이 있는 것에 대한 깊은 인식에 있었다. 그러나 그것은 깨달음을 찾아 많은 방황을 한 자에게 주어지는 결과이다. 결국 깨달음 역시 선취할 수는 없는 것이다. 피안의 언덕에 닿으면 타고 온 배는 버려야 하지만 그 배 없이는 피안을 가로막고 있는 강을 건널 수 없듯이.

배경과 인식

　생존의 환희를 느끼지 못하는 것은 자신이 너무 안락한 삶을 살고 있기 때문이다. 안락한 삶을 살고 있다는 것은 분명 좋은 일이지만 진한 기쁨을 느끼려면 그런 삶을 일탈해야 한다. 어디 이 문제뿐이랴, 대비되는 배경 없는 대상은 인식되기 어려운 것을.

인간

　인간이라는 유기체. 유기체에서 멈추었으면 얼마나 좋으랴. 유기체에 이성과 감성이라는 정신적 요소를 부각하며 스스로 특별하다고 여기고 별스럽게 살아가는 인간. 별것 아닌 것들. 인간, 유기체.

또 인간

　우주(섭리)의 피조물(현상) 가운데 유일하게 섭리를 인식할 수 있는 존재. 그럼으로써 자신이 섭리와 분리된 개체가 아니라 섭리(우주) 자체임을 인식할 수 있는 존재가 인간이다.

　쇼펜하우어는 말했다. 개체의 불멸을 요구하는 것은 우스운 짓이라고. 그것은 (이미 우주 자체인) 자신의 본질을, 인간이라는 무수한 현상 중의 하나와 바꾸어 포기하는 것이라고. 우주에 존재하는 것은 오직 하나, 우주 자체(섭리), 브라만이다. 모든 것들은 우주라는 불의 튀어나간 불꽃일 뿐이다.

동식물은 그것을 알 필요도 없으므로 인식하지 않으나, 인간은 설익은 지능으로 인해 오해, 또는 무지의 완고함에 빠져 있다. 자신을 포함한 모든 사물의 개체화! 개체로서의 분별과 분리! 그것은 선무당 확신이며 미숙함의 용기이다.

우주와 섭리

대일(大一)을 가리키는 언어 가운데 '우주'는 Hardware 측면이고 '섭리'는 Software 측면이다.

공(空)과 색(色)

이면에 숨겨진 가능성으로서의 공과 드러난 현상으로서의 색은 각각 섭리와 현상 존재이며, 둘은 서로를 포함하고 있다. 섭리 자체는 모든 현상을 포함하며 각 현상은 섭리를 담고 있는 것이다. 인드라망의 구슬! 색즉시공, 공즉시색.

죽을 수밖에 없는 개체로서의 나는 섭리의 일부분이다. 나라고 생각하는 개체는 사라지고 또 다른 개체가 생겨난다. 결국 존재하는 것은 우주 자체(섭리)뿐이며 진정한 나는 영혼이든 육체이든 우주의 재료이며 우주 그 자체인 것이다.

단상

· 천명을 즐기는 것이 하나의 현상인 현존재로서의 최선이다.
· 시간과 공간이라는 직관의 형식 이외에 다른 인식의 형식은 없을까.

2014

처음에 내가 있고 그다음으로 세계가 있다―쇼펜하우어

해석 1: 내가 바라보는 어떤 사람의 죽음과 더불어 그의 세계는 사라진다. 그럼에도 불구하고 나의 세계가 그대로 있다고 해서 객관의 세계는 나의 죽음과 무관하게 존재한다고 할 수는 없다. 그의 죽음에도 불구하고 남아 있는 것은 나의 세계이지 객관의 세계가 아니기 때문이다.

해석 2: 세계는 내가 그려 낸 것이다.

'14. 11. 15.

세계의 재해석

객관의 세계는 존재한다. 그러나 내가 바라보고 생각하는 대상으로서의 세계는 주관의 세계, 자아의 세계이다. 이 세계는 의식과 더불어 나타나고 의식의 소멸과 함께 사라진다. 그의 세계는 그의 죽음으로써 사라지는 것이다. 그의 죽음에도 불구하고 내가 보고 있는 남아 있는 세계는 객관의 세계가 아니라 나의 세계이다. 범인은 객관의 세계를 인지할 수 없다. 따라서 범인에게 객관의 세계는 없는 것과 같다. 객관의 세계는 여여한 세계이다. 깨달은 자만이, 자아를 잃은 자만이 인식할 수 있다.

언어

모든 언어는 술어일 수밖에 없다. 상황, 사건, 대상을 지칭하는 것으로써 만들어졌기 때문이다. 즉, 언어로는 현상 너머를 표현할 수 없다. 초월적 대상을, 인간의 인식을 위해 만들어진 언어로 표현하는 것은 불가능하다.

철학, 이 삶의 전장(戰場)에서

상상과 고통

인간은 현재의 사실보다는 상상한 미래의 일로 인해, 행복보다는 고통을 받는다. 실재하지 않는 고통을 스스로 사는 것이다.

'14. 11. 22.

삶의 간절함

온갖 산해진미에 대한 갈망도 짬뽕 한 그릇이면 족하다고 하듯, 바다 같은 술을 마셔야 할 것 같은 외로움도 소주 한 병이면 해소되는 것이라면, 삶의 간절함이란 무엇일까.

단상

· 생식 시기가 지난 생물의 비애 - 노화됨을, 즉 자신의 사라짐을 받아들여야 하는 것.
· 때로는 가려진 풍경이 드러난 풍경보다 낫다.
· 가진 것이 너무 많아 소중한 것이 없는 삶, 너무 없어 모든 것이 소중한 삶. 나의 삶은?

죽음 앞에서

죽음이 목전에 와 있다면, 기존에 공부해 온 철학은 마음을 평안하게 해 주겠지만 철학 공부를 더 하려고는 하지 않을 것이며, 더욱이 금전은 무슨 소용이 있겠는가. 그것을 인식한 나는 무엇을 해야 하는가.

버킷 리스트

도 닦기, 텃밭 가꾸며 책 읽기, 써 놓은 글로 책 출판, 미국(콜로라도

주 인근)의 전에 여행했던 곳 다시 여행하기, 그리스/이태리/지중해(크루즈) 여행, 부탄/네팔/티베트 여행, 대륙별 1개월 거주, 딸이랑 둘이서 1주일 여행, 제주 둘레길 완주, 전국 맛집 일주.

'14. 11. 23.

단상

· 진리는, 준비되지 않은 자에게는 알려 주어도 알아듣지 못하고, 준비된 자는 알려 주지 않아도 스스로 안다. 진리는 결국 말할 필요가 없는 것이다.

· 철학의 길을 가는 데 있어서 문제는 사유하고픈 대상을 찾지 못하는 것.

· 갈등은 두 가지 대상의 선택에 있는 것이 아니라 두 인과계열 자체의 선택에 있다.

· 대부분의 진실은 추악하며, 인간은 진실에 대한 거짓 환상이 깨지는 것을 싫어한다.

'14. 12. 20.

배역

운 좋게 멋진 배역을 맡았을지라도 연기가 부실하면 그 배역을 내려놓아야 한다.

인생과 문식(文飾)

관혼상제 등 인생의 모든 예식은 고달프고 힘든 인생을 아름답게 꾸미는 것이다. 그렇게 해서라도 잠시나마 인생의 괴로움을 잊기 위한 것이다.

호사

방문 너머 아내와 딸아이의 소란을 아련히 들으며 잠자는 아늑한 호사를, 얼마나 더 누릴 수 있을 것인가.

깨달음

깨달음은 지식의 누적이 아니라 자기 차이화(自己 差異化), 끝없는 변화를 인식하는 것.

우주의 이치와 인간의 이치

우주의 이치(섭리)와 인간의 이치(나의 이성적 판단)는 엄청나게 다르다. 이성을 통해 섭리를 파악하고자 함은 장난감 망원경으로 우주를 보고자 하는 것과 같다. 인간의 이성이 파악할 수 있는 것은 섭리의 극히 일부분이며, 그것에 의해 비롯되는 섭리에 대한 왜곡된 인식은 오히려 그것을 모르는 것보다 못하다.

세계

세계(우주)의 실재는 여여(Tathata)하지만, 우리는 그 세계의 단면을 세계 자체라고 생각한다. - 우리는 실재가 아니라 실재의 그림자를 본다.

생과 사라는 마야

내가 보는 세계에서는 인간은 시간에 따라 순차적으로 태어나고 성장하고 늙고 죽는다. 이것이 마야다. 생과 사라는 관념—4차원적 시공의 단면의 그림자에 불과한 관념—에 사로잡혀 있는 마야. 실재에는 '우리가 인식하고 있는 개념으로서의 삶과 죽음'은 없다. 끊임없는 움직임과 변화가 있을 뿐이다.

호수에 물결이 퍼져 나갈 때 실제로 물결(자아)이라는 것은 없다. 그렇게 보일 뿐이다. 실제로는 물 입자의 진동/원운동(환경의 찰나적 변화)만이 있을 뿐이다.

'14. 12. 21.

단상

· 인간의 모든 종교와 철학, 문화는 죽음의 공포를 적게 하거나 피하기 위해 생겨나고 발전된 것이 아닌지.

철학, 이 삶의 전장(戰場)에서

2015

꿈

현재의 평안은 곧 사라질 행복임을 잘 알고 있다. 이 상황이 언제까지 주어질 것인가. 잠에서 깨어난 자만이 자신이 꿈을 꾸고 있었음을 깨달을 수 있듯이 현실에서 깨어난 자만이 현실이 또 하나의 꿈이었음을 깨닫는다. 현실이라는 이 꿈에서 언제나 깨어날 것인가.

죽음

인간이 죽음을 꺼리는 이유는 자신이 살아 있기 때문이다. 자신이 죽었다면 역시 삶을 원치 않을 것이다. - 변화에 대한 본능적 저항

유식(唯識)의 나

내가 보고 있는 것은 외부의 대상이 아니다. 나는 외부의 것과 구별된 주관만이 아니다. 주관과 객관(대상)을 포함한 전체가 나다. 즉, 나는 내 아뢰야식이 만든 대상을 보고 있는 것이다. 즉, 나는 내가 발현한 세계를 포함하고 있다. 주객으로 구분되지 않는 전체인 나.

인격의 수준

"인격의 수준은 상대에게 자유를 부여하는 수준에 비례한다."

- 김경원

명정(酩酊)

어둠이 세상을 덮으면, 술이 눈을 덮을 때까지 영혼을 적시다.

명정의 극한까지 가려고 했으나 극한 이전에 그 주체가 사라져 버렸다.

정체(停滯)

오늘도 인식의 빛 없는 무익한 시간을 보내고 있는가. 정신의 진보 없는 독서는 무익하다. 어떤 것도 결국에는 권태로워지기 마련이듯 이 정체의 늪을 벗어나지 못하는가. 어쩌면 다시 감각의 세계로 돌아가야 하는지도 모른다. 변화, 순환, 감각이 두렵다.

생각할 수 있는 또 하루가 남아 있다는 것이 고맙다. 권태롭기까지 했던 요즘의 삶을 생각할 때, 한동안 죽음에서 멀리 떨어져 있었음을 반성한다.

장애

행복하려는 자에게 가장 큰 장애는 결핍 혹은 고통 없는, 현재의 행복이다.

정신적 진보를 원하는 자에게 가장 큰 장애는 아무런 생각도 일어나지 않는 상태이다.

욕망과 능력

자신의 욕망이 자신의 능력 안에 있는 자는 평화롭다. 능력보다 작은 욕망을 가진 자는 평온하다. 지혜로운 자는 능력 이상의 욕구에 필요한 자원을 충당하는 수고로움에서 벗어나 있다.

나

장구한 시간 속에 '찰나 존재하는 인생의 무상함'을 통찰할 때(인생의 무상함이라는 말도 공 측면에서는 어폐가 있지만) 생의 유지를 원하고 생의 쾌락을 원함은 그 자체가 제행무상에 대한 무지이며, 자신을 육체와 영혼을 가진 독립체로 생각하기 때문이다. 그러나 '나'라고 생각하는 그것이 오온(五蘊)일 뿐이라고 생각하면 '나'의 존재와 쾌락은 무의미하다. 오직 반야, 섭리, 도만이 원리로서 실재함을 인식할 때 '나'는 사라진다.

'나'라고 하는 것은 생각의 주체가 아니다. 의식의 대상, 관념의 덩어리를 지칭하는 대명사이다. '나'는 주어가 될 수 없다. 사실 '나'는 언제나 보어일 뿐이다.

인생의 길

인생의 길은 두 가지다. 육체와 정신이 상존하는 것으로 알고 그 둘의 쾌락을 추구하는 길과, 섭리를 향한 인식의 길, 즉 무아의 길이다.

여여(如如)

자아, 신, 선악, 정의/불의, 옳고 그름 등 인간 스스로 만들어 낸 모든 관념과 분별을 배제한 상태.

번뇌즉보리

번뇌가 없으면 보리도 없다(보리를 인식할 수 없다).

10년 공부의 작은 결과

금강경처럼 표현하면, 진리, 해탈, 도, 깨달음은 없다. 그런 의미에서 진리, 해탈, 도, 깨달음은 있다. 문자적으로 표현하면 '진리가 없음'이 진리라는 것이다. 그것은 별도로 존재하는 어떤 상태가 아니다. 찾을 수 있거나 얻을 수 있는 존재가 아니다. 그것에 의해 몸과 마음이 변화하는 그런 상태가 아니다. 단지 여기에 있을 뿐이다. 그저 인식하면 그것이다. 아름다운 풍경도 욕망이 난무하는 인간 시장도 그 자체가 진리인 것이다. 여여함.

단상

· 라캉의 욕망이론, 데리다의 차연…. 너무 미시적이 아닌가. 나는 어디서 와서 어디로 가는가, 삶과 죽음은 무엇인가…와 같은 인생의 거시적 문제들은 정리되었는가.

· '나는 한다'와 '나는 하여진다'. 의지의 주체와 연기(緣起)의 객체. 그 중 나는 무엇인가.

· (라캉의) 상상계에서 오인된 자아. 오인된 언어의 세계(상징계)를 살아가는 자아. 언어와 자아를 투영하는 한 실재계를 인식할 수 없다.

퇴직과 죽음

굳이 빨리 오기를 바라지는 않지만 묘한 설렘으로 기다려지는 두 가지, 퇴직과 죽음. 퇴직 이후의 삶이 기대되고, 모든 것의 초월인 죽음이 기대된다. 나에게 퇴직과 죽음은 결코 나쁜 것이 아니다.

'15. 3. 21.

대일(大一)

아득한 옛날, 우주의 시원에서 모든 것은 하나였다. 이 우주 자체가 하나에서 분리된 것이라면 모든 것은 하나이다. 주객의 분리가 우습다.

모든 죽음은 본래대로의 귀환이다. 그 하나로의 귀환. 나의 죽음, 사랑하는 자식의 죽음도 그와 같다. 그러한 죽음을 슬퍼하는 (나의) 무지를 동정하면서도 그 무지가 답답하다.

자아의 사라짐, 곧 자유. 죽음 이전에 그 자유를 인식하기를.

그러나 이러한 진리는 너무 극한적이고 엄정하여 범인은 그대로 실천하기 어렵다. 진리를 인식한다 해도 범인에게 있어서 진리와 현실은 늘 따로 간다.

깨달음의 정도

나는 우주 자체. 의식은 그러한 것을 깨달을 수 있는 영. 그러나 일반 의식은 '나와 우주'로 잘못 인식한다.

이제야 '나와 우주'에서 '와'를 떼어 낼 수 있는 정도가 된다. 그러나 '나'는 아직 지워지지 않는다. 우주와의 합일은 이루었으나 그 속에 아직 자아가 사라지지 않은 상태.

'15. 4. 11.

인생에 대한 연민

인생에 대한 연민은 가진 자나 관조하는 자의 전유물이다.

생활고를 벗어나지 못한 자에게 인생은 고통의 연속일 뿐이다.

물질적으로 풍요로운 삶일수록 그러한 삶에서의 이탈에 대한 두려움

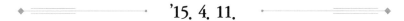

은 더 크다.

진정한 행복

행복은 경험의 대상이 아니라 인식의 대상이다. 삶에 취한 상태에서의 쾌락과 고통은 모두 고통이다. 진정한 행복은 모든 것을 관조하는 상태에서 오는 평안함이다.

자아를 의식한다는 것, 무엇인가를 생각한다는 것은 장애, 고통, 고민 속에 있다는 것. 무아지경만이 진정한 행복. 관조, 초월이 진정한 행복의 조건.

정진, 관조, 극도의 쾌락…. 모두 자신을 잊기 위한 몸부림. 좌망.

깨달음

범아일여, 물아일체, 일리아드의 인물들의 운명을 관조하는 호머의 시선, 생사의 순환, 생사 구분의 무의미, 불성, 관조의 영.

초인식

인식의 내부와 외부, 인식의 내용과 인식 자체를 바라보는 초인식. 인간만이 가진, 누구나가 소유하고 있으나 발휘하지 못하는 능력, 초인식.

'15. 4. 18.

의지의 한계

내 의지는 술을 더 마시려고 하지만 나는 벌써 졸고 있다. 나의 죽음도 마찬가지이리라. 내 의지는 생을 더 영위하려 하지만 내 육체는 이미 죽어 가고 있으리라. 의식이라도 살아 있으면 그나마 다행이리.

인간의 본질

인간의 본질을 통찰한다면, 어떤 인간을 더 좋아하고 어떤 인간을 더 싫어할 것인가.

아내의 죽음의 선취

아버지 무덤 앞에 꽃잔디를 심고 돌아오는 길에 "내가 먼저 죽으면 내 무덤 앞에 꽃을 심어 달라."라는 아내의 무심한 말에, 아내의 무덤 앞에 꽃을 심고 있는 내 모습과 그 심정이 떠올라, 몰래 한참 울었다. 아내의 죽음을 선취한 것이다. 시간의 초월. 이후로, 죽은 아내를 그리워하듯 아내를 대하기로 했다.

슬퍼하는 죽음

그의 죽음에 운다는 것은 그를 사랑하기 때문이고, 그를 사랑한다는 것은 그가 나에게 필요하다는 것. 따라서 부모의 죽음보다는 배우자의 죽음이 더 슬플 것이다.

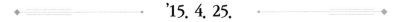

'15. 4. 25.

책과 식재료

책장에 쌓여 가는 책과 냉장고에 쌓여 가는 식재료의 유사성. 맛있는 식재료가 있으면 일단 사서 냉장고에 넣는다. 냉장고는 미처 먹지 못한 식재료가 쌓여 간다. 결국에는 냉장고에 무엇이 있는지도 모르고, 쌓여 있는 많은 식재료는 먹을 수 없게 된다. 책도 그와 같다.

철학, 이 삶의 전장(戰場)에서

진리

삼라만상을 꿰뚫을 수 있는 진리는 없다는 것이 진리이다. 즉, 삼라
만상을 설명하려면 삼라만상만큼의 다른 층, 다른 각도의 진리가 필요
한 것이다.

섭리

섭리는 따로 없다. 눈앞에 벌어지는 모든 사태가 섭리가 아니고 무엇
이랴. 단지 그것을 인식하는 자가 섭리를 깨닫는 자이다. 도를 찾으려
하면서도 현재의 도로부터 벗어나려고 하며, 그 도와 싸우고 있는 무지
한 사람들.

도가적 입장

도가적 입장에서 볼 때 가장 바람직한 인간의 삶은 흔적을 남기지 않
는 삶이다. 자연스럽게 나타나 자연스럽게 사라지는 자연의 조화에 개
입하는 것은 바람직하지 않다. 그런 의미에서 불가의 보살행은 자연의
조화에 개입하는 것이며, 휴머니즘은 일견, 인간이라는 종을 위해 다른
종을 희생시키는 것이다.

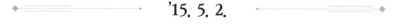

'15. 5. 2.

오십 대의 가능성

이삼십 대에는 그 시기의 중요성을 모르고 그 시기만이 줄 수 있는 행
복을 미처 모르고 지냈다. 오십 대가 된 지금은 그때의 중요성과 가능
성을 인식하지만 되돌아갈 수 없는 시간의 강이 가로막혀 있어 나 자신
의 무지를 탓하며 후회 아닌 후회를 할 뿐이다. 그렇다면 나는 지금 오

십 대의 의미와 중요성, 가능성을 깨닫고 살고 있는가. 언제까지 후회만 하다가 죽음 앞에 서서 후회할 것인가. 그래도 조금 시간이 남아 있는 지금 그것을 깨달아서 다행이다. 생각을 정리해야 한다.

인생과 죽음

인생이란 죽음이라는 시험에 대비하기 위해 공부하는 과정과 같다. 공부하지 않는 자는 죽음이라는 시험을 통과할 수 없다. 흔쾌하게 죽음을 맞을 수 없다. 죽음은 생명의 순환의 한 지점. 탄생과 성장과 소멸은 기뻐할 것도 슬퍼할 것도 아닌 자연의 여여함.

대상에 대해 깊이 인식할수록 그 대상에 대해 자유로워진다.

깨달은 자의 언행

깨달은 자의 언행은 재미없고 어눌하다. 그가 추구하는 것은 범인의 감각과 관심을 초월한 것이기 때문이다. 그는 현상 너머 섭리, 원리를 말하기 때문에 범인은 지루하게 느낄 뿐 그 진리를 체감하지 못한다.

스스로 만드는 고통

우리는 불 난 집 속을 헤매고 있다. 뜨거움에 고통받으면서도. 그냥 나오면 그만인 것을 결코 나오려 하지 않는다. 스스로 불 속으로 뛰어드는 불나방. 무지.

경계

자아, 욕망, 소유물로써 스스로 세계와 경계를 긋다. 분리되다. 나에게 모든 소유물이 사라지고 욕망하는 모든 것이 사라지면 자아도 사라지고 세계와 합일할 것이다.

범아일여라는 깨달음의 정점에서, 자아 혹은 영혼이라는 허상은 우주 속으로 빨려 들어가고 남은 것은 무아의 심신. 자아가 없으므로 분별도 없고 모든 경계가 사라진 세계의 일부로 남다.

기독교의 경우, 선악과를 통해 자아가 생기고 세계와 분리되다. 스스로를 분리하다.

정신의 한계

정신(의식)은 육체를 지배하지 못한다. 지배하기를 원할 뿐이다. 인정하기 싫지만 정신은 육체의 부속물.

과거

과거의 사실, 역사적 사실들도 결국은 현재에 되새겨지는 것들이다. 결국 현재에 발생하는 일들 중 하나이다. 과거는 현재의 일부다.

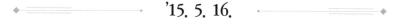

'15. 5. 16.

범아일여(凡兒一如)

꿈속의 등장인물은 나를 포함하여 나의 의식, 무의식이 만든 인물이다. 즉, 내 의식, 무의식의 분신이다. 그들의 행위와 사고조차도 내가 만든 것이다. 현실에서의 대상들은 과연 어떠한가.

유식무경과 범아일여, 브라만과 아트만을 깨달을 수 있을까. 그 모든 대상들이 나의 투영임을, 더 나아가 나라는 파도가 있는 것이 아니라 물 전체로서의 바다만이 있는 것임을 깨달을 수 있을까. 나의 무지가 바다는 인식하지 못하고 각각의 파도만을 인식하여 나와 대상으로 분별하는 것이 아닐까.

태초에 온 우주의 만물이 하나였음은 당연하다. 물질이든 영혼이든 모든 것은 하나의 덩어리에서 파생되어 진화되고 발전된 것이다(빅뱅). 현상에 몰입하면 모든 것은 분리되어 있고 각각이지만, 전체를 통찰하면 모든 것은 하나의 뿌리를 가진 가지들이다.

생존을 위한 진화와 분별의 방향, 문화의 방향은 깨달음이나 도의 방향과 반대이다. 전자는 현상과 물질에 몰입하고 후자는 시원을 인식한다. 전자는 자신의 생존을 위하여 투쟁하고, 후자는 모두가 하나임을 인식한다.

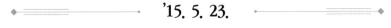

'15. 5. 23.

과식과 허기

지나치게 부유한 삶은 과식하여 아무것도 할 수 없는 삶과 같다. 결핍은 허기와도 같다. 과식한 상태와 허기진 상태, 죽을 정도가 아니라면 허기가 낫다. 허기는 동인을 품고 있으나 과식은 무력할 뿐이다.

각즉초월(覺卽超越)

팔고(八苦)를 인식했다 함은 더 이상 그것에 고통스러워하지 않는다는 것이다. 즉, 어떤 것에 대한 참 인식, 깨달음은 그것에 대해 연연하지 않는 것, 즉 초월하는 것이다. 인식, 깨달음은 곧 초월이다. 역으로 초월하지 못하는 깨달음은 깨달음이 아니다.

- 당연함을 벗어나다. 섭리 안에 있으나 섭리에 잠기지 않다.

A에 대해 깨달은 자의 마음 안에 A는 없다

문: 생사(生死)를 깨달았느냐.

답: 예, 깨달은 것 같습니다.

문: 너의 깨달음이 무엇이더냐.

답: 말씀드릴 수가 없습니다. 제 마음은 이미 그것을 떠났습니다.

(제 마음 안에 이미 생사는 없습니다.)

지(知)와 각(覺)

지와 각의 차이는 초월에 있다. 지는 세사(世事)로의 몰입이며 각은
세사(世事)로부터의 초월이다.

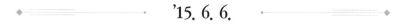

'15. 6. 6.

죽음

다른 모든 것들과 달리, 죽음은 존재적 후취는 불가능하다. 죽음은
인식적으로 선취해야 하는 것이다.

삶을 가장 기쁘고 즐겁게 해 주는 것은 선취한 죽음.

세 가지 축복

하나, 살아 있다는 것. 둘, 언젠가는 죽는다는 것. 셋, 그 죽음이 언제
올지 모른다는 것.

진정한 상대

사람, 사물, 사건은 나의 진정한 상대가 아니다. 나는 그들과 맞설 때
부담 없이 연기(演技)할 뿐이다. 진정한 상대는 삶, 죽음, 운명이다. 이

들은 내 모든 것을 투여해 심각하게 씨름해야 하는 대상이다.

아버지

　나는 아버지를 얼마나 이해했는가. 결국 내 방식대로 아버지의 삶과
죽음을 생각한 것이 아닌가.

◆━━━━━━●━━━━ '15. 6. 13. ━━◆━━━━●

생의 의미

　지식과 문화를 전하는 모든 책들은 무의미하다. 어느 순간 왔다가 사
라지는 것이 인생이라면 그 지식과 문화를 안다고 무슨 소용 있으랴.
중요한 한 가지는 육체의 생명을 유지하는 일이고, 또 한 가지는 생사
를 관통하는 섭리를 인식하는 것. 후자를 인식하지 못한다면, 전자는
무슨 의미가 있으리. 그것은 이미 내가 인식하고 있는 것인지, 혹은 없
는 그것을 찾고 있는 것은 아닌지 골똘히 생각하며 오늘도 그것을 인식
하기 위해 서성이다.

　- 쾌락, 즐거움, 기쁨, 행복감을 얻는 것이 생의 최고의 목적인가? 아
　　니면 그것 너머에 그것들을 초월하는 인식의 경지가 있는 것인가?

진아(참 자아)—대오(大悟) 11

　오감의 세계 너머에 존재하는 유일한 것이면서 모든 것, 그것은 섭리,
참 자아.

　경험의 세계 안의 모든 것은 그것을 나타내는 순간적인 소품들.

　경험하는 나 또한 그 소품 중의 하나.

　그러나 그것을 인식, 초월한 참나는 그것 자체.

인식해야 할 것은 섭리.

초월해야 할 것은 오감으로 경험하는 나와 경험된 세계.

우주 속의 자신의 존재의 위치를 깊이 인식할 때, 모든 경험 속 오감의 쾌락 추구의 무의미함과 무용을 인식하게 되고 새로운 추구 목표를 깨닫는다.

내가 **경험한 세계와 경험하는 나와** 그것이 일어나게 된 **섭리는 하나다.**

참 진리와 욕망된 진리의 차이를 인식한다.

초월적 진리와 경험된(욕망된) 진리의 차이를.

경험적 진리는 운명적으로 욕망된 진리일 수밖에 없다.

경험은 인식의 도구일 때만 가치 있다. 인식 없는 경험은 맹목이다.

유식무경, 모든 세계는 내가 만든 세계.

나는 경험적 자아(개아) 이전의 초월적 자아(진아), 브라만과 아트만.

저 봄과 여름, 가을과 겨울이 참나.

참나는 어디에도 없지만 없는 곳이 없다.

진아 - 생각이 끊긴 곳(상태), 오감의 욕망이 사라진 곳, 육체에 종속된 두뇌 작용으로서의 의식이 벗어난 곳, ○○○이라는 이름으로 불리는 육체/정신과 무관하게 그것을 대상으로 바라보는 곳, 모든 만물을 하나의 같은 대상으로 바라보는 곳의 존재.

걱정, 고민에 대하여

대부분의 고통은 그것을 고통스럽게 여기는 마음에서 온다. 씀바귀 나물을 먹으며 쓴맛을 즐기듯, 현재의 고민거리를 즐겨라. 그 또한 폭넓은 인생의 맛 중 하나임을 깨달으며.

책

영감을 주는 책이 아니면 더 이상 읽지 말 것.

사야 할 것

그것이 주는 기쁨이 시간이 지나도 감소되지 않는 것.
가까이 자주 사용하는 것.

인생에 대한 단상—행주대교 아래 강가에서

김포에서 이륙한 비행기가 점이 되어 황혼으로 속으로 사라진다. 저 비행기는 구름 속으로 사라져 피안으로 가는 것이 아닐까. 차라리 비행기를 타 보지 않았던들 더 행복했으리라. 상상 속으로 몰입할 수 있으니. 더 자세하고 명확한 사실을 안다는 것이 반드시 좋은 것은 아닌 것 같다. 나는 과연 저 사라져 가는 점처럼 이 대자연의, 우주의, 한 점일 뿐인 것인가. 이 우주에서 나의 삶과 죽음은 무슨 의미가 있는 것일까. 결국은 없는 의미를, 있는 것으로 미화하고 사는 것이 인생이리라. 무의미라는 진실을 알게 되면 살 필요가 없어지니까. '대자연의 입장에서 인생은 결코 의미 없다.'라는 진실을 외면하고, 나름대로의 환상과 욕망 속에 열심히 살아가는 인간들을 어떻게 봐야 하는 걸까. 살아야 한다는 당위와, 무의미하다는 진실은 차원이 다른 이야기다. 의지의 차원과 사실의 차원. 그저 생을 영위한다는 것은 아무런 의미 없다. 그저 태어났기에 살아가야 한다는 순리에 따른다는 의미만이 있을 뿐.

삶의 방향

어느 정도의 인식 수준에 도달한 지금 어떤 방향으로 남은 삶을 살아

철학, 이 삶의 전장(戰場)에서

갈 것인가. 오감의 만족을 찾는 범부의 쉽고 편한 길을 갈 것인가, 아니면 힘들고 재미없는 깨달음의 길을 갈 것인가. 춤추는 오감의 욕망을 외면하기 어렵고, 깨달음의 길은 중간중간 놓여 있는 회의의 늪, 무의미의 늪을 지나가야 한다. 어쩌면 이제는 마음 가는 데로 살아도 되지 않을까. 이미 삶 속에, 쾌락 속에 파묻히기에는 깨달음이 더하고, 조금 더 인식의 수준을 깊게 할 여지는 남아 있지만, 이 수준으로 여생을 마음에 내맡기고 살아도 큰 무리는 없으리라. 스스로에게 자유를 준다. 지금까지 많은 부분 자신을 통제하고 살아왔기에.

단상

· 고요한 마음은 내부로 침잠할 수 있지만 복잡한 마음은 외부의 대상을 찾아 헤맨다.
· 금전은 결핍에서 오는 고통의 치료제일 뿐이다. 금전에서 행복을 찾으려는 것은 무지.

30년 만의 통화

JYS. 전화기 너머로 들려오는 그녀의 목소리에는 헤어진 이후의 30년 세월이 묻어 있었다.

그것

그것은 부정으로 표시될 수밖에 없다. 개념과 상상의 생각을 넘어선 것이기에. 오직 존재하는 것은 그것, 섭리. 내가 곧 '그'라는 것은 나의 자아가 따로 존재하며 그 자아가 '그'라는 것이 아니라, 불변의 진리는 '그' 뿐이며 무상한 존재로서의 나는 본래 무라는 것이다. 무상한 존재,

무아로서의 나는 그 섭리의 일부라는 것이다. 자아는 본래 존재와 섭리의 합일을 가로막는 필요악이다. 언제까지 미시(微視)의 세계에서 허우적거릴 것인가.

'15. 8. 15.

환상

동경하던 것(부귀영화 등)도 막상 경험해 보면 별것 없다. 그러나 세상과 자본은 그것으로 몰아가고 대중은 그것을 향해 매진하는 사태.

생(生)

가장 큰 고통은 생. 생이 없었으면 로(老), 병(病), 사(死)도 없었으리.

두려움

너의 두려움의 원인은 무엇인가. 그 두려움의 현상으로 잃을 것은 도대체 무엇인가. 차라리 사계절의 변화를 두려워하라.

'15. 9. 12.

오온성고(五蘊盛苦)

저 푸른 하늘 공간 속으로 홀로 올라갈 때 나에게 그 무엇이 필요하며 나라는 존재는 왜 필요할 것인가. 필요함이 있다는 것은 세상에 취해 있다는 것이다. 아름다운 연인이 나를 세상에 붙잡아 두는 것이 아니라, 그것을 향한 내 마음이 메여 있는 것이다. 이 세상을 초월하기에는 오온(五蘊)이 너무 성(盛)하다.

범아일여(凡兒一如)—대오(大悟) 12

나는 이 세계의 산물. 세계 내 존재. 나는 왜 스스로를 세계와 분리하는가. 분리와 동시에 자아가 생긴다. 자아는 고(苦)의 근원. 자아 자체가 무지인데 이 무지를 어떻게 지울 것인가. 자아, 무지, 고…. 이 돌고 도는 모든 것은 결국 같은 하나다. 사회와 문화는 자아라는 개념을 강화시킨다. 자아라는 고통의 헛된 개념을.

세계의 일부로서의 나는 에피쿠로스가 원했던 것(허기와 갈증, 추위를 피할 수 있는 것)만으로도 족하다. 초월적으로 보면 나는 세계의 산물, 내 주위의 모든 것, 내가 먹는 모든 것도 세계의 산물, 그것들은 곧 세계다. 나를 세계와 분리하지 말라. 나를 나 이외의 모든 것들과 분리하지 말라. 분리하는 것은 억지, 무지다. 모든 것은 1인칭. 2인칭, 3인칭은 없다. 모든 것이 나다. 내가 누구와 다툰다는 것은 한 나무의 이 가지가 저 가지와 다투는 것.

좌망(坐忘). 그것은 본래 있었던 나를 잊거나 소멸시키는 것이 아니라 나란 본래 없음을 인식하는 것. 그것을 인식한 의식은 나의 의식이 아니라 세계를 관통하는 의식. 결국 깨달은 자의 의식은 개인의 의식이 아니라 우주의 의식이 되는 것이다.

소유하려 함은 무지. 모두가 나인 것에서 소유한 것만을 나인 것으로 분리하는 것. 소유하지 말라. 모든 것을 나인 채로 두라. 에피쿠로스의 필요만이 충족될 수 있는 한, 소유는 곧 버리는 것이다. 모두가 나이고 모든 것이 내 것인데 굳이 소유함으로써 그 외의 것을 버릴 필요가 있는가.

삶과 죽음이라는 것은 우주의 운행을 너무 배율 높은 현미경으로 들여다보려는 인간의 욕망이 만들어 낸 개념. 아! 나는 언제까지 이 작위적인 놀음에 참여할 것인가. 언제까지 무지의 연극 무대 위의 배우일 것인가.

인간의 아이러니

인생이라는 드라마의 결말을 다 알고 있음에도 불구하고 한 회, 한 회의 마지막 부분의 클라이막스(Climax)에 마음 졸이며 전전긍긍하는 것.

왜 그렇게 살고 있는가

그토록 주말이 기다려지면 차라리 회사를 그만두어라. 무엇에 미련이 있어 그렇게 살고 있는 것인가.

잘난 이유

이삼십 대보다 오십 대가 더 잘났다고 할 수 있는 이유가 있다면 고결하게 살았건, 개같이 살았건, 지금까지 50년 인생을 살아왔다는 것뿐.

- 인생 자체가 고(苦)이므로.

빠져 있는 자

게임에 빠진 자, 프로야구에 빠진 자, 현실에 빠진 자 간에 우열 또는 정상과 비정상이 있을까. 게임에 빠진 이에게는 현실의 세계는 중요하지 않다. 오직 게임의 세계만이 그의 세계이다. 가끔 현실을 돌아보지만 전혀 관심 없다. 나는 어느 세계에 빠져 있으며 무엇을 추구하고 있는가.

연기(緣起)의 이해

어떤 자가 악의를 가지고 나를 중상 모략하여 내가 불이익을 당했을

철학, 이 삶의 전장(戰場)에서

때, 내 불이익의 원인은 그 자가 아니다. 그 자는 촉발의 역할을 했을 뿐이다. 그러한 결과는 우주에 가득 찬 원인이 수렴한 것이다.

인식의 한계

삶은 생생한 꿈인가. 삶이 꿈이라면 삶 속의 언어와 논리는 이 꿈의 세계를 표현하는 것이기에 언어와 논리, 생각으로는 꿈 너머를 인식할 수 없다.

'15. 9. 26.

삶

얼마나 더 가야 이 중력 같은 삶을 벗어날 것인가.
- 왜 전장에 나가는 마음이냐. 평정하지 못할 이유가 무엇인가.

소인배

어찌할 것이냐. 존경할 수 없는 인간들의 평가에 일희일비하는 이 소인배를. 결국 초월의 조건은 안정된 생활이었는가. 존재와 사고에 대해 통렬히 반성해야 한다. 버러지 같은 인간들의 평판에 울고 웃는 자는 그야말로 미천한 중생, 버러지가 아닌가.

완전한 자유 1

육체적 정신적 의무와 속박이 없는 완전한 자유를 갈망하지만, 실제로 그런 상황이 되어 그 의무와 속박이 사라지면 자유도 함께 사라질까 두렵다. 완전한(조건 없는) 자유란 과연 존재하는가.
자유와 속박, 행복과 불행, 선과 악…. 모든 상대되는 개념은 홀로 존

재할 수 없다. 자유로우려면 속박이 필요하고 행복하려면 불행이 전제
되어야 한다. 누구나 꿈꾸는 '완전한 자유'는 없다.

완전한 자유 2

계획된 시간들은 자유의 시간이 아니다. 지금 막 의도한 시간만이 자
유의 시간이다. 그러한 시간을 살아야 한다. 가능하면 약속이나 계획을
만들지 않아야 한다. 해야 할 일이 아무것도 없어야 한다. 하고 싶은 것
만이 있어야 한다. 아무런 계획과 의무 없이 자신이 하고 싶은 것을 할
때만이 자유다.

인생과 철학

무한의 시간 속에 잠깐 존재하다 사멸하는 인간의 인생은 통찰하건
대 허무하고 무의미하다. 이러한 인생에서 나는 무엇을 지향할 것인가.
살아남는 것? 오감의 충족?

'우주의 운행 속의 인생'이라는 축적비율 높은 큰 지도 속에서 자신
의 인생의 위치를 파악하고 살아가는 자의 인생관과, 인생 속에 묻혀
서 좌충우돌하며 인생을 파악한 자의 인생관은 다를 수밖에 없다. 구
조 속의 대상에 몰입하면 자신이 속한 구조를 인식할 수 없다. 구조 자
체를 통찰해야 한다. 나무가 아니라 숲을 보아야 한다. 철학이란 나무
와 숲을 동시에 보는 것. 도연명처럼 아무 의심 없이 천명을 즐길 수 있
기를.

인생의 낭비

생존을 위한 최소한의 금전이 보장된 상태라면, 얼마 남지 않은 인생

의 시간과 자유를 저당 잡혀 금전을 위한 노동을 지속한다는 것은 인생의 낭비가 아닌가.

영원한 오늘―경계의 무화

영원한 현재를 미래와 과거로 확장하여 과거와 미래가 영원한 현재로 덮어씌워지는 것. 시간 경계의 무화. (나와 세계라는) 공간 경계의 무화, 개념 경계의 무화.

하나

무아란 전체. 자아란 전체에서의 분리. 나는 본래 자연이었고 지금도 자연이고 이후로도 영원히 자연이다. 세계와의 분리는 무지에 의한 일시적 현상. 모든 것은 하나다.

우주의 운행과 나의 의지

나의 고통과 불안의 원인은 우주의 운행이 내 의지대로 이루어지지 않기 때문이다. 내 의지와 우주의 운행이 일치하지 않는 한, 내 고통과 불안은 계속될 것이다. 그러나 '나'가 없다면, 또는 나와 우주가 하나라면 고통은 존재하지 않을 것이다. 이러한 무고통의 조건에 대한 인식이 문제다. 나는 우주. 우주에서 분리된 나를 상정(想定)하는 것은 순간의 분리를 영원한 분리로 생각하는 무지와 착각이다.

인생은 꿈

깨달은 자들의 말처럼 이 세계의 모든 것은 꿈이라는 것을, 죽음의 직전에는 누구나 깨달을 것이다. 이 세상을 떠날 때 보이는 인생은, 꿈과 같은 것이 아니라 실제로 꿈임을. 지혜로운 자들은 이것을 삶 가운데에서 깨닫는다.

종교

종교는 호오(好惡), 편리(便利)의 문제이지 진리(眞理)의 문제가 아니다.

연휴의 호수공원에서

모두가 떠나 버린 텅 빈 도시에서의 유유자적. 청명한 하늘, 시원한 바람 아래 조용한 도시 속의 호숫가. 길게 솟은 소나무 사이로 보이는 호수 건너의 반짝이는 풍경들. 스위스의 어느 풍경만 못하랴.

인간의 감정

인간의 감정은 두 가지 차원이다. 하나는 외부환경, 즉 정신적 육체적 사건이나 변화에 대한 대중적 감정이며, 다른 하나는 사고의 결과로서 발생되는 감정, 즉 무한한 우주의 시공간 속에서 한 점보다도 작은 인생/존재임을 생각할 때 느끼는 감정(깨달음) 등이 그것이다. 영원의 관점에서 현재를 보다.

생의 동력

나는 이제 무엇으로 이 춥고 어두운 새벽길을 뚫고 나갈 것인가. 이제까지는 깨달음을 향한 열정이 있었지만 아직도 그 열정이 남아 있는

가. 없다면 무엇으로 그것을 대신할 것인가. 지금 내게 더 필요한 것은 무엇인가. 시간? 돈? 건강? 가장 필요한 것은 무엇인가를 향한 열정이다. 남은 생명을 다 쏟아부어도 아깝지 않을.

행복의 질

행복은 자기만족이다. 시답잖은 이야기와 수다로도 만족할 수 있는 사람은 그런 대화를 싫어하는 사람보다 행복하다. 어차피 행복의 질을 따질 수 없다면 그런 대화를 피하며 살아가는, 그래서 행복하지 못한 나는 이미 잘못된 길을 들어선 것인가.

대화도 화폐처럼 저급대화(악화)가 고급대화(양화)를 구축한다. 저급한 대화 속으로 들어가든지 혼자 고독해 하든지 선택을 해야 한다. 그러나 저급한 대화 속으로 들어가자마자 호흡곤란을 느껴 곧 고독의 세계로 후퇴한다.

죽음 앞에서

나에게 남은 시간은 얼마인가. 언제까지 밥벌이에 대한 고민으로 허송세월하다가 문득 죽음을 마주할 것인가. 죽음을 하루 앞두었을 때, 죽음을 정리할 하루의 시간이 남아 있음을 다행이라고 여길 것인가, 무심히 죽음을 또 다른 삶으로 생각하며 죽음을 맞을 것인가.

무상과 덧없음

무상은 덧없음이 아니다. 무상은 변하지 않는 것은 없다는 진리이며 덧없음은 무상(진리)을 바라보는 인간의 심정이다.

역설적 쾌락

고통이 아닌 한, 슬픔을 느끼며 관조하는 것은 인생의 역설적인 쾌락의 하나이다. 고독, 회한, 자신의 무지에 대한 쓸쓸한 인식 등.

경험에 대하여

어떻게 생각하면 실제의 경험은 중요하지 않다. 가상경험이면 족하다. 어쩌면 실제 경험보다도 가상경험이 더 선호될 수 있다. 경험하는 최종적인 것은 뇌이므로 관념적 경험만으로도 충분할 수 있는 것이다.

진리

진리를 찾지 말고 진리가 아닌 것을 찾아보라. 모든 것은 당신이 찾기 이전부터 그 자리에 있었다. 당신이 다른 것을 찾아 헤매었기에 보이지 않았던 그것!

◆ ———————— **'15. 10. 31.** ———————— ◆

올레길 도보 여행과 인생

많이 걷는 것이 아니라 한 코스를 걸어도 천천히 즐기면서 걷는 것이 지혜. 높이, 멀리 가는 것이 목적이 되면 그 산행, 도보여행은 여행이 아니라 노동이 되어 버린다. 인생에서도 무엇인가 더 좋은 것을 찾아 바삐 헤매지만 그 결과의 차이는 별것 없고 귀중한 세월만 버린다. 올레길 도보 여행은 길을 가려는 것이 아니라 풍경을 보기 위한 것이다.

이루려는 인생과 즐기려는 인생

이 세상에 태어난 것은 이루기 위함인가, 즐기기 위함인가. 이룬 인생이 현명한가, 즐긴 인생이 현명한가. 감정적으로는 후자, 이성적으로는 전자다. 유명한 이룬 인생과 무명의 즐긴 인생을 선택하라면? 전자의 고통스러운 과정과 세월 앞에 허망해지는 명성의 결과를 생각한다면…. 이루려는 것이 부귀영화라면 당연히 즐기는 인생이 현명하지만 이루려는 것이 깨달음이라면 어떨까.

알콜 중독

술이 들어가면 기분 좋아지고 저녁이 되면 술을 찾는다면 알콜 중독? 그렇다 해도 그것을 즐길 여력이 있음이 얼마나 다행인가. 혼자 술을 즐길 수 있다는 것은 정신세계가 풍부하다는 것(?). 태백의 월하독작(月下獨酌)처럼.

나이 든 자의 여행

여행의 쾌락은 젊은이의 것이다. 나에게 여행은 불편함일 뿐이다. 새로움에 대한 즐거움이 낯선 불편함을 이기지 못한다. 여행지에 도착하는 순간, 또는 익숙하지 않은 잠자리에 들 때는 내일 당장 집으로 돌아가고 싶어진다. 이런 경험을 반복하면서도 또 여행을 가는 나는 기억상실증 환자. 언제나 여행에서 깨닫는 것은 단 하나, 다시는 여행 가지 말자는 것!

우주의 시간과 일상의 시간

느리게 흘러가는, 정지된 듯한 일상. 삶과 죽음, 우주와 무한의 시간을 생각할 때, 생각은 천 년을 넘나드는데 눈앞에 벌어지는 (의무로서의) 일상은 답답하기만 하다. 그러나 어쩌랴, 황금알을 빨리 얻으려고 오리의 배를 가를 수는 없는 일. 오히려 세상사에서 벗어나 이런 한탄을 할 수 있음이 고마운 것임을 되새긴다.

우주 속의 나

이 우주의 춤 속에서 나의 역할은 무엇인가. 우주의 춤사위 속에서 나라고 할 것도 없는 티끌도 안 되는 것이 끝까지 나를 주장하는 것은 얼마나 가소로운가. 이 참을 수 없는 나라는 존재의 무의미함을 어떻게 극복할 것인가. 미화밖에는 없다. 결국 존재의 미미함을 감추는 궤변만이 인간의 환영을 받는다.

은하수보다 더 가득한 별들이 뿌려진 하늘을 볼 때 너무 답답하다. 내 존재의 실체가 저 세계 앞에서 한없이 초라하고 무력하기 때문이다. 결국 인간은 자신의 상상력을 넘지 않는 작은 세계에 안주해야 하는 동물인가. 감당할 수 없는 너무 큰 것을 생각하면 안 되는 것이 인간인가. 우주의 진실은 두렵다. 너무 숭고해서 대응할 수 없다. 무섭기 때문에 생각하지 않는다. 그러나 누군가, 현실 생활에 아무런 도움도 되지 않는 이런 생각으로 세월을 낭비하지 말라고 한다면 무슨 말로 반박할 것인가. 나에게 아무 영향을 미칠 것 없는 것을 가지고 고민하며 상념에 젖는 것 또한 우매한 일이기에. 진리란 결국 나와 관련 있는 것만인가. 나와 우주와는 관계가 없기에 나에게 우주는 무의미한 것인가. 거시적 진리와 미시적 진리와의 부조화.

눈앞의 현실에서 잘 처신할 수는 있어도 멀리 보려면 철학을 할 수밖에. 나의 이 한탄은 우주의 입장에서는 아무런 의미 없다. 마치 한 마리의 개미가 한탄하는 것을 바라보고 있는 것과 같다. 결국 최선의 생각은 우주의 원소로서 우주와 합일하는 것이 아닐까. 그러나 이것 또한 욕망일 것이다. 인간이 자신의 한계를 인식할 때 신과 종교를 만들어 그것에 의지하는 것처럼. 반면, 깊이 생각하면 우주와의 합일은 나의 욕망이 아닌 사실에 대한 깊은 인식이다. 즉, 인정하고 싶지 않은 나의 미미함을 직시하고 우주 속의 원자로서 나를 받아들이고 깨닫는 것이다. 나라는 존재와 의지를 버리고 우주의 춤 속으로 뛰어들어 그 춤의 일부가 되는 것이다.

단상

- 좋아해야 할 대상에 고통스러워하는 것(죽음에 대한 걱정, 부자의 돈 걱정) - 생각의 오류
- 스토아 철학 - 모든 우연(운명)에 대한 준비가 되어 있는 것(에픽테토스)
- 불안을 노력으로 메우다.
- 정답과 해답의 차이.

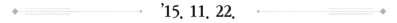

'15. 11. 22.

철학과 깨달음

현상이 답답하여 초월을 찾고 철학이 허망하여 깨달음에 몰입한다. 그러나 초월은 다시 공허해지고 깨달음은 한없이 물러서만 간다.

혁신적 사고의 전환

사고의 범주를 더 큰 범주로 확장시키는 것, 미시에서 거시로.
패러다임의 변화 이상의 변화.
- 공간, 시간, 층위(Layer)의 거시화. 관성에서의 이탈.

종교와 신앙에 대한 올바른 관점

종교와 신앙은 절대자의 존재 유무와는 무관한, 인간의 소망의 차원에서 이해해야 한다. 즉, 사실의 차원이 아니라 욕망의 차원에서 이해해야 한다. 신의 유무와 상관없이 자신의 소망을 위해 종교 생활을 하는 것은 나쁘지 않다. 신앙은 거기까지가 적당하다.

삶의 길

삶의 길 가운데 어느 길이 옳고 어느 길이 그르겠는가.

변한 와인 맛

며칠 전 맛있게 마시고 남긴 와인을, 오늘 다시 마셨는데 맛이 예전만 못하다. 나의 걱정은 그 와인의 맛이 변한 것이 아니라 내 입맛의 수준이 높아진 것이 아닌가 하는 것이다.

평정

사소한 사건과 고민 앞에서도 평정을 유지 못 하는 범인과, 전장과 죽음 앞에서도 평정을 유지했던 스토아 현인 사이에는 무엇이 놓여 있는가. 나는 무엇으로 그 간극을 뛰어넘을 것인가. 무화, 자아의 소멸, 우주와의 합일. 그럼으로써 원하는 것과 원치 않는 것의 사라짐. 감정, 욕망 없는 정신. 순수의식.

쉴 때 해야 하는 것

장수는 쉴 때 칼을 갈지만, 참된 정치가는 쉴 때 민심을 얻는다.《중국의 붉은 별》을 읽고 느낀 바이지만 쉽지 않은 일이다. 나는 쉴 때 무

철학, 이 삶의 전장(戰場)에서

엇을 해야 하나.

의식의 우상

　의식은 스스로를 미화시켜 '자아'라는 자신의 주인을 만들었다. 또한 그 자아라는 것이 영원하기를 바라며 '영혼'이라는 또 하나의 불멸의 대상을 만들어 냈다. 그리고 의식은 불안과 고통을 면하기 위해 '신'이라는 대상까지 만들어 냈다. 의식은 자신이 만들어 낸 자아, 영혼, 신을 숭배하기까지 한다. 제 스스로 만들어 낸 것을 섬김으로써 자아, 영혼, 신은 확실한 우상이 된다.

'15. 12. 19.

현실

　오늘 새벽 나를 깨운 것은 생각(관념)은 언제나 현실에 패배한다는 것. 우리는 눈앞에 다가오는 운명 같은 현실을 쳐다보면서도 피할 수 없다는 것. 관념적으로는 얼마든지 피할 수 있으나 현실에서는 몸이 굳어진다는 것. 어떤 상황이 발생하면 분명 내가 후회하리라는 것을 알면서도, 미리 대비할 수 있었음에도, 그 상황이 발생하면 후회하고야 마는 운명 같은 현실. 아니 아무리 대비한다 한들 후회하게끔 되어 있는 삶의 원리. 인간은 누구나 그 원리 안에서 살 수밖에 없고 그래서 알면서도 피하지 못하고, 피한다 해도 결국은 후회할 수밖에 없는 인생을 살아가고 있다.

　나에게 갇혀 있는 한, 삶 속에 빠져 있는 한, 언제나 고통으로서 내 곁에 머무는 것들. 나와 죽음, 어머니와 현대판 고려장, 가족과 함께하지 못한 시간. 그러나…. 이런 고뇌에 빠져 있는 자도 한낱 우주의 먼지일 뿐이라는 사실도 함께 생각해야 하는 아이러니. 오히려 그 사실은 나와 현실을 초월할 수 있는 진리, 그리고 인간이라는 종의 일생을 통찰할 수 있는 진리이다.

단상

- 지혜를 열망하는 자는 철학 속으로 빠져들고, 지혜로운 자는 철학 밖으로 나온다.
- 지식을 더욱 정교하고 빈틈없이 쌓아 갈수록 그 지식에 갇히게 되는가.
- 책은 내 생각을 가두는가, 집중시키는가. 현자에게는 전자요, 범인에게는 후자이리라.
- 노자는 도의 원리를 말했고 장자는 수많은 예화를 들어 도를 설명했다.
- 세계/인간에 대한 통찰과 종교의 관계는 목적과 수단의 관계다. 범인은 거꾸로 생각한다. 환상이 현실을 덮는다.
- 희미하게 명멸하는 이 의식 하나로 이 넓은 우주를 어떻게 항해할 것인가. 그러나 그 의식 또한 우주의 편린이라면, 그 무엇을 걱정할 것인가.
- 나는 어디서 와서 어디로 가는가. 나는 어디서 오지도 않았고 어디로 가지도 않는다. 나는 우주 자체이다. 그토록 찾아 헤매던 도는 우주의 원리, 나는 도 안에 있고 도는 내 안에 있다.
- 글을 쓴다는 것, 혹은 시를 쓴다는 것은 자신과 세상을 관조한다는 것. 빈한함 속에서도 처절한 시를 읊었던 두보는 최소한 생을 관조한 자이다.

철학, 이 삶의 전장(戰場)에서

깨달은 자

깨달음 없는 세상에서 살아가는, 깨달은 자는, 배우로서 자신을 숨긴 채 연극을 해야 한다. 그들에게 깨달음을 이야기할 수 없고, 이야기한다 한들 이해 못 할 것이고, 그러기에 배척당할 것이다. 결국 깨달음은 자신만의 것이다.

정의롭고 평화로운 세상은 내가 원하는 세상이지만, 그 정의로움/평화로움도 나의 정의로움/평화로움이다. 실제의 정의로움/평화로움이 어떤 것인지.

관조

생계와 안정적인 생활을 유지하는 데는 큰돈이 필요 없다.

중요한 것은 돈이 아니라 세상을 바라보는, 나를 바라보는 내 마음이다.

세뇌된 자아에 대해 스스로 통찰하라.

나의 감동과 즐거움은 내 소유물에서 오는가, 나 자신에서 오는가.

2016

'16. 1. 9.

죽음에 관한 사실과 정의(定義)

인간은 자연이 빚어 낸 것이며 거기에 의식이라는 것이 생겨났다. 삶에 몰입해 있는 인간에게 죽음은 견딜 수 없는 파멸이며 자신의 모든 것이 사라지는 것이다. 그리하여 의식은 죽음을 뛰어넘을 수 있는 영혼을 만들고 그 영혼을 구해 줄 신까지 만들고…. 욕망이 만들어 낸 허구. 의식은 자연을 대상으로 바라보는 주체가 아니라, 의식 그 자체도 자연의 산물인 것이다. 자연 속의 모든 것은 대상일 뿐이다. '자아와 영혼과 신'의 창조자인 인간의 의식마저도 우주의 원소이다. '나'는 단지 우주의 원소일 뿐이다. 그러나 이 사실을 깊이 생각할 때 삶과 죽음을 초월하게 된다. 나는 태어나기 전부터 죽음 이후까지 영원히 우주의 원소로 남아 있다. 삶과 죽음은 의식이 만들어 낸 개념일 뿐이다. 나를 포함한 이 모든 우주의 산물과 우주 자체를 바라보는 그것은 무엇인가. 나의 의식이 그것과 하나될 때 나는 사라질 것이다(무아). 바라보는 주체와 보여지는 대상은 구별되는 것이 아니다. 모두가 주체이고 동시에 모두가 대상이다.

죽음에 대한 감정

죽음에 관련된 이야기에 슬퍼하는 것은 왜일까. 삶에 애착이 있어서라기보다는 육체를 가지고 있기 때문이리라. 그러한 것은 겨울에 한기를 느끼듯, 여름에 더위를 느끼듯 자연스러운 것. 다만 그런 감정을 자연스럽게 느끼되 집착하거나 빠지지 않고 흘려보낼 수 있기를 바란다.

죽음에 대한 정의와 통찰—나는 본래 우주의 일원이었고 지금도 우주의 일원이고 이후에도 영원히 우주의 일원이라는 것—이 끝난 지금,

철학, 이 삶의 전장(戰場)에서

죽음을 잊어야 하는가, 죽음을 생각해야 하는가. 그럼에도 죽음을 생각한다는 것은 죽음에서 벗어나지 못했다는 것이리라.

한편 죽음에 대한 통찰/정의와는 상관없이, 죽음에 대한 지속적인 생각 없이 인생을 제대로 즐겁게 살 수 있을까. 오히려 죽음은 삶의 두려움으로서가 아니라 삶의 기쁨으로서, 기쁨이 되는 배경으로서 시시때때로 사유해야 하는지도 모른다.

죽음이 멀다고 생각되어 죽음을 느끼지 못하는 나는, 몇 년 후에 벌어질 자신의 인생의 굴곡을 모른 채 아무 생각 없이 하루를 보내는 어린 아이와 다른 점이 무엇일까.

삶의 두려움과 행복

월급쟁이 중에 내일에 대해 두려움을 갖지 않은 자가 얼마나 될까. 우리는 막연한 두려움으로 월요일을 맞는다. 누군가 나의 보호자가 있어 모든 것을 대신해 준다면 얼마나 좋을까.

많은 사람이 행복이라고 생각하는 사회적 성공, 물질적 안정은 행복의 조건일 뿐 행복 자체는 아니다. 그것을 토대로 내면이 원하는 삶을 살 때 행복이 시작되는 것이다.

슬픔의 원인

조금 전 〈응답하라 1988〉 드라마의 마지막 회를 보았다. 다른 사람과 마찬가지로 나도 기분이 애잔하다. 인간의 슬픔의 원인은 무엇일까. 표면적으로는 충족되지 못한 욕망 때문이고 본질적으로는 인간의 생이 유한하기 때문일 것이다. 그러나 욕망이 충족된 영원한 삶을 산다면 슬픔은 없을 것인가. 그렇다 해도, 슬픔은 아니더라도 공허는 남을 것이다. 인간에게 있어 욕망의 무한함과 존재의 유한함 간의 메울 수 없는 심연이 인생의 운명적 고통과 비탄 구조의 기반이다.

'16. 1. 30.

선물로서의 삶, 구원으로서의 죽음

죽음처럼 자고 있을 때는 무욕, 무고통이며 편안하다 그러나 삶으로 깨어나면 더 좋은 것을 욕망하고 이러저러한 고통을 느낀다. 그럼에도 불구하고 왜 삶을 놓지 못할까. 삶에 취해 있거나 문화에 세뇌되어 있는 것도 한 원인이다.

잠에서 깨어났을 때 행복을 느끼는 자는 죽음을 깊이 인식한 자이다. 언제라도 이 삶에서 구해 줄 죽음이 자신의 뒤에 있음을 인식한 자이다. 인간 존재로서의 '선물로 주어진 삶'이라는 의미는? 나는 지금 이 삶이라는 잠에서 깨어나기를 바라는가, 아닌가.

'16. 2. 6.

현재의 즐거움

무엇이건, 어떤 행위건 간에 하고 있는 그 순간이 즐겁지 않다면 무의미할 뿐이다. 괴로움을 겪으며 나중의 영예를 원한다면 현재의 순간에 쾌감이 있는가를 잘 살필 일이다. 미래의 영예가 현재의 고통을 덮고도 남는다면 현재의 고통은 고통이 아니라 오히려 자신만이 느끼는 쾌감이니까. 그러나 자신만의 기록, 즉 정상 정복이나 마라톤의 완주 등을 위해 고통을 참을 필요는 없다. 그것을 달성한들 무슨 기쁨이 있을 것이냐. 지나간 것은 그저 허무할 뿐, 현재의 쾌락만이 진실한 것. 인생에서의 에피소드와 큰 사건의 구별이 범인에게는 쉽지 않지만, 큰 사건이 아닌 에피소드에 올인하면 어쩌란 말인가. 일회일비하는 피곤한 인생이 될 뿐인데.

신영복 선생의 책을 읽으면

신영복 선생의 책을 읽으면 가슴 속 어딘가에 서서히 자리 잡는 답답함이 결국에는 참을 수 없는 응어리로 나타난다. 나 자신의 욕망과 비겁함, 권력을 위한 굴종, 진실에 대한 외면 등이 뭉친 응어리. 그분의 책을 읽으면 부끄럽고, 그래서 불편하다.

단상

· 무심히 흐르는 강물에 어디까지를 잘라 삶이라 하며, 어디까지를 죽음이라 하겠습니까. 그저 범인의 바람이겠지요. 무수히 이는 저 파도 가운데 어느 것이 나이고 어느 것이 당신이겠습니까. 우리는 모두 바다인 것을.

열정

무엇을 추구하든 실행함에 있어 가장 중요한 것은 열정이다. 깨달음을 추구함에 있어서도 열정이 없으면 행위 자체가 이루어지지 않는다.

반성

세상사를 초월하여, 인생을 내려다보고 살고 있다고 생각한다는 것은 경제적 여력이 있어서가 아닐까. 과연 경제적 어려움 속에서도 인생을 초월할 수 있을까. 유치한 의문이지만 무시할 수 없다.

깨달음

죽음이 지금이라도 내 생을 절단할지 모른다는 생각에 더욱 깨달음
에 정진한다는 것 자체가 깨닫고 있다는 증거일 것이다.

욕망

책은 내가 읽지 않으면 나를 부르지(괴롭히지) 않는다. 그러나 금전과
권력은 스스로 나를 부른다. 그러나 책이든 금전이든 권력이든 그 어느
것이 날 부른단 말인가. 내 마음이 스스로 달려간 것 아닌가. 이제 원하
는 것 다 접었고, 필요한 것은 박주산채뿐이니 다른 무엇을 두려워하랴.

비도덕적 사회

단체든 사회든 그 크기에 비례하여 비도덕적이 된다.

익명성이 보장될수록 인간은 악해진다.

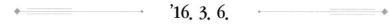

'16. 3. 6.

단상

· 약동하는 봄날 속에도 서글픔이 존재하듯 삶과 죽음은 서로 섞여 있다.

· 힘든 노동이라도 확실한 여가가 보장되면 할 만하다. 그런 의미에
서 육체노동은 쿨하다.

· 현재에 집착하지 않는 한, 현재에 몰입하는 것이 긴 미래를 조망하
는 것보다 행복하다.

· 삶에 취한 자에게 봄날(행복)은 없다. 봄을 초조하게 기다리는 늦겨

철학, 이 삶의 전장(戰場)에서

울과, 이미 봄이 지나간 뒤 그 봄을 인식하지 못했음을 후회하는 초여름이 있을 뿐이다. 봄날이 와도 봄날인 줄 모른다.

· 세상을 버릴지언정 세상이 자신을 버리게 하지는 않겠다던 조조와 같이, 죽음 앞에서도 세상을 비웃을 내공이 없었다면 오늘의 사소한 충고에도 무너졌으리라. 그러나 한 수 위는 그 상황을 무심히 관조하는 것.

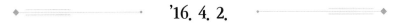

'16. 4. 2.

단상

· 봄은 눈부시게 핀 벚꽃으로 왔다가, 바람에 꽃비 되어 흩날리는 뒷모습으로 사라진다.

· 너의 슬픔이 내 마음을 물들여 나도 슬픈 빛을 띤다.

· 삶을 돌이켜 볼 때, 지난 인생은 꼭 살았어야 할 만큼 중요했나? 행복했나? 앞으로의 여생이 꼭 필요할까? 행복할까?

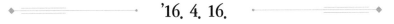

'16. 4. 16.

단상

· 사람들은 겉으로는 늙음을 멀리하고 경멸하지만 속으로는 늙음에 감사하고 늙음을 즐긴다.

· 모든 사랑은 시작부터 이별이었다. 태어남이 죽음의 시작이듯이.

· 스스로의 소외를 각오한 타인의 배제.

젊은 시절

젊은 시절에는 슬픈 이별 후에도 그 슬픔을 돌아볼 겨를이 없었다. 닥쳐올 앞날에 온 신경이 가 있었기에. 이제는 미래가 거의 정해져 있기에 뒤를 돌아볼 수 있는가.

젊은 시절의 기억들을 하나씩 빼내어, 그 때에 접어 두었던 애잔한 감정들을 불러 본다. 과거의 추억을 즐길 수 있는 시간은 가치 있다.

해야 할 것

선취는 할 수 없다 하더라도, 후취로 인해 후회하게 되지 않는 길은 실행하는 것, 말하는 것, 표현하는 것. 느낌대로 마음껏 하는 것.

문식(文飾)의 역설

인생의 진리(생로병사)는 인간의 눈으로 볼 때 황량하고 가혹하다. 그래서 인간은 그 진리에 문식을 한다.

늙음은 아름답지 않다. 아름다운 늙음이란 없다. 그렇기 때문에 오히려 '아름다운 늙음'이라는 개념을 만들어 내어 적용하는 것이다. 인간이 선량하다거나 인간 사회가 정의롭다는 것도 마찬가지의 경우다. 너무나 그렇지 않기에 그렇다고 문식하는 것이다.

철학하는 한계

철학을 계속하고 싶지만 이제는 더 이상 철학을 할 수 없는가. 이제는 현상 속에서만 희로애락 할 수밖에 없는 나이가 되었는가. 형이상학을 왕성하게 추구할 수 있는 나이는 중년까지인가. 그 이상의 나이가 되면 지적 능력이 쇠퇴하여 어쩔 수 없이 감각의 세계에 머물 수밖에 없는 것인가.

철학, 이 삶의 전장(戰場)에서

사고의 재료

결국 사고의 재료는 현실, 경험의 세계이다. 모든 철학(종교) 간의 차이는 현실을 인식하는 방법론의 차이다. 경험을 떠난 관념의 전개는 공허하다.

그러나 경험조차 관념의 산물이라는 유식론(唯識論)이 진리라면 모든 것은 전도된다. 나는 아직 유식론을 확신할 수 없다. 유식론이 진리가 아니라서 라기보다는 내 인식이 모자라기 때문이다.

◆ ────── ✦ '16. 4. 30. ✦ ────── ◆

현실

직장을 감옥으로 생각할 것인가 아니면 그 속에서 자유를 찾아 즐길 것인가.

지금의 현실에서 자유를 못 찾는다면 어느 시공간에서인들 찾을 수 있겠는가.

세계관

한 인간의 세계관은 그의 세계이다. 너의 세계와 나의 세계 사이에는 여기와 저 하늘의 별만큼의 거리가 존재한다. 세계관이 다르기 때문이다. 그러니 세계관이 비슷하거나 일치하는 사람을 사귀게 되면 얼마나 기쁠까. 그는 또 하나의 나인 것이다.

◆ ────── ✦ '16. 5. 7. ✦ ────── ◆

행복

돈이 없으면 행복하지 않을 수 있지만, 행복은 결코 돈으로 살 수 없다. 돈으로 살 수 있는 명품, 문화, 편리 등은 행복의 극히 일부이다. 그것들 없이도 충분히 행복할 수 있다. 그것들은 행복에 필수적이지 않기 때문이다. 반복하지만 행복은 외물이나 환경에 있는 것이 아니라 내면에서, 마음에서 우러나오는 것.

삶이라는 연기(演技)

무한한 천지와 광음 속에서 우주의 섭리(신)가 운명으로서 잠시 부여한 배역을 나는 오늘도 무심히 연기할 뿐이다.

'16. 5. 14.

코린토스의 밤

에게 해를 베란다에 앉아 감상하다. 일생에 처음이자 마지막일 시공간이다.

여행은 보는 것이 아니라 느끼는 것, 성찰하는 것.

존재의 환상

잠 앞에서 칭얼대는 아이와, 죽음을 두려워하는 자는 무지함에 있어 유사하다. 아이는 잠이 자기 존재의 끝이라고 느끼고 범인도 죽음이 자기 존재의 끝이라고 생각하므로.

수다

비행기 안에서 끝없이 울어 대는 아이나, 주구장창 수다 떠는 아줌마나, 버스에서 애인과 긴 통화를 하는 연놈이나, 타인에게 피해 주기는 마찬가지다.

늙은 여자에게 수다란 존재감의 확인인가. 겨울에 눈 내리는 얘기를 깨달음인 양 얘기하는 자와, 자신의 시답잖은 경험을 재미난 화제인 양 떠들어 대는 자는 상대할 가치가 없다.

매력

사람은 자신의 경험과 기억력에 비례한 이야깃거리를 가지고 있다. 사람마다 차이가 있으나 언젠가는 그것이 동나게 되고 결국은 중언부언하게 된다. 이때가 그의 매력이 다하는 순간이다. 허니문이 끝나는 시간. 진정한 매력은 이야기의 내용에 있는 것이 아니라 순간적 재치와 성실한 태도에 있다.

죽음

300인의 결사대로 페르시아 다리우스 왕의 수많은 군대와 싸우다 전사한 스파르타의 왕 레오니다스의 죽음이나, 후미진 곳에서 병사한 어떤 자의 죽음이나 우주적 관점에서는 같다. 인간적 관점에서는 다른 가치를 부여하지만.

델포이의 밤

산 아래 바다와 마을이 보이는 조용한 산 중턱에서 취하도록 마시다. 마시는 양은 집에서와 비슷할 터인데 왜 이리 들뜨는 것이냐. 외국의 풍광이라는 외견에 의해서라기보다는 내 마음이 들떠서일 것이다. 설악산의 중턱에서 바라보는 불빛이나 여기 델포이의 언덕에서 바라보는 불빛이나 그 무슨 차이가 있을까마는 그 또한 그것을 바라보는 마음의 차이인 것이다.

최고의 상태와 그에 이르는 길

내 평생, 요즘만큼 아무 걱정 없이 시간을 보낸 적이 있었던가. 게다가 해외여행까지. 내 인생 최고의 시간이 맞다. 그러나 마음속에는 그만큼의 기쁨은 솟아나지 않는다. 그저 무고통의 상태일 뿐이다. 내가 찾을 수 있는, 바랄 수 있는 지고의 상태는 이런 것인가. 그렇다. 내가 바라는, 도달할 수 있는 최고의 행복의 상태는 이런 무고통의 상태이다.

명심해야 한다. 이 상황이, 우연에 우연이 겹쳐져 만들어진 최고의 행운이 가져다준 상황이라는 것을. 그만큼 우연의, 기대하기 어려운 확률에 따른 행운의 상황이라는 것을. 외적인 상황에 의존하자면 이렇듯 어렵고 확률 없는 상황이지만, 내적 추구를 통해서는 너무나도 간단히(?) 만들어지는 상황이기도 하다. 그것은 바로, 욕망하지 않고 마음을 비우기만 하면 이루어지는 상태. 그런데 인간은 쉽고 간단한(?) 길을 두고 왜 어렵고 먼 길을 달려가는 것인가. 그것은 두 가지의 무지가 원인일 것이다. 하나는 자신이 바라는 지고의 행복의 상태에 대한 무지. 또 하나는 그 상태가 외적인 것에 의해서만 이루어질 것이라고 생각하는 무지.

보편의 가치

보편의 가치로 볼 때, 큰돈 들여 하는 여행이 더 가치 있는가, 집에서 조용히 보내는 것이 더 가치 있는가. 우열은 없다. 다만 개인의 선호에 따른 차이가 있을 것이다. 보편적 가치가 있다면 그것은 최소한의 육체의 보존을 위한 것일 것이다. 코나투스.

단상

· 감각의 세계에서는 누구나 평등하다.

· 즐길 수 있는 시공간을 상념 없이 마음껏 즐길 수 있는 것도 복이다.

꼰대 구별법

들으려 하지 않는다. - 자기 얘기만 한다.

상대방이 관심 갖는 질문을 안 한다. - 상대방은 없다. 자기만 있다.

'16. 5. 24.

그리스 여행을 마치고

이번 여행은 가지 말았으면 좋았을 여행이었다. 당초 품었던 그리스에 대한 환상이 깨져 버린 여행이었다. 고대 그리스인들의 지혜와 용맹을 본 것이 아니라 노쇠해 가는 모습을 보고 무기력한 분위기를 느꼈다. 그리스는 약동하는 젊은 나라가 아니라 꺼져 가는 늙은이의 나라였다. 모든 것을 신의 뜻으로 돌리는 안일함, 노변에 나와 시시덕거리며 수다 떠는 남자들…. 긴장감이라고는 전혀 없었다. 훌륭한 것은 2,500년 전 유물들뿐이었다.

오십 대의 여행

이제는 여행이라는 환상에서 깨어나야 할 나이다. 여행을 통해 느끼는 즐거움보다는 일상을 벗어난 불편함이 압도적으로 크다. 젊은 날의 호기심도 줄어들고 낭만의 기회도 좀처럼 얻기 어려운 나이다. 이제는 3박 이상의 해외여행은 미친 짓이다. 마음 설레게 하는 이성은 차치하고라도, 동성, 동년배가 없는 여행은 즐거움이 급격히 떨어진다. 결국은 사람과의 여행이기 때문이다. 그리고 여행에서 중요한 것은 보고자 하는 대상이라기보다는, 인정하고 싶지는 않지만, 역시 먹거리라는 생각이 많이 든다.

◆──────────── • '16. 5. 28. • ────────────◆

사랑과 카타르시스

그 노래처럼 우리의 사랑은 처음부터 긴 이별이었고, 나는 아직도 너와 이별하고 있는지도 모른다. 젊은 날의 마음속 빈자리, 공허함, 외로움은 변화하는 상황과 그에 따른 가능성으로 얼마 가지 않고 곧 사라지지만, 중년의 빈자리는 생겨난 그대로 마음속에 남아 있다. 그 빈자리를 바라보는 서글픔 또한 중년만이 느낄 수 있는 고통일 수도 있고 혹은 싸한 쾌감일 수도 있다.

인생사의 미미한 사건인 남녀 간의 이별이라는 것이, 생각할수록 왜 더욱 마음의 파고를 일으키는가. 이별의 카타르시스는 이미 그러한 상황에 놓여 있지 않을 때(시공간적인 경과 후에) 비로소 느낄 수 있다는 것. 카타르시스의 역설.

평정에서의 행동

부족함 없고 마음의 고통이 없는 상태에서 무엇을 더 바랄 것인가. 이 상태에서는 무엇을 해야 하는가. 행한다는 것은 새로운 사건과의 마주침이고 그에 따른 갈등과 심적 동요를 수반한다는 것. 설령 그 감정이 쾌(快)라 하더라도 마음의 에너지를 소비하게 된다. 그렇다면 아무것도 하지 않아야 하는가. 가장 심적 동요 없고 마음의 에너지가 적게 드는 것은 진리(섭리)에 대한 탐구라고 생각된다.

철학, 이 삶의 전장(戰場)에서

도(道)

도는 구하는 것이 아니라 깨닫는 것.

도는 존재하는 대상이 아니라 인식의 대상.

도는 찾아야 하는 것이 아니라 도는 닦아야 하는 것이다.

마음을 닦아 자신의 마음속에 이미 내재한 불성을 인식하듯이.

도는 천지사방에 드러나 있지만, 육안이 아닌 인식의 눈으로만 볼 수 있다.

도는 모든 것을 포함한다.

"도는 X이다."라는 명제는 거짓명제이며, "X는 도이다."라는 명제는 항진명제이다.

꿈 안에서 사건의 발생순서

꿈속에서, 상사가 수강한 내용을 보고하라는 지시를 하고 그 지시에 따라 수강 내용을 복기하는 꿈을 꿀 때, 복기의 내용은 상사의 지시 이전에 꾼 꿈의 내용인가, 아니면 그 지시 이후에 구성된 내용인가. 현실 속에서의 사건의 시간적 배열도 나의 의지와 상관없이 인식되어진 것일까. 다시 말해, 인식은 외부의 것을 그대로 받아들인 것일까, 받아들인 것을 내가 다시 재구성한 것일까. 아무튼 분명한 것은 인식의 수준은 사람마다 다르다는 것.

'16. 6. 9.

의지와 감옥

자신의 의지를 펼 수 없거나 제한을 의식하는 상태가 감옥이다. 즉, 강제적으로 의지를 펼 수 없도록 억압받는 상태도 감옥이지만, 억압도 없으나 스스로 의지를 펴지 못하는 상태도 감옥이다. 자발적 혹은 수동적 감옥. 어쩌면 후자는 소심한 성격의 결과라고 할 수 있다. 그러나 자신의 의지를 강하게 펴려는 성향의 사람일수록 스스로 감옥에 갇힐 확률이 많다. 세상은 의지와 의지의 전쟁터이므로. 결국 의지를 펴려는 성향이 강하지 않은 사람이 자의적, 타의적 감옥에 갇히지 않고 더 많은 자유를 누릴 수 있다. 의지는 곧 욕망이므로.

자신의 성향(성격)에 대한 직시

인간은 자신의 성향을 직시하고 명심하고 또 명심해야 한다. 자신의 성향을 모르거나 간과한 상태에서 성찰 없이 사건에 부딪히면 스스로의 감옥에 갇히게 된다. 부주의함에 대한 엄청난 대가를 치르게 된다. '인간과 성격'은 '자연과 인과율'과의 관계와 같다.

수다쟁이와 코골이

달변이라도 싫다, 말 많은 자는. 인격이 훌륭해도 싫다, 코 고는 자는. 말 많은 것은 정신적인 병이고 코 고는 것은 육체적인 병이다. 낮에는 수다에, 밤에는 코 고는 소음에 지치다.

인생의 무상함

일상(의 지루함)에서 벗어난 불편함을 깊이 경험해야 일상의 소중함을 알 듯, 인생의 무상함을 벗어나기 위해 여러 가지 시도를 해 본 자가 결국 느끼게 되는 인생의 무상함은 시도해 보지 않은 자가 느끼는 인생의 무상함과는 큰 차이가 있다.

어떤 다짐

모든 비난을 감수하고서라도 의지의 자유를 지킬 것!

의지의 자유를 확장시키는 방향으로 살아갈 것.

외물을 향한 의지의 자유가 아니라 나 자신을 향한 자유를 추구할 것.

사람 많이 모이는 자리는 피할 것.

결코 호기심이나 모험심에 혹하여 의지의 자유가 불투명한 장소로 가거나 그러한 상황을 유발시키지 말 것.

해외여행, 1박 이상의 단체여행, 자유가 제한되는 사람과의 장시간 만남, 상위자가 있는 조직에서의 근무, 예의를 지켜야 하는 자리 등은 피할 것.

의지를 펼 수 없는 상황, 또는 타인의 눈치를 봐야 하는 상황으로 들어가지 말 것. 그 상황이 다름 아닌 감옥임을 명심할 것.

자신의 의지를 제어할 수 있다고 착각하지 말 것.

일상의 지루함과, 은둔에 대한 비난을 두려워 말 것. 그러한 지루함과 비난보다는 의지의 속박이 더욱더 고통스러움을 명심할 것.

비사교적이라는 평가와 이기적이라는 비난은 그들의 생각일 뿐, 좋고 나쁨이나 옳고 그름의 대상이 아님을 명심하고 개의치 말 것.

더 이상 자신을 감동시킬 만한 경치는 없으며, 아무리 친한 사람과의 여행도 혼자보다는 불편함을 명심할 것.

언어소통, 낯선 문화의 불편함과 입에 맞지 않는 음식에 대한 고통을 명심할 것.

(여행에서 상상하는) 100가지 즐거움은 (현실의) 1가지 고통 앞에 산산이 부서진다는 것을 명심할 것.

노화의 경향

낯선 상황에 대한 불편함, 익숙한 과거에 대한 집착.

◆───══────────◆ **'16. 6. 25.** ◆════────══◆

동일의 양면

상황의 구조 속에 갇혀 허우적거리며 괴로워하는 인생을 살고 있는가, 아니면 상황의 구조와 상황 너머 인생 전체의 구조를 통찰하는 인생을 살고 있는가. 이 무한한 우주 속에 미미한 개체인 현상적 존재로서의 나를 인식할 것인가, 아니면 우주의 일원으로서 우주와 함께 호흡하고 사고하는 우주 자체인 본질적 존재로서의 나를 인식할 것인가.

단상

· 체감하는 시간의 속도는 익숙함에 비례한다.

· 운명=f(시간). 운명은 시간의 함수이다. 운명은 시간에 따라 변한다.

· 집에서 마시는 술은 온전히 취한다. 남김없이, 증발 없이, 새 나감 없이.

· 내가 할 수 없는 것들에 대해 너그러워져야 한다.

철학자의 관심

철학에 입문하는 자는 자신과 세계에 대해 골몰하게 되며, 그것에 대한 답을 구하지 못하는 한, 타인과의 관계에 대한 문제에는 관심을 둘수 없다.

현자는 자신이 경험하는 대상이 지혜에 관한 것이라면 몰입하고 지식에 관한 것이라면 간과한다.

우연과 필연

우연과 필연은 하나의 사건에 대한 다른 시차적 관점에서의 인간의 판단이다. 발생 이전에서의 모든 사건은 우연이며, 결과로서 바라본 모든 사건은 필연이다.

'16. 7. 16.

나

일체유심조(一切唯心造)의 심(心), 물아일체(物我一體)의 아(我), 유식(唯識)의 식(識)은 개별자가 아니라 전체이다. 즉 브라만이자 아트만. 나는 곧 세계. 세계는 나를 품고 있고 나는 세계를 품고 있다.

나는 월인천강(月印天江)의 월(月)인가 인(印)인가. 월(月)이자 인(印)이다. 이사무애(理事無碍).

철학과 종교

철학과 종교의 차이는 인식과 믿음의 차이. 믿음은 인식할 수 없는 것에 대한 욕망이다. 철학은 인식을 요구하고 종교는 믿음을 요구한다.

철학의 '선(先) 인식, 후(後) 믿음'이 타당한가, 종교의 '선 믿음, 후 인식'이 타당한가.

결핍과 욕망

당신의 욕망은 절대적 결핍에서 연유하는가, 상대적 결핍에서 연유하는가.

- 타당한 욕망인가 불필요한 욕망인가.

행복의 인식

생각해보면 지금이 미치도록 행복한 상황임에도 불구하고 나는 행복해 하지 않고 지루해 하며 살고 있다. 무지의 일면. 자업자득.

사랑의 행로

연애적 사랑은 육체적 사랑으로 귀결될 수밖에 없다. 인간의 경험은 결국 오감을 통해서만 가능하기 때문이다.

부생약몽(浮生若夢)

꿈처럼 떠도는 인생임을 모르고, 땅 위에 발붙이고 있으니 자신의 인생이 견고하다 생각하며, 전혀 의심 없이 살아가는 불쌍한 사람들.

비만

과거의 비만 - 풍요(행복, 쾌락)의 흔적.
현대의 비만 - 결핍(불행, 고통)의 흔적.

최고의 가치

최고의 가치는 의지의 자유. - 금전적 여분을 위해 자유를 저당 잡히지 말 것.

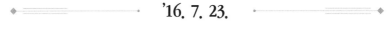

'16. 7. 23.

깨침

어디까지가 마야인가. 절벽에 매달려 힘이 빠져 옴을 느끼며 어쩔 수 없어 고통과 두려움 속에 손을 놓을 때, 나를 조여 오던 은산철벽(銀山

철학, 이 삶의 전장(戰場)에서

鐵壁)이 깨어지듯, 꿈에서 깨어난다. 꿈속에서의 나와, 나 외의 모든 것은 마음속 아뢰야식(阿賴耶識)에서 생성된—나 그리고, 내가 스스로 설정한 상황과 무대인—견분(見分)과 상분(相分)이 아니던가.

지금 잠에서 깨어 오감으로 느끼고 있는 현실과, 그 상황과 시공간을 살며 느끼는 칠정(七情)도, 사실은 꿈속에서와 같은 마야가 아닐까. 그러한 현실 같은 마야의 구조를, 마야의 상황을, 깨치고 통찰하는 것이 선불교의 핵심이 아닌가. 지금 느끼고 있는 생생한 기쁨과 고통도 생을 통과한 죽음의 시점에서 보면—인생이라는 긴 꿈에서 깨어나는 시점에서 보면—마야인 것이다.

이제는 꿈속에서도 그 상황이 꿈임을 간혹 알아차릴 수 있게 되었다. 마찬가지로 지금 경험하는 생생한 현실이 영원한 현실이 아니라 결국 (어느 시점에서는) 꿈이라는 것을 깨친다. 범인이라면 죽음의 순간에서야 후취할 수밖에 없는 깨침을, 불교의 고승은 생전에 선취했다.

그러고 보면 현실에 대한 모든 학문과 노력은 얼마나 허망한 것인가. 깨치지 못한 자는 얼마나 하찮은 고민에 사로잡혀 고통스러워하는가. 꿈인 줄 모르는 꿈속에서….

'16. 7. 30.

단상

· 세상의 일은 왜 이리 달려드는가, 왜 그리 쉽게 날 끌어당기는가. 반면, 정신적인 사유는 왜 이리 먼가, 왜 이리 다가서기 힘든가.

· 돈 있는 자에게 돈으로 해결할 수 있는 일은 쉽다. 돈 없는 자에게는 너무나 어려운 일이지만.

· 자신의 존재함에 감사를 느낄 때 인간은 가장 겸손해진다.

- 행복의 정체(停滯), 권태를 느끼는 자에게 필요한 것은 더 진한 행복이 아니라 고통이다.
- 꿈속에서의 견분과 상분은 모두 자아의 분화. 꾸짖는 상대도 나요, 듣는 주체도 나. 유식사상은 꿈속에서는 잘 적용된다. 현실에서는? 현실도 결국은 꿈!
- 사회적 위험을 감수하고서라도 가정을 지키는 자는 역경이 왔을 때 최후의 지원자가 누구인지를 아는 자이다.

회한

자신의 미흡한 행동, 무심코 한 실수 등에 대한 회한은 자신이 부당한 일을 당했을 때처럼 분노에 가깝다. 기억의 마모와 함께 그 감정도 마모됨이 다행이다. 그런 행위에도 무심하려면 어느 정도의 힘, 또는 내공이 필요할까.

몰입과 집착

상황 속에 너무 몰입해 버리는 나, 그로 인해 걱정하고 후회하는 나. 매 순간 연기에 최선을 다하더라도 자신은 배역이 아닌 배우임을 잊지 않는 능력은 어디서 오는 걸까. 열악한 상황에서도 농담하고 장난칠 수 있는 여유를 가진 자가 부럽다. 관조하면 별것 아닌 사건에도 지나치게 신경 쓰게 되는 것은, 지나간 사건에 대해 몰입하여 헤어 나오지 못함은, 너무 안락한 생활 가운데 있기 때문일까, 성격 때문일까, 신경쇠약일까. 이런 마음이 심해지면 숲 전체를 보지 못하고 숲속에서 길을 잃게 되는 것이리라.

철학, 이 삶의 전장(戰場)에서

상념

요즘은 허송세월하고 있다. 정신적 진보가 없는 삶이다. 허송하지 않는, 후회 없는 삶은 어떤 것일까. 다시 원점에서 생각해야 한다.

사람들의 훌륭한 존재가 될 것인가, 섭리조차 관조하는 훌륭한 인식자가 될 것인가.

대자유

육체는 섭리의 구조를 벗어날 수 없지만, 정신은 섭리를 뛰어넘어 그 자체를 관조해야 한다. 섭리 안에서, 인과율, 자연의 법칙, 운명의 변화 등에 대한 인식과 깨달음도 중요하지만, 그것만으로는 자유로워질 수 없다. 그러한 스토아의 현인들이 얻었던 자유는 운명/고통의 수용/포기로서 얻어진 수동적인 자유였다. 즉, 섭리와 운명의 구조 안에서 얻어진 자유이다.

진정한 대자유는 섭리와 운명을 초월하여 그것을 관조하는 경지의 자유이다. 어떻게 이 윤회의 굴레를 벗어날 것인가. 어떻게 이 섭리의 구조를 벗어나 섭리 자체를 관조, 통찰할 것인가.

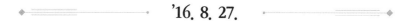

자유로운 삶

의지를 방해하는 상황에 처하지 않든지, 의지를 없애든지.

철학과 종교

종교는 하나의 철학이다. 그 철학을 어떻게 풀어내는가에 따라 종교

(신앙)가 될 수도 있고 철학으로 남을 수도 있다.

여름과 가을

한 차례의 비로 지루하게 무더웠던 여름이 가고, 한 잎 낙엽이 가을의 한복판에 서게 했다.

안타까움

시간에 따른 물체의 운동의 흐름을 예측하지 못하는 아이나 장애인을 사람들이 안타까워하듯, 한순간 앞의 운명을 모르고 행동하는 인간 자체가 안타깝다.

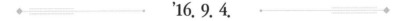

'16. 9. 4.

생의 미래가치

소아암이 걸려 3년의 생이 남은 아이, 암으로 5년이 남은 성인, 치매로 10년을 살아야 하는 노인, 그들의 미래는 무엇이며, 나라면 누구의 삶(미래)을 선택할 것인가. 새로운 것을 발견하고, 느끼고, 인식하는 삶, 그리하여 자신의 생의 시간이 소중하여 죽음이 안타까운 인생을 사는 자의 미래가 가장 가치 있다. 새로움 없는, 권태로운 삶은 미래가치가 없다.

행복의 조건 중에서 생의 기간이라는 시간의 중요성은 얼만큼인가. 오래 살면 행복한 것인가. 타오르는 불꽃같은 짧은 생과 지루한 긴 생 중 어느 쪽을 택할 것인가.

원하는 것

어떤 철학을 새로운 시각으로 멋지게 풀어내는 인간을 만나고 싶다.

철학, 이 삶의 전장(戰場)에서

내가 아는 노래일지라도 자기만의 개성으로 멋지게 부르는 가수를 만나고 싶다. 희미하게 보이던 사물들을 또렷이 보이게 하는 안경 같은 인식의 틀을 갖고 싶다.

책과 죽음

책장에 꽂혀 있는 두꺼운 철학책들을 보니 나의 죽음이 교차된다. 죽을 때까지 읽지 못한 채로 남아 저 위치에 그대로 꽂혀 있을 것이라는 생각으로. 나보다 분명히 더 오래 남아 있으리라는 생각과 함께.

'16. 9. 17.

단상

· 추석 달빛 아래 백마역이 동그랗다.
· 조추(早秋)의 양광(陽光) 속에 부는 산들바람 따라 내 인생도 간다.
· 깨달음과 깊은 믿음의 차이는?

마음에 대한 정리—유식(唯識)

무엇을 볼 때 자아(나)가 보는 것이 아니라 식(마음)이 보는 것이다. 정확히 말하면 마음이 대상과 접촉하여 보는 마음과 보여지는 마음으로 나누어진다. 따라서 '나'가 있는 것이' 아니라 일시적으로(대상과 접촉 시에만 나타나는) 보는 마음이 있을 뿐이다. 즉, 의식에 존재하는 것(주객)은 모두 마음이다(一心). 의식은 '마음' 속의 일부를 '나'라고 착각한다. '나의 마음'이라는 말은 오류다. 모든 것들이 나타나는 화면은 의식(육식, 六識)이다.

하이쿠 중에서─무심한 대상을 통한 감정의 표현

말 터벅터벅 / 날 그림으로 보는 / 여름의 들판

풀 베개 신세 / 개도 겨울비에 젖나 / 밤의 목소리

고요함이여 / 바위에 스며드는 / 매미의 소리

오랜 연못에 / 개구리 뛰어드는 물소리 / '텀벙'
- 만고장공 일조풍월(萬古長空 一朝風月)

겨울날이여 / 말 위에 얼어붙은 / 그림자
- 이상 마쓰오 바쇼

아름다워라 / 종다리 울음 울던 / 하늘의 흔적
- 고바야시 잇사

어떻게 살아야

오십 년을 살았으면 오래 사는 것에 대한 미련은 버렸을 터, 지금 이런 식으로 살아가는 것이 과연 좋은 것인가. 좀 더 진지한 길을 가야 하는 것 아닌가. 그러나 좋아 보이는 삶이 막상 가 보면 아닐 수도 있다.
- 불안한 행복 vs. 안정된 권태

원리

우주의 원리는 연기법, 인간관계의 원리는 Give and take. 최소한 이 원리는 지켜져야 한다. 부모 자식 간이라도. 포틀래치.

종교와 철학 사이에서

종교 없는 철학은 공허하며 철학 없는 종교는 맹목이라면, 그 두 길을 다 갈 수 없을 때, 나는 차라리 맹목의 종교의 길보다는 공허한 철학의 길을 가겠다.

구질구질한 정리

구질구질한 얘기지만 정리할 필요는 있다. 남자 오십 대, 먹고살 만하다고 하자. 내가 원하는 어느 여자가 나와 만날 것이며 더욱이 나와 사랑을 나눌 것인가. 내가 원하는 사랑은 이미 불가능하다. 사랑은 이미 다녀갔다. 정리하자. 생각을 접자.

원하는 것

역설적이지만, 진정 원하는 것이 있다면, 그것이 사랑이건 지위건, 그것 없이도 살 수 있어야 한다. 그렇지 않다면 그것에 집착하게 되고, 그것의 노예가 될 뿐, 그것을 얻을 수 없다. 역으로 말하면, 그것 없이 살 수 없는 것은 진정 원하지 말아야 한다는 것이다.

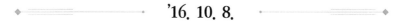

'16. 10. 8.

칠순

친척 어른의 칠순 잔치, 죽음에 다다른 기념식. 그 칠순에 나를 투영한다.

어떤 인생을 살았는가, 어떤 인생을 살고 싶은가.

－ 상처 아문 인생? 상처 없는 인생?

자유의 배경

시간과 의지의 자유를 얻었다고 할 때, 그것을 인식하고 느낄 수 있게 하는 배경―즉, 새를 날게 할 수 있는 공기의 저항―은 무엇으로 삼을 것인가. 나의 의지를 펴서 나의 행복을 위한 삶이 아니라, 내가 타인을 위한 배경이 되는 삶을 사는 것이 그것일 수 있다. 타인의 배경이 되는 삶이, 내 삶의 배경이 되어야 한다.

응시

온 천지에 세밀하게 그려진 분별의 선들을 한꺼번에 지우고 세계를 바라보라.

A와 B를 구별하여 알지만, A를 A로 생각하지 않고 B를 B로 생각하지 않다.

가을 산책

청량한 가을 아침, 천국을 산책한다. 이 신선함, 자유로움. 천국이라 해도 더 이상 바랄 것은 없다.

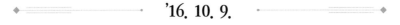

'16. 10. 9.

단상

· 꿈은 실제보다 더 견고하다. 실제에서는 나의 의지를 펼 수 있지만, 꿈속에서는 의지를 펼 수 없다.

- 모든 것(사건)은 우주의 섭리이기에 합리적이다. 다만 인간의 이해 부족이 섭리를 인식하지 못할 뿐이다.
- 책은 계륵이다. 술술 읽히는 책은 읽을 필요가 없고, 깨달음을 얻는 책은 빽빽하다.
- 스마트폰, 그것은 인간의 영혼을 들이키는 물건. 그것에 취한 사람들.

딱지, 구슬, 돈

어릴 적에 딱지와 구슬에 미치듯, 성인이 되어서는 돈에 미친다. 성인이 되어 되돌아볼 때 어린 시절의 딱지와 구슬은 아무것도 아닌데, 생을 마감할 때 돈은 나에게 어떤 것으로 남을까.

'16. 10. 16.

인식 또 인식

태어남, 삶과 죽음, 그리고 그 태어남 이전의 나를 생각하며 나는 내가 섭리 자체임을 깨닫는다. 태어남 이전에 수많은 원자로 흩어져 있던 나도, 섭리에 의해 태어난 나도, 지금 생각하고 있는 나도, 얼마 후 죽어 다시 수많은 원자로 흩어질 나도 본래 우주요, 우주의 섭리다. 단지 지금의 나는 다행히도 그것을 인식할(깨달을) 뿐이다. 인식과 동시에 나는 섭리가 된다. 그것을 인식하는 순간 나는 그것이 된다. 기존의 나는 사라지고 '섭리인 나'라는 깨달음만이 존재한다. '브라만'으로서의 '아트만'만이 존재하는 것이다.

이 세계에 태어남과 동시에 나는 배우가 된다. 수많은 가면 속의 나, 그리고 가면을 벗은 나는 아트만. 생사와 무관한, 존재의 유무를 초월한, 아트만. 섭리에 의해 태어나 존재하는 나, 그리고 섭리에 의해 존재하는 모든 것은 섭리 그 자체. 즉, 이 우주에는 섭리 외에는 아무것도 없다. 모든 것은 섭리이며 그것을 인식한 자는 바로 섭리 그 자체인데 그것을 인식하는 자는 극히 소수다. 그 인식이 가능한 것도 인간으로 태어났을 때뿐인데….

참나를 찾다. 존재와 인식은 하나다.

스스로 섭리임을 인식하는 자는 섭리로 존재한다.

이 깨달음을 얻는 것은 어렵다. 그러나 자신의 여러 수준(근기)의 생각들을 이 깨달음으로 통합하여 실천하는 것은 더욱(드물고) 어렵다.

존재 없는 인식은 공허하며 인식 없는 존재는 맹목이다.

"직관 없는 개념은 공허하며 개념 없는 직관은 맹목이다."

- 칸트

단상

· 주객/분별은 생각의 작용, 생각을 멈추면 자아가 사라지고 자아가 사라지면 이 세계 모든 것은 하나.

· 우주의 섭리를 부처는 한마디로 요약했다. 연기(緣起).

· 어떤 대상을 인식하려면 그 대상에 대한 선지식이 있어야 한다. 그렇지 않다면 인식할 수 없다.

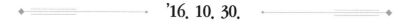

'16. 10. 30.

상대의 소유

상대를 소유하려는 한, 상대를 소유할 수 없고, 소유하려는 욕망을 버릴 때, 그 욕망이 사라진 자리에 상대가 들어온다.

철학, 이 삶의 전장(戰場)에서

교육에 대하여

부모가 경험한 좋은 길을 자식에게 강요하는 것은 자식들이 스스로의 미래를 만들어 가는 기회를 박탈하는 것이다. 즉, "자기 고유의 길을 찾아가며, 자기에게 놀라워할 수 있는 인간적 삶의 권리"를 박탈하는 것이다.

'16. 11. 5.

선취

인간이 선취할 수 있는 것은 시간에 따른 운명의 변화가 아니라, 그 운명의 변화를 맞이하는 자세뿐이다.

산책

가을 오후, 산책과 함께 죽음을 숙고하며 삶의 환희를 두 배로 느끼다. 청량한 날씨가 주는 환희와, 죽음과 대비되어 더 선명하게 느껴지는 '살아 있다'라는 환희.

무용한 숙고

신, 자아, 영혼에 대한 숙고. 상상 속에만 존재하는 것을 숙고하는 것 자체가 무용한 일 아닐까.

유예된 죽음

언제라도 나를 나락으로 빠뜨리는, 또는 죽음으로 내몰 수 있는 위험이 주변에 널려 있음을 알아야 한다. 각오해야 한다. 그것들을 초월하는 자세를 연습해야 한다. 평안은 사고의 유예 상태이며 삶은 죽음의 유예 상태임을 깨달아야 한다.

오류와 처벌

목적의 오류와 수단의 오류, 어느 것 하나에 의해서도 처벌받아야 한다.

감정

팔고(八苦)의 사건 앞에서 내가 느끼는 감정은 사건 자체에 대해서가 아니라, 결국은 그렇게 되고 만 운명에 대해서다.

인생이 즐거운 자는 윤회를 믿고, 인생이 괴로운 자는 해탈을 추구하라.

인식

나의 인식은 나의 내부와 외부의 것(세계)이 만나서(연기하여) 이루어진 덩어리. 그 덩어리는 내부와 외부로 분리할 수 없다.

자아

자아는 의식이 만들어 낸 것이 아니라 무의식(아뢰야식)에서부터 만들어지는 것(불교 철학).

깨달음

어떤 것을 인식하는 순간, 그 자신은 이전의 그가 아니며, 결코 그 이전처럼 살 수 없다는 것, 이러한 인식이 깨달음이다.

삶의 의미는 죽음이라는 배경에서 숙고되어야 한다.

2017

원하는 삶

우연히 이 세계에 인간으로 생겨 나와 이제까지 살았고 이렇게 우주의 조화와 나의 생을 통찰할 수 있는데 더 이상의 바람이 무엇이겠는가. 그저 억지로 하지 않고, 세상을 물끄러미 바라보고 살 수 있었으면.

죽음 앞에

죽음 앞에 두렵거나 외롭지 않아야 한다. 죽음 앞에서는 누구나 혼자라는 사실을 직시해야 한다. 나의 본래 상태는 자연의 원소임을 알아야한다. 죽음은 절멸이 아니라 자연의 원소로 돌아가는 것임을 확신해야한다. 느닷없이 내 삶을 절단하는 죽음이 닥쳐도 의연할 수 있도록 나의 죽음을 미리 정리하고 있어야 한다. 운명의 순간이 닥쳤을 때, 이미준비된 상태여야 한다. 죽음을 간과한 채, 잘 살기를 기다리는 동안, 삶은 지나가 버린다.

자유와 안정

불행할지도 모르는 자유와, 부자유한 안정 가운데 어떤 길을 선택할것인가. 최소한의 안전장치가 있다면 전자를 택할 것이다. 그러나 내가진정한 실존주의자 또는 스토아 철학자라면 조건 없이 전자를 택할 것이다. 철인에게 무엇보다도 중요하고 가치 있는 것은 자유이기 때문이다. 그러나 사람들은 다소 불편할 수도 있는 자유보다는 노예적인 상태일지라도 안정과 안락을 택한다. 자유로운 시인보다는 예속된 샐러리맨을 원하는 것이다.

〈폐원(閉園)〉을 읽고

문득 이문열의 단편 〈폐원〉이 생각나 찾아 읽었다. 이루지 못한 애절한 사랑 이야기. 이 단편을 읽으면 늘 가슴 시리다. 이룰 수 없음을 이미 알고 하는 유성(流星) 같은 사랑. 만나고 있어도 불안했고 슬펐다. 어차피 내 사람이 될 수 없는 상대와의 공허한 사랑이기에.

사랑했기에 아직도 감정이 남아 있는 연인이 다른 사람과 결혼하게 되었을 때의 느낌…. 보내고 싶지 않지만 잡을 수도 없는 현실 앞에 다가오는 무력감.

환경에의 의지

토요일 밤은 흥취가 일요일 밤은 우수가 찾아온다. 다음 주도 같은 생각을 반복할 것이다. 그러다 언제쯤은 그치고 또 다른 것을 반복할 것이다. 환경에 지배받는 자의 인생이란 본래 이런 것 아니던가. 예견되는 인생이 아닌 다른 삶을 살려면 어떻게 해야 하는가. 그런 삶은 가능하기나 할까.

닥친 죽음 앞의 삶

현재를 살아야 하고 현재를 살 수밖에 없다. 행복과 고통의 시간은 알 수 없는 운명대로 교차되고 결국 모든 것은 자연으로 돌아가게 되어 있다. 그렇다고 고통을 대비하며 죽음을 생각하며 전전긍긍 살아야 하는가. 내일 종말이 온다는 것을 알더라도 오늘은 사과나무를 심어야 하는 것, 현재를 즐기는 것이 가장 현명하다. 결국은 미지의 운명이 나를 데려가리니, 아직은 오지 않은 운명에 감사하며 내일 걱정 않는 어린아이처럼 오늘을 사는 것이 최선이다. 그러다가 문득 자연으로 돌아가면 그뿐.

그러나 우리는 죽음이 내일 닥칠지라도 오늘은 여전히 이해타산을 따지고 합리적인 생각을 한다. 죽음이 모든 것을 다 거두어 간다는 사실을 알면서도 현실에 사로잡혀 있다.

(형이상학적) 대상에 가까이 가면 인식할 수 없고 그 대상에 대해 숙고할 수 없다. 죽음도 마찬가지다. 죽음이 가까워 오면 죽음을 생각할 수 없을 것이고, 생각할 수 있다 해도 생각하기 싫을 것이다. 그래서 죽음을, 아직 멀리 있다고 생각될 때, 정리해야 한다.

'17. 2. 4.

무거운 마음

왜 마음이 이리 무거운가. 현실에 너무 몰입해서인가, 너무 멀리 떨어져서인가. 전자라면 현실에 너무 집착해서 마음이 무거운 것이니 더욱 비워야 하고, 후자라면 너무 생각에만 사로잡혀 있으니 무거운 마음(우울증?)이 생기지 않도록 소일거리가 필요하다. 지금은 두 가지 다 필요하다. 어제는 모든 것을 잊고 즐거웠는데 오늘은 머릿속이 다시 가득 차다.

지금 내 머릿속을 채우고 있는 걱정들…. 옛 스토아 철학자나 에피큐리언은 이 상황에 처한 나를 보고 무슨 말을 했을까. "배부른 돼지!"라고 했을까. 생각해 보면 모두가, 소유했기에 생기는 고민들…. 오히려 감사해야 할까. 마음의 평화를 위해 더 버려야 할까. 모든 것을 정리하고 은거하는 불교적 삶이 평화롭고 행복할까, 아니면 상처를 입은 채로 고통과 고민 속에서도 평정을 찾으며 살아가는 스토아적 삶이 참삶일까.

불교적 삶을 꿈꾸더라도 스토아적 삶을 두려워하지 말자. 초월적 관점에서 두 삶은 우열이 없고, 다만 삶을 겪는 자신의 마음에 우열이 있을 뿐이니.

인식의 수준

언어로 전하는 참뜻을 인식했다는 것은 이미 그러한 선경험과 선지식을 갖고 있다는 것이다. 화자는 자신의 경험과 지식만을 전하고 청자는 자신의 경험과 지식만큼만 인식할 뿐이다. 아는 만큼만, 경험한 만큼만 인식한다. 인식의 수준은 그의 수준이다.

참교육

달리기를 하는데 왜 순위를 정하는가. 그저 달리기가 즐겁다는 걸 가르쳐 주면 되는 것을. 공부를 하는데 성적은 왜 따지는가. 진리를 배우는 즐거움을 느끼게 해 주면 되는 것을. 그러한 교육은 자본주의, 경쟁사회 관점에서는 실현될 수 없는 낭만적인 교육이지만, 참교육이다.

'17. 2. 18.

삶과 분리된 죽음

나는 왜 작은 전투의 승리에서 기뻐하는가. 어차피 최종 전투에서는 패배할 것인데. 죽음을 앞에 두고도 현재에 만족할 수 있을까. 현재에 살라고, 현재를 기뻐하라고 말하지만, 이 또한 죽음을 가리는 꼼수가 아닌가. 무엇이건 간에 그렇게 치장해야만 하는 삶이 슬프다.

깨달음

자아가 주체가 되어 세계를, 자아와의 이해관계의 대상으로 바라볼 때, 인생은 고통뿐이다. 자아 없이 우주 섭리의 관조자로서 자아와 세계를 모두 대상으로 바라볼 때, 인생은 덤으로 주어진 즐거움이다.

깨달음은, 존재론적으로는 자신이 우주 구성요소의 일부임을, 형이상학적인 면에서는 자신이 우주의 섭리 안에 포함되어 있음을 인식하는 것. 자신의 의지를 펴는 것이 아니라 섭리와 운명 속으로 스며드는 것.

자본주의와 윤리

본래 자본주의 자체에는 윤리가 없다. 윤리는 자본주의를 운용하는 인간에 속한 것이다. 그러나 인간이 자본주의에 의해 운용되면 윤리는 묻혀 버리고 만다.

단상

· 고통과 성찰 없이 나이 먹는 인간은 분노, 광포, 불인(不忍)에 빠지기 쉽다.
· 몸과 마음이 동시에 편한 때는 드물다.

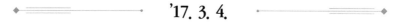

'17. 3. 4.

소유에의 초월

소유의 기쁨과 그 기쁨을 지키기 위한 고통, 원인(소유)과 결과(고통), 현자는 인과의 계열 전체를 통찰하여 소유에 집착하지 않지만, 범인은 원인인 소유만을 생각하고 결과인 고통을 외면한 채 소유에 집착한다.

까닭 모를 우수

이 우수는 무엇에서 연유한 것일까. 로또가 당첨되어 20억 원이 생긴다면 해소될까. 죽음이라는 현 존재의 절멸에서 오는 걸까. 이러한 우수를 벗어나기 위해 내가 원하는 것은 무엇인가. 쾌락? 무고통? 심리치료사와의 대화? 분명한 것은 다른 생각을 못 할 정도로 바빠야 한다는 것. 그러나 마누라의 한 마디에 머리가 띵하면서 모든 우수가 날아갔다.

"갱년기야!"

'17. 3. 18.

나의 인식

나는 눈에 보이는 별만을 인식할 뿐이다. 그러나 보이는 별은 극히 일부이다. 보이지 않는 우주의 별은 모래보다 많을 것인데…. 구조적 한계를 넘는 통찰적 인식이어야 한다.

시지프의 삶과 우리의 삶

시지프에게 있어서 문제는 바위를 밀어 올리는 힘듦보다는 다시 밀어 올려야 하는 상황의 반복일 것이다. 우리의 삶은 어떤지. 시지프의 삶과 차이가 있는가.

종교와 철학

종교는 의지하라고 하고 철학은 자립하라고 한다.

철학은 목적 그 자체가 되어서는 안 된다. 철학은 어떤 목적을 위한 수단일 뿐이다. 철학은 행복한 삶의 도구일 뿐이다. 철학이 해결해 주는 것은 아무것도 없다. 스스로 해결해야 하는 것이다. 그런 의미에서 불가(佛家)는 종교가 아니라 철학이다. 그러나 복과 해탈(구원)을 얻으려는 인간의 욕망은 불가를 종교화한다.

시공간에 갇힌 나

내 인생의 하루가 또 이렇게 속절없이 갔다. 결국 나도 다가오는 죽음의 그림자를 보고서야 정신을 차릴 것인가. 매일을 이렇게 소모할 것인가. 물리적인 하루가 아쉽다. 깨달은 자에게는 '매일이 고마운 덤'일 것인데, 깨달은 자는 시공간 밖에 있는데…. 생에 집착하지 않음에도 나의 하루는 왜 이리 아쉬운 것이냐. 아직 멀었다.

◆━━━━━━◆━━━ **'17. 4. 1.** ━━◆━━━━━━◆

갇힌 의식

삶 속에 갇혀 있는 의식은 고통의 원인이다. 의식 없이 사는 것보다 못하다. 의식은 삶을 관조할 수 있을 때 비로소 평정이 된다.

철학자의 특징

철학자의 특징은 세상을 비웃는다는 것. 자신은 이미 생사를 초월했기에 잘 살려는 욕망에 버둥거리는 인간들을 비웃는 것이다. 키니코스학파, 디오게네스가 그러했던 것처럼. 시니컬함은 철학자의 특징이자 매력.

그러나 범인의 칠정은, 공감해 주고 토닥거려 주어야 하는 동정의 대상이다.

욕망과 자본주의

욕망은 자본주의 발전의 원동력. 자본주의라는 엔진의 연료. 자본주의의 발전을 통해 욕망이 실현되면 인간은 행복해지는가. 자본주의라는 도그마를 따라 사는 것이 과연 행복할까.

철학, 이 삶의 전장(戰場)에서

무지

무지한 자들은 자신이 모르는 주장이나 얘기에 대해서는 극렬히 배척한다. 이해하지 못하는 자신의 무지는 반성하지 않고 남이 옳지 않다고 우긴다. 무지한 자는 성찰하지 않는다.

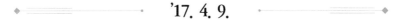

'17. 4. 9.

친구 딸 결혼식

피로연에서 술 마시는 놈은 나 하나. 오랜만에 친구들을 만나 옛정에 취하고자 했던 나는, 살짝 모자란 놈이 되었다.

단상

· 쾌락의 길보다는 고통 없는 길을 택할 것. 권태 없는 무고통의 길을.

· 집착 없는 열정 vs. 권태 없는 평정

· 예수 믿고 구원 얻으시오! - 내가 이미 온 우주인데 예수가 뭔 필요 있겠소!

· 스스로 깨달았다고 생각한다면 어찌하여 범인의 삶의 방식에 연연하는가.

일정계획

대부분의 일정계획은 권태를 벗어나기 위한 것이며 동시에 자유를 반납하는 것이다. 자유를 즐길 능력이 없는 자는 자유에 내포된 권태를 두려워하기 때문에, 권태뿐인 자신의 자유를 피한다.

진리와 진실

진리는 우주(섭리)에 관한 것이고 진실은 인간(관계)에 관한 것이다. 그래서 진리는 아름답지만 대부분의 진실은 아름답지 않다. 때로는 추악하다.

◆ ━━━━━━━━━━ ◆ **'17. 4. 15.** ◆ ━━━━━━━━━━ ◆

죽음의 몇 걸음 앞에서

죽음에 한 발자국씩 다가가는 나이, 그동안 인생을 배우느라 노력했으니 이제는 인생을 즐겨도 되지 않나 싶다. 이제까지는 깨달음에 치중했다면, 이제는 깨달음과 즐김을 함께 추구하자. 가까이서 내게 손짓하는 죽음을 바라보며 지금 살아 있음을 즐기자. 더 이상 내일을 대비하지 말고 오늘을 즐기자.

죽음은 삶에 취한 범인에게는 억울함이고, 슬픔이며, 깨달은 자에게는 기쁨일 것이다. 곧 나에게도 죽음이 기쁨이 될 것을 믿는다. 그리고 내가 죽음 근처까지 갔을 때, 나의 죽음이 내 손에 부쳐지기를 간절히 바란다. 그때 내 정신이 명료하기를….

◆ ━━━━━━━━━━ ◆ **'17. 4. 22.** ◆ ━━━━━━━━━━ ◆

생과 멸에 대하여

사라져 가는 것들에 대해, 죽어 가는 것들에 대해 슬퍼하지 말라. 오히려 탄생하는 것들에 대해 슬퍼하라. 섭리는 죽어 가는 것이나 탄생하는 것이나 고르게 적용되는 것이므로. 또한 생의 고난을 다 겪고 가는 자가 새로이 고난을 겪을 자보다 평안하리니.

통찰

　나타나는 섭리에 대해 속단하지 말라. 당장은 불리하고 고통스러울지라도 긴 시간을 통찰하면 오히려 감사한 일일 수도 있으므로.

희망 사항

　죽을 무렵까지 책을 읽으며 살 수 있으면 좋겠다.
　- 평안한 상태가 아니면 책이 읽혀지지 않는다.

　얼마 남지 않는 생, 느리게 살기, 시공간을 즐기며 살기.
　- 바삐 사는 삶의 속도에 비례하여 남은 시간도 빨리 지나간다.

　두려운 것은 인간의 광기. 오히려 신이 관여하는 세상이었으면.

섭리에 동참하라

　시선과 사유를 너 또는 네 주변에 두지 말고 대자연, 전 우주에 두라. 통찰하고 사유하라. 사라지는 모든 것은 다른 태어남으로 대체된다. 자신도 그러한 대체된 태어남의 하나였으니 기쁘게 죽음을 받아들이라. 섭리에 동참하라. 그럼으로써 섭리의 일부가 되라.

섭리의 범위

　창조와 파괴, 탄생과 소멸을 포함하는 섭리의 한계는 없다. 한 나라의 멸망, 지구의 멸망을 넘어 은하계의 사라짐과 그 이상도 섭리의 일부일 뿐이다.

책

어린아이가 장난감을 사 모으듯 책을 사 모은다. 책은 나의 장난감이다. 그러나 쌓여진 장난감 중에 상당수는 가지고 놀아 보지도 못하고 죽을 것이다.

◆———————————— **'17. 4. 29.** ————————————◆

현자의 생각

현자의 생각은 구름 위에서 노닐다가, 사람들과의 대화가 필요할 때는 바닥까지 내려왔다가 다시 올라가곤 한다. 마치 어른이 아기의 얘기를 들어 주고 맞장구치듯이.

속마음

회사를 언제 그만두실 생각이세요? - Right now!

시간에 대한 한계

3일 연휴가 가져다주는 시간적 여유로 인한 풍요로움. 통찰 없는 인간이 연휴에 대해 생각하는 것은 그 이상도 그 이하도 아니다. 그러나 통찰하는 인간도 별반 다르지 않다.

노인

공공장소에서 주변을 아랑곳하지 않고 자기주장을 떠드는 노인은 보기 싫다. 젊을 때에는 보통 그렇게 떠들지 않지만, 대부분 노인이 되면 점점 몰염치하게 된다. 따라서 적당한 때에 죽는 것도 자연에 비추어 볼 때 나쁜 일은 아니다.

죽음에 대하여

죽음은 정신과 몸이 서로를 떠나는 것.

죽음보다 두려운 것은 몸이 정신을 떠나는 것.
- 문득 깨어났을 때 몸이 움직여지지 않는다면?

그보다 더 두려운 것은 정신이 몸을 떠나는 것
- 내 몸을 지배하는 것이 나의 제정신이 아니라면?

주관적으로 보면 나의 죽음과 함께 나의 세계도 사라진다. '객관적으로 보면 나의 죽음과 함께 이 세계는 사라지지 않는다.'라고 말할 수는 없다. 나는 객관적인 나의 죽음을 인식할 수 없기 때문이다. '나의 객관적인 죽음'은 관념일 뿐이며 나는 '나'의 죽음이 아닌 '그'의 죽음을 객관적으로 볼 수 있는 것이다.

범아일여의 입장에서는 죽음은 하나의 현상일 뿐이다. 본래 생겨난 것도 없고 죽음과 함께 사라진 것도 없다. 변화에 대한 언어적 표현만이 있을 뿐이다. **우리는 무심한 현상에 언어라는 관념의 옷을 입혀 희로애락 한다.**

정의와 불의

언제나 불의는 이익을 향해 날쌔게 달리지만, 정의는 제 갈 곳을 모른 채 절뚝거리며 방황한다. 불의는 나를 앞서가 내 앞에 양탄자를 깔아 놓지만 정의는 나를 인도하지 않는다. 내가 힘들게 끌고 가야 한다. 불의는 영리한 하인이지만 정의는 모셔야 할 상전이다.

죽음 앞의 삶

원하는 대로 고통 없이 가끔 즐겁게, 하루하루를 산다고 하자. 그렇게 이어지는 나날을 무심코 보내다 보면 어느새 죽음 앞에 설 것이다. 그렇다면 그동안 온화했던 나날들은 무슨 의미가 있을 것인가. 결국 밋밋한 그저 그런 시간의 연속 가운데 끝나는 것 아닌가. 죽음을 앞에 후회하지 않으려면 어떤 하루를 살아야 하는 것인가. 하루하루를 즐기는 삶을 살아야 하는가, 아니면 어떤 (경제 활동과는 무관한) 목표를 이루기 위해 도전하는 삶을 살아야 하는가. 성찰을 놓치지 않는다면 맥없는 전자의 삶보다는 후자의 삶이 더 좋겠다. 그러기 위해서는 지금 무엇을 해야 하는가. 무엇을 생각해야 하는가. 육체의 유지를 위한 경제 활동의 고민에서 어느 정도 벗어나 있다는 것이 얼마나 다행인가. 그 고민 안에 갇혀 있는 한 모든 형이상학적 생각은 자리 잡을 틈도 없을 테니.

죽음을 두려워 말라. 치욕스러운 삶을 두려워하라. 육체적 정신적 죽음의 장벽을 허물어야 한다. 한시라도 건너갈 수 있도록 매끈하게 닦아 놓아야 한다.

울음

젊어서는 부모의 마음을 뒤늦게 알아 울고, 나이 들어서는 마음을 몰라주는 자식 때문에 운다.

행복감

과거와 현재에 소유한 것들을 잃지 않으려는 마음, 미래의 잠재 가능성에 대한 집착, 마주치는 고통에 대한 분노…. 이러한 것들이 삶을 행복하지 못하게 한다. 나는 본래 무였고, 언제라도 내 의지에 따라 무로 돌아갈 수 있는 존재이며 아무것도 잃어버릴 것 없는 존재, 손해 볼 것 없는 존재, 모든 것을 다 잃어도 본전인 존재라는 것을 인식할 때, 아직 무로 돌아가지 않고 유로 존재한다는 사실에 감사할 수밖에 없는 것이다.

타타타(Thatata)

내가 필터링하지 않은, 있는 그대로의 세계. 나의 의지나 욕망과 무관한 섭리. 나를 무화시키지 않는 한, 내가 본래 무임을 인식하지 못하는 한, 근접할 수 없는 세계.

유식무경

이미 존재하는 세계의 시공간 속에 내가 생겨나서 살아가는 것이 아니라 원래부터 존재한 내가 이 세계를 끊임없이 만들어 내고 있는지도 모른다.

단상

· 삶의 수단은 물질적, 형이하학적이지만 삶의 목적은 관념적, 형이상학적일 수밖에 없다.

· 은퇴나 죽음이라는 사건을 생각할 때, 그 사건 이전보다 이후가 더

좋을 것이라고 확신하는 자의 삶은 두려울 것이 없다.

· 금요일의 이 해방감이 싫다.

  - 모든 것에서 벗어난 죽음에 근접한 해방감.

· 더 이상 할 것이 없어 잠자리에 드는 삶은 비참하다.

· 정신의 쾌락을 위해 육체를 소모하고 있는 나는 옳은가.

· 사건 간, 감정 간 서로 영향을 적게 받도록 담장을 높이 쳐야 한다.

· 바람이 있다면 세상에 올 때는 내 의지와 무관하게 울면서 왔지만 떠날 때는 내 의지대로 웃으면서 가는 것이다.

· **깨달음은 어느 순간 얻는 것이 아니라, 주변에서 쉽게 접하여 당연하게 생각되던, 진리의 긴 시간에 걸친 체화이고 훈습이다.**

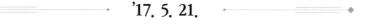

'17. 5. 21.

행복

내가 행복하다는 것은 세계와 타인에 대해 내 의지를 펼 수 있어서인가, 아니면 외부에 대해 내 의지를 접고 세계의 섭리에 나를 맞출 수 있어서인가.

스토아—아파데이아

더 나은 운명을 욕망하지 않는 것. 누릴 수 있으나 누리지 않는 것(금욕). 상류층의 철학

에피쿠로스—아타락시아

주어진 환경에 적응하는 쾌락. 열악한 환경 가운데 최소한의 조건에서 쾌락을 찾음. 민중의 철학

공존

세계에, 대상에, 그리고 나에게 선과 악이 공존한다는 사실을 인식할 때 혼란스럽고 불편하다. 그러나 그것이 섭리인 것을 어찌하랴. 그것이 무엇이든, 그 자체에 양극단이 내재하는 것을. 삶과 죽음이, 창조와 파괴가. 선과 악이….

인생

우리는 누구나 전시에 휴가병 열차를 탄 군인과 같다. 그나마 휴가를 나가는 군인이라면 조금 낫겠지만 귀대 열차를 탄 군인이라면….

철학

철학은 공허한 놀음도 아니고 현실에 도움 되지 않는 관념의 유희는 더욱 아니다. 철학은 가용한 화폐다. 화폐는 편리를 넘어 권력이다.

삶의 조건

에피쿠로스는 기본적 삶의 조건을 허기, 갈증, 추위로부터 벗어남이라고 했는데 나의 삶의 조건은 어느 수준인가.

'17. 6. 3.

인생의 황금기

인생의 황금기가 있다면 이즈음일 것이다. 나는 인생의 황금기를 누리고 있는가. 또 다른 무엇을 위해 이 황금기의 시간을 소비하고 있지는 않은가. 직장 생활은 시간을 삼키는 하마다. 반복되는 일상 속에 권태로워 하면서도 시간은 미처 느낄 새도 없이 지나가 버린다. 이를 막기 위해 어떤 행동이 필요할까.

다행

다행이다. 그나마 죽음과 가까이 있지 않은 때(?)에 죽음을 성찰할 수 있어서. 성찰을 통해, 원하지는 않지만 피할 수 없는 것들을 선취할 수 있어서. 시간적 선취는 불가능하며 오직 성찰을 통한 관념적 선취만이 가능하다는 것을 깨달아서. 현실적으로는 삶이 이미 많이 지나가서. 젊은이들처럼 취직 걱정, 먹고살 걱정에서 벗어나 있어서.

지난 사랑, 지난 꿈

다시 보고 싶지만 결국은 펼치지 못하는 젊은 날의 일기와 같은 것이 또 하나 있다. 사랑하는 사람과 주고받았던 편지. 그 시절을 회상하며 '그때 내가 그 사람을 사랑하기는 했는가.' 하는 반성을 한다. 지금도 사랑하는 마음과 능력이 모자라는데 그때는 오죽했을까. 사과한다, 이기적인 사랑이어서 미안하다고, 나는 사랑할 줄 모르는 자였다고.

기억 속의 연인, 사랑, 그 밖의 여러 사건들…. 그것들이 현실이 아니듯, 인생사 모든 것이 지난 후에는 꿈이 아닐 수 없다. 그 모든 것이 기억에 남아 있든 없든, 꿈에 견주어 무엇이 다르랴. 그래서 인생을 꿈이라 말하는 것이리라.

연회와 고독

결혼식 등 낮에 벌어지는 연회에 참석하기를 꺼리는 이유는 연회 후 돌아올 때의 고독을 맨정신으로 느끼기 싫어서이다. 그래서 집에 돌아올 때는 항상 취해 있을 수 있는 밤의 연회가 좋다.

철학, 이 삶의 전장(戰場)에서

한 페이지

 책장이 넘어가는 것이 아까운 책은 없다. 아무리 좋은 책이라도 읽을 때는 페이지를 빨리 넘겨 마지막 페이지를 보고 싶어 한다. 다만 어떤 책을 좋은 책이라고 생각하는 이유는 그 내용 중 몇 가지가 자신에게 깨달음을 주었거나 유익함을 주었을 때이다. 오늘 하루라는 인생의 한 페이지가 넘어가는 것을 안타까워하는 사람은 얼마나 될까.

'17. 6. 10.

부질없음

 힌두교의 입장에서는 인생에서 업적을 위한 모든 행위가 부질없는 것이다. 나의 연극 또한 부질없는 것이다.

철학의 기본자세

 회의. 자신과 대상에 대한 회의. 확신과 자만의 반대 개념으로서의 회의.

운명과 스토이시즘

 운명에 대한 스토아학파의 태도는 운명에 마지못해 순응하는 것이 아니라 운명을 흔쾌히 견딤으로써 운명을 극복하는 것. 운명에 정면 도전하여(피하지 않음으로써) 승리하는 것. 아파테이아는 운명과 고통에 대해 피하지 않고 싸울 수 있는 용기를 가진 자만이 누릴 수 있는 평안.

지껄이는 자

 끝없이 지껄이는 자는 내면이 공허한 자이며, 스스로에 대한 성찰 능력이 없는 자이다. 끝없이 지껄이는 자는 닻을 내리지 못한 채 끝없이 파도에 따라 부유하는 공허한 자이다. 자신에게 없는 닻을 대신하여 대화의 상대를 끊임없이 붙들고 늘어진다. 상대에라도 의지해야 하겠기에.

또한 지껄임은 지껄이는 자의 갑질(권력 과시)이다. 권력이 없는 자는 억지로라도 들을 수밖에 없다.

쾌락과 고통

주식, 도박 등 쾌락과 고통이 공존하는 것은 시도하지 않는 것이 현명할 수 있다. 열 가지 쾌락보다도 한 가지 고통이 더 크게 느껴지기에. 어쩌면 사랑까지도….

나의 죽음

생의 무수한 변화 과정 중의 하나를 죽음이라고 정의하였지만 나는 나의 죽음 앞에서 슬프지 않을 것 같다. 죽음을 경험할 수는 없지만 죽음을 인식하기에(죽음은 경험의 대상이 아니라 성찰의 대상이다). 사고사(事故死)가 아니라 병사(病死)라면, 그리고 육체적 고통에서 벗어날 수 있다면 오히려 죽음을 기쁘게 맞을 것이다.

'17. 6. 24.

몰입과 성찰

몰입과 성찰은 반대의 상태다. 몰입은 무아이지만 맹목이고 성찰은 나와 세계를 통찰하지만 자아 속에 있다.

철학, 이 삶의 전장(戰場)에서

중요한 것과 소중한 것

소중한 대상은 내 마음속에 있기에, 소중한 채로 그 자리에 있기에, 늘 다음 기회로 미루는 대상이고, 중요한 대상은 내 밖에 있고 조만간 사라질지도 모르기 때문에 우선 그 대상에 다가간다. 그래서 정작 소중한 대상은 별것도 아닌 중요한 대상에 밀리게 된다. 합리와 효율의 역설

내 존재의 근원

부모를 포함한 조상들이 내 존재의 근원이라는 생각은 오류다. 조상은 내 존재의 원인의 극히 일부다. 원인의 전부는 자연이다.

현실이라는 꿈

현실이라는 꿈속에 살고 있음을 깨달아야 한다. 가능한 한 빨리 철학적 철이 들어야 한다. 누구나 죽음 앞에서는 깨닫게 될 진실! 현실은 꿈 밖의 또 하나의 꿈이라는 것. 그러나 그것을 깨닫지 못한 채 살아가는 삶은 꿈에서 깨어나지 못한 삶, 삶에 취한 삶, 동굴 속의 삶, 마야의 삶이다.

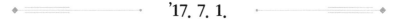

'17. 7. 1.

같다

범인, 부처, 신…. 본래 모든 것은 같다. 범인은 자신이 부처임을 모르고 평생을 칠정에 시달리면서 살지만….

행복

인간은 왜 현재의 행복에 만족하지 못하고 미래의 행복이 보장되어야

비로소 만족하는가. '미래에 어떤 사건이 일어날지 모른다.'라는 사실을 마치 모르는 것처럼, 바랄 수 없는 것을 바라고 보채는 어린애처럼.

- 없는 것을 소유함으로써 행복하기를 원하다.

실제와 바람

내가 세상을 아름답고 낙관적으로 바라보는 것은 실제로 세상이 그러해서가 아니라 그렇게 바라보아야 하기 때문이다. 세상은 그렇지 않지만 그렇기를 바라며.

종교와 사상

모든 종교와 사상은 인간의 사유의 결과물이다. 각각은 인간의 생각일 뿐 그것의 옳고 그름을 따지거나 배척한다는 것은, 그 인간과 사상을 지나치게 인정하는 것이다. 그 사상 안에 갇히는 꼴이 된다. 따라서 철학의 초심자는 종교를 배격하지만, 경지에 오른 철학자는 하나의 사상으로서 종교를 인정한다. 즉, 종교를 자신의 사상 안에 포섭하는 것이다. 그는 결국 '종합종교인'이 된다.

진정한 철학자

진정한 철학자는 다른 사상가가 주장하는 바를 되뇌기보다는 그들의 사상을 손안에 놓고 주무르면서 자신의 사상을 심화 확대하는 데 사용한다. 그는 모든 사상의 추종자가 아니라 지배자가 되는 것이다.

죽음에 대한 신념

늙어감과 죽음에 대한 저항, 그것은 승산 없는 싸움. 오래 저항하는 것이 좋은 것인가, 자연, 섭리(신)에 대한 저항을. 철학자라면 자신의 죽음을 포함한 모든 것에 대해, 명징한 상태에서 자신의 신념을 확고히 해야 한다. 미래에 자신의 마음이 어떻게 변할지 모른다는 이유로, **(죽음에 대한) 신념의 유보를 인생에 대한 겸허로 가장해서는 안 된다.**

철학자의 자세

철학 한다는 것, 지혜를 사랑한다는 것은 (나의) 운명에는 저항하더라도 (자연의) 섭리에는 순종하는 것.

경험론자

똥인지 된장인지를 먹어 봐야 아는 경험론자들을 알(아래)로 보다.

관조

호수공원 벤치에 앉아 호수를 물끄러미 바라본다. 눈앞을 바삐 지나가는 사람들…. 3박 4일의 외국 여행 중, 한 장소에서 경치를 바라보며 시간을 다 보냈다고 하면, 사람들은 뭐라고 말할까. "아까운 시간에 여기저기 구경하고 경험하지 않고 왜 그랬어…."

이제는 오히려, 한가롭게 세상을 물끄러미 바라보고 사는 것이 세상 속에서 바삐 살아가는 것보다 좋은 삶이라고 생각된다. 아니 복 받은 삶이다. 어떤 상황에서도 그럴 수 있기를 바란다.

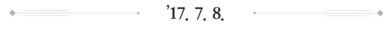

'17. 7. 8.

나

'나'의 시원은 무엇인가. '나'라는 의식은 언제부터 생겨난 것인가.

'나'라는 존재가 본래부터 있었던 것처럼 당연시하고 그것의 소멸을 두려워하며 살아가는 자는 얼마나 큰 착각에 빠져 있는 것인가. '나'라는 생각을 너무 오래 해 왔기 때문에 그 생각이 당연하다고 여기는 것이다.

'나'란 본래 없었음이 당연하고 다시 사라짐이 당연하다. 다른 모든 것처럼.

종교

진정으로 바랄 것 없는 자에게 종교는 필요 없다. 무의미하다.

종교는 불행한 자의 현실도피이며 행복한 자의 자위다.

특정 종교

어떤 종교는 인간이 죄가 없다면 존재할 수 없다. 그래서 원죄설을 끼워 놓았나. 그 교인은 회개하면 안 된다. 모두가 회개하면 종교가 필요 없어지기 때문에 그 교인은 조금씩이라도 죄를 짓는 것이 자신의 종교를 위하는 길이다. 죄가 필요한 종교, 병 주고 약 주고, 그러나 나으면 안 되는 종교.

소유와 만족

가진 것이 많다는 것과 바라는 것이 없다는 것의 차이는 무엇인가. 전자는 행복에 대한 외적 접근(필요조건)이고 후자는 내적 접근(충분조건)이다. 전자는 만족과는 다른 것이고 후자는 만족과 일치된 것이다.

철학, 이 삶의 전장(戰場)에서

인생의 에피소드

'인생이 어디로 와서 어디로 가고, 왜 그러한 인생을 살아야 하는 것인가'에 대한 깨달음을 향한 도상에서 생각할 때, 관혼상제조차 인생의 에피소드에 불과하다.

철학적 숙제

자신의 어린 자식의 죽음과 같은 비이성적, 비논리적 사건이나 불행에 대해 철학은 타당한 이유를 설명하거나 위로를 줄 수 없다. 이성을 내려놓고 종교에 귀의하는 것도 그 때문일 것이다. 그런 상황에서 인간은 이성적, 논리적 인과를 설명하는 철학보다는 비논리적, 비이성적인 위로를 주는 종교를 원하는 것이다. 이성에 대한 감성의 승리.

옛 감정에 대한 그리움

비 오는 오후, 옛 노래와 함께 떠오르는 서늘한 사랑의 **감정에 대한 그리움**은, 사랑했던 그 사람을 다시 보고 싶은 마음만큼이나 간절하다. 그러나 그 연인을 결코 볼 수 없듯이 그러한 감정도 쉽게 재현되지 않는다. 그런 감정은 어느 순간 잠시 나타났다가 그것을 느끼는(보는) 순간 사라지는 담배 연기와 같다.

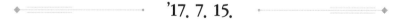

'17. 7. 15.

생각 정리

어둠이 눈을 덮기 전에 미리 죽음을 대상으로 놓고 사유하고 정리해야 하듯, 현실이 나를 집어삼키기 전, 명징한 총기가 흐려지기 전에, 현실을 대상으로 놓고 생각하고 정리해야 한다.

- 얼마나 다행인가, 이제까지 살아왔다는 것이, 남은 생이 많지 않은 것이, 여생을 그럭저럭 살아갈 수 있는 환경 속에 있다는 것이.

인간은 자신의 생을 지속시키기 위해 사는 존재. 사랑도 미움도 생의 연장을 위한 방편임을 알아야.

노보리베츠—북해도

스쳐 가는 무상한 인생의 즐거움에 생각 없이 기뻐하는 그들이 어쩌면 부럽다. 원래 인간은 삶에 취해 살도록 만들어진 것인가. 죽음을 생각하는 자는 과도한 호기심을 가진 자인가, 쓸데없는 생각을 하는 자인가.

혼례

혼례는 남녀 간에 무수히 은밀하게 일어나는 교접 중의 하나를 공식화함으로써 교접에 대한 책임을 지우는 사회 유지의 방편.

악할 수 있는 능력

선하다는 것과 악할 수 있는 능력이 안 된다는 것의 차이는 크다. 본래 선한 자라도 경우에 따라서는 악할 수 있어야 한다.

행복

행복의 차이와 행복의 계단 간(급간)의 차이는 비례하지 않는다.

- 행복은 양(+)의 미분값이지만 미분값의 크기에는 비례하지 않는다.

스토아/에피쿠로스/키니코스 학파

· 스토아 학파 - 연회에서 평정을 지키기 위해 술을 마시지 않는다.

- 에피쿠로스 학파 - 연회에서 고급 대화를 즐기기 위해 술을 마시지 않는다.

- 스토아 학파 - 연인을 만나기 위해 최대한 멋을 부리지만 연인이 알 아주지 않아도 화내지 않는다.
- 키니코스 학파 - 결코 멋을 부리지 않는다. 있는 그대로 연인을 만 난다.

철학자

관념이 세계를 주유할 나이에, 아직도 경험의 세계에서 놀고 있는 자는(철학자로서는) 모자라는 자다.

철학자는 사실이나 지식의 열거, 즉 경험의 세계에서 습득한 것을 그대로 뱉어 내지 않는다. 경험이나 지식에 대한 견해, 또는 대상에 대한 자신의 생각을 이야기한다. 경험의 세계에 대한 소화되지 않은 대화는 범인들의 지루한 대화이다. 해 아래 새로운 것은 없다. 마음에 비친 상들에 대한 견해가 새로울 뿐이다. 여름에 눈 내리는 이야기를 해야 한다.

통찰하는 삶

통찰하는 삶을 사는 자는 지도를 가지고 여행을 떠나는 자이다. 통찰 없는 삶을 사는 자는 지도 없이 이정표도 없는 여행을 떠나는 자이다.

신

"신은 현명한 인간이 없이는 존재할 수 없다."

– 루터

- 신을 만들어 내려면 현명해야 하므로.

"신은 우매한 인간 없이는 더더욱 존재할 수 없다."

– 니체

- 우매한 인간만이 자신이 만든 신을 숭배하므로.

'17. 7. 16.

현실이라는 꿈

구조요청을 해야 하는 위급한 상황에서 결코 구조 전화번호를 알 수 없는 꿈속의 헤맴. 무의식의 의식적 작용. 꿈을 깨지 않고는 꿈속 무의식의 영향을 벗어날 수 없다. 구조될 수 없다. 그러나 깨어나는 순간, 구조 전화번호도 필요 없고 구조 자체도 필요 없는 상태임을 인식한다. 현실이라는 꿈도 이와 다르지 않다. 의식할 수 없는 무의식에서 벗어나지 못하고 있는 것이다.

- 자아와 욕망이라는. 그러나 깨어나는 순간 그것이 환상이었음을 인식하게 된다. 본래부터 무아였고 공이었음을!

나의 죽음

세계는 나의 의식과 함께 생겨나며 의식의 소멸과 함께 사라진다. 이제껏 타인의 생과 죽음을 보듯 나의 생과 죽음을 생각해 왔다. 그러나 타인의 죽음을 보듯 나의 죽음을 생각한다는 것은 불가능한 것이다. 그렇게 내가 생각하는 죽음은 결코 나의 죽음일 수 없으니. 자신의 죽음만큼은 관조 불가능한 것.

내 밖의 죽음을 보고 생각하는 것이 아니라 내 안으로 들어와 나의 죽음을 생각하고 정리해야 한다. 나의 죽음은 경험의 대상이 아니라 인식의 대상이므로.

'17. 8. 6.

고통과 인생

모든 슬픔과 고통을 안은 채로 내 생을 사랑한다. 존재함을 기뻐한다. 어떤 사람은 일부분의 고통에 인생 전체를 괴로워하며 생을 버리려고까지 한다. 어떤 고통도 결국은 인생의 일부일 뿐이다. 스스로 고통에 집착하지 않는다면 그 나머지만으로도 충분히 행복할 수 있다.

유혹과 생명

모든 남녀 간의 유혹은 생명의 시작. 유혹의 몸짓은 생명의 몸짓

정리해야 할 숙제

내가 의존하고 있는 배우자의 부재 시 내 삶에는 어떤 의미가 남아 있을 것인가. 구체적으로 어떤 마음으로 어떻게 살아가야 하는가.

범인의 삶

현실의 문제에는 몰입하여 크게 희로애락 하고 형이상학적인 문제(삶, 죽음, 자아, 참 행복…)에 대해서는 별로 신경 쓰지 않는 삶. 과연 무엇이 중요한가. 우리는 얼마나 거꾸로 살고 있는가. 그때가 오면 얼마나 후회하며 통곡할 것인가.

대다수는 삶의 전체 중 극히 일부(금전)에 자신의 모든 노력을 쏟는

다. 그래서 그 밖의 부분은 방치된다. 수단의 노예가 된다. 평생 "스스로 법화경을 굴리지 못하고 법화경이 자신을 굴리는 인생"을 산다.

철학

철학은 인간의 욕망을 채워 주지 못하고 욕망 주위를 빙빙 돌 뿐이다. 철학은 불확실하고 애매한 학문이 되어 시간이 남으면 한 번쯤 들여다보는 대상이 되어 버렸다.

보이는 사물을 통해, 보아야 하는(보이지 않는) 세계를 사유하는 것(보는 것)이 철학함이다.

'17. 8. 19.

밥벌이의 도구에 대한 정리

회사에 대한 거취를 정리하니 정말 마음이 편하다. 생각 하나를 바꾸니 자유롭다. 생사에 대한 통찰, 여생을 그럭저럭 생활할 수 있는 여력, 즉 내적, 외적 필수사항을 이미 갖추었다면 무엇을 고민하고 걱정하는가. 불필요한 욕망의 끈을 놓지 못하고 있는 것이다. 인생의 모든 문제를 대학생이 초등학교 문제 풀 듯 대해야 한다고 생각하는 자가, 밥벌이의 도구를 내려놓는 문제에 이렇게 매여 있다니! 어쩌면 나의 무의식은 꽃놀이 패를 가지고, 포커판에서 로얄스티플 패를 쥐고 배팅을 즐기고 있는지 모른다.

중요한 행복

빈손으로 가벼운 차림으로 고통 없이 걸을 수 있다는 것은 큰 행복이다. 그리고 그것을 깨달을 수 있다는 것은 더 큰 행복이다.

찰나의 존재

존재의 유무(생사)는 칼날의 번득임과 파도의 물방울 같은 찰나에 있거늘 우리는 그 무엇을 두려워하고 고민하고 고통스러워하고 욕망한단 말인가.

행복과 고통

행복을 얻기 위해 노력한다는 것은 애먼 일이다. 그보다는 고통을 제어하기 위해 노력하는 것이 현명하다. 고통은 그 자체로 존재하지만, 행복에는 너무나 많은 조건이 선취되어야 한다. 더구나 행복은 고통의 그림자만 드리워도 사라져 버리는 것은 물론이고 스스로 휘발되어 버리는 것임에야….

참 행복은 느낌에서 오는 것이 아니라 인식에서 온다. 행복은 감각이 아니라 앎이다.

유식에서의 세계

유식이 말하는 세계는 아뢰야식(阿賴耶識)의 전변(轉變), 주객의 분별이 없는 세계, 꿈의 세계.

유식에서, '세계는 나의 마음이 뿜어낸 것'이라 할 때, 그 세계는 실재하는 전체 세계 중에서 자신이 바라본(인식한) 일부의 세계일 것이다. 훈습된(경험한) 아뢰야식의 종자에서 뿜어낸(인식한) 세계.

천국, 극락, 무릉도원

천국, 극락, 무릉도원 등은 공간적 세계가 아니라 인식적 세계이다.

즉 그러한 세계가 저 멀리 어디에 존재하는 것이 아니라 인식한(깨달은) 자의 마음속에 있는 것이다. 인식한 자는 어디에 있든 그곳이 천국, 극락이며 무릉도원이다.

단상

· 생의 의무를 다하다. 인생을 너무 심각하게 살아온 것 같다. 농담처럼 살아도 되는 것을.

'17. 9. 9.

어디로 가고 있는가

나는, 내 영혼은 어디로 가고 있는가. 어디로 가야 하는가. 이미 정해진 육체의 길을 갈 수밖에 없을진대, 그 정해진 시공간 사이에서 무엇을 추구한단 말인가. 남은 기간 자유를 얻는다 해도 무엇을 할 것인가. 무엇을 해야 하는가. 사유를 정리한 책을 출간한다 한들 무슨 의미가 있는가. 현실적으로 더 나은 생을 위한 길은 열정적이고 행복한 결과를 그려 볼 수 있지만, 정신의 진보를 위한 길은 지난하기만 하다. 그 두 가지 길 모두 종말을 맞이할 것인데 어떤 의미를 선취해야 하는가.

깨달음

누군가가 "깨달았다."라고 하면 사람들은 "깨달은 것이 무엇이냐."라고 묻겠지만 그는 깨달은 것을 말로 전달할 수 없다. 최선의 길은 자신이 깨달아 아는 것이다. 육체와 영혼이 있든 없든, 죽음이 오든 말든, 죽음 후에 무엇으로 남든, "나는 이미 우주의 일원이고 영원하다."라는 것을 깨달았다면 아등바등 사는 이유는 무엇인가. 찰나의 인생을 너무 잘 살려는 욕심 때문 아닌가. 통찰이 강해지면 욕망은 약해지기 마련인데 그놈의 욕망은 언제까지 붙어 있을 것인가. 이 번뇌에 필요한 것은 더 이상 깨달음이 아니다. 깨달음을 체화할 수 있는 수행이다.

삶과 꿈

무상의 진리라는 측면에서나, 죽음 앞에 설 때, 인생은 꿈이다. 분명 내 의지를 가지고 내 인생을 살지만 결국은 깨어나야 한다는 점에서 꿈이다. 지혜로운 자일수록 일찍 깨어나고 무지한 자일수록 죽음에 가까이 가서 깨어난다. 깨닫지 못한, 음미하지 못한 삶은 소화 안 된 음식이다. 무의미한 삶이다. 우리는 무엇을 추구하며 삶을 설사(泄瀉)하고 있는가.

’17. 9. 16.

죽음에 대한 용기

캄캄한 겨울 어둠 속, 새벽길을 가기 위해 일어나려면 추위와 어둠의 불안을 떨쳐낼 수 있는 용기가 필요하다. 그 용기는 아침 해를 맞을 때 그 선택이 옳았을 것이라는 믿음에서 온다. 죽음 또한 그러하다. 죽음은 존재의 절멸이 아니라 우주와의 합일임을 확신할 때 비로소 두렵지 않은 것이다.

죽음 이후 환생을 바라는가. 인생이 다시 살고 싶을 만큼 행복했었나.

적멸을 원한다. 윤회에서 벗어나길 바란다. 영원한 무의 평화에 들기를 바란다.

대중이 원하는 것

대중은 정의나 진리보다는 안락이나 행복을 더 원한다. 정신적 건강

함보다는 육체적 쾌락을 더 선호하는 것이다. 그래서 아나키스트, 공산주의자, 진보주의자, 혁명가들은 마이너리티(Minority)일 수밖에 없다. 대중은 옳다고 믿는 것을 반드시 원하지는 않는다. 그들이 원하는 것은 이익이다. 그들에게는 이익이 정의다.

죽음에 대한 신념

이○○의 부고. 나는 그가, 죽지 않기를 무척이나 원했을 것이라 생각한다. 그러나 나라면 흔쾌히 죽음을 불렀을 것이다. 이 순간, 미래의 자신의 죽음 앞에서 자신의 태도가 어떻게 변할지 모르기 때문에 현재의 죽음에 대한 신념을 유보한다는 것은 철학을 하는 자로서 용납될 수 없다. 죽음 직전에서야 자신의 죽음에 대한 생각을 표명한다는 것은 철학자의 자세가 아니다. 죽음에 대한(관념적) 선취 없는 삶을 사는 자는 철학자가 아니다.

한편, 죽음을 생각하고 죽음 앞의 고독을 생각한다는 것은 여유 있다는 것, 그래도 살 만하다는 것이다. 죽음을 생각할 수 있을 때 미리 생과 사를 통찰해야 한다. 죽음을 선취해야 하는 것이다.

남은 가족이 불쌍해서 눈을 감지 못한다는 인간이 있으면 내가 친히 눈을 감기리라. 죽음 앞에서 걱정할 것은 자신뿐이다. 죽는 자는 자신만 정리하면 된다. 그 외에는 자신이 어떻게 할 수 없을뿐더러 각자는 알아서 잘 살아간다. 죽음에 앞서 자신마저 정리된 자는 삶과 죽음을 여읜 자이다.

사랑과 결혼

결혼은 사랑을 이루기 위한 것이라고 사람들은 말하고 나도 그렇게 믿어 왔다. 그러나 결혼은 사랑을 이루기 위해 하는 것이라기보다는 살기 위해 하는 것이다. 결혼에 있어서 사랑보다는 삶의 조건들이 우선한다. 사랑이 있으면 물론 더 좋지만 사랑 없이도 행복한 결혼은 가능하다. 사랑은 시간과 환경에 따라 가변적이며, 사랑보다는 삶이 더 기본적인 것이기에. **사랑은 결혼(삶)의 고명이다.**

◆ ━━━━━━━ • **'17. 9. 30.** • ━━━━━━━ ◆

독서와 사고

독서의 즐거움 또한 책이라는 대상에 의존한 쾌락이다. 물론 사유의 도구들을 얻을 수 있다는 장점은 있다. 그러나 책에의 몰입보다는 사고에의 몰입이 더 중요하다. 독서에 있어 책의 내용보다는 독자의 인식 능력이 중요하다.

연휴와 즐거움

왜 즐거운가. 10일 연휴의 첫날이어서인가. 최소한의 먹고살 걱정이 없다면 나는 왜 그런 즐거움을 유예하는가.

존재와 인식

존재 없는 인식은 공허하며 인식 없는 존재는 맹목이다. 존재는 필수이지만 인식 없는 존재는 고통일 뿐이다. 존재를 초월한 인식이 그 존재 자체를 해탈하게 한다.

종교

종교가 설파하는 주장은 한 시대에, 그 시대를 살아가는 사람들이 희망하는 것들의 요약이며 따라서 허구다. 단, 선한 삶의 지침으로서는 가치가 있다.

운명의 선취/자세의 선취

'정진을 통해, 수행을 통해 인간이 선취할 수 있는 것은, (시간을 앞질러 인식한) 운명이 아니라—그 운명이 어떤 것이든—그 운명을 맞는 자세다.'라고 정리했었다. 운명을 선취한다는 것은 그 운명 하나만을 미리 알고 대처하는 것이지만, 운명에 대한 자세를 선취한다는 것은 어떤 운명이든 그 운명에 독립적이며(영향받지 않으며) 전자에 비해 보다 포괄적이고 초월적이다.

철학과 이데올로기

자신의 철학이 다른 철학에 대해 열려 있고, 자신의 철학을 많은 철학들 중의 하나로 생각하는 한 그의 철학은 철학으로 남는다. 그러나 그의 철학이 다른 철학에 대해 닫히는 순간, 즉 그가 자신의 철학에 갇히는 순간, 그의 철학은 이데올로기가 된다.

참 자유

자유란 어느 정도 욕망이 충족된 상태에서 자신의 의지를 펼 수 있음을 말하는가, 아니면 자신의 욕망과 의지와는 무관하게 섭리를 따를 수 있는 상태인가. 나의 자유는 욕망과 의지에 의존하는/따르는/갇혀 있는 자유인가, 아니면 욕망과 의지를 초월한 자유인가. 참 자유는 의지의 자유인가, 의지를 초월하여 섭리와 하나 됨인가. 나의 욕망과 섭리와의 관계는 대치관계인가 포함관계인가.

자아의 해체

인생이란 자아의 형성 시기와 자아의 해체 시기로 구성된다. 자아의 형성은 인간의 본능과 일치하므로 누구나 가능하지만, 자아의 해체는 극히 소수의 현자만이 경험한다.

단상

· 존재의 기쁨이 샘솟는 자에게 권태란 없다.
· 경험하지 않고도 인식하는 자, 경험해야 비로소 인식하는 자, 경험하고도 인식하지 못하는 자. 나는 어떤 자인가.

'17. 9. 30.

은퇴에 대한 숙고

열흘 연휴의 마지막 날. 연휴가 끝나 가는 것이 그리 아쉬우면서도 왜 은퇴하지 못하는가. 나이 들수록 건강과 육감은 점차 쇠할 것인데. 더 나이가 든 뒤에 은퇴한다면 이미 때가 늦었을지도 모르는데. 내년, 내년 하다가 죽음 바로 앞에 설지도 모르는데. 죽음은 80 너머 저 멀리 삶의 끝에 있는 것이 아니라 느닷없이 삶의 한 가운데를 절단하고 마는 것인데. 왜 결단하지 못하고 생각만 하고 망설이고 있는가.

한편, 로또 당첨된 자가 회사 다니듯 하면 어떨지. 짤리는 것에 대한 두려움 없이 기죽지 않고 대범하게 할 말 다 하면서, 재미 삼아 다니는 자세로 생활하면 어떨지. '잘리면 그만'이라는, 불감청 고소원이라는 생각으로.

그렇다 해도 간과한 것이 있다. 인생의 귀중한 시간 소모. 스트레스 없이 회사를 다니는 것보다 훨씬 더 중요한 나만의 자유의 시간을 누리지 못하는. 중요한 것은 자유의 시간, 이것을 위해 어떤 결단을 해야 하는가. 스트레스 없는 회사 생활이 보장된다고 자유를 유예할 것인가, 세월은 흘러가고 있는데. '돈'과, 얼마 남지 않았을지도 모르는 '여생의 자유'를 교환할 것인가. 타성을 벗어난 숙고가 필요하다.

◆══════════ • '17. 10. 14. • ══════════◆

즐거운 분주함

자신이 즐기는 일들로 분주한 삶은 좋은 것인가. 등산, 야구, 연애, 영화 등 자신이 좋아하는 놀이들이 예정되어 있고 그런 것들을 즐기느라 분주한 세월을 보내는 사람은 진정 행복할까. 자기 자신을 관조할 시간이 없는 삶은 행복할까. 행복은 관조에서 오는 것. 행복은 느낌이 아니라 인식. 관조하지 못한 상태의 즐거움은 그냥 배설되는 즐거움일 뿐이다.

"성찰 없는 분주함은 죽음으로의 질주다."

깨달은 자의 서러움

40여 년 동안 찾아 헤매던 '자아'를 겨우 찾는 순간 다시 그 자아를 소멸시켜야 함을 깨달은 자의 심경은 어떠했을까. 가장 사랑하고 그리워하던 사람을 찾자마자 떠나보내야 하는 마음 아닐까. 진정 원했던 것을 얻자마자 버려야 하는 자의 마음. '자아'라는 욕망의 성취를 버려야 함을 깨달은 세속적 인간의 절규. 모든 영화를 버리고 떠나야 했던 구도자의 마음. 인간의 본원적 욕망을 거부해야 함을 깨달은 자의 서러움. 자신이 원했던 길이 아니라 정반대의 길을 가야 함을 깨달은 자의 마음. 죽음을 선취한 자의 서러움.

철학, 이 삶의 전장(戰場)에서

양가적 마음

주중의 시간은 빨리 가고 주말만이 있으면 하고 바라면서도 그러면 인생의 시간이 짧아짐을 아는 마음. 죽음이 삶의 모든 고통을 제거해 주고 평화롭다는 면에서 죽음이 삶보다 더 낫지만 그럼에도 살고 싶은 마음. 일하기 싫지만 일해야 함을 아는 마음. '하루살이와 인간의 삶의 기간'의 차이의 가소로움을 아는 마음.

◆ ──────── ● **'17. 10. 22.** ● ──────── ◆

시간의 가치

자정이 넘은 시간, 잠자고 싶지 않은 마음은, 여행에서 시간이 아까워 잠 못 드는 마음이다. 인생(일상)이라는 긴 여행과 먼 이국 여행이라는 짧은 여행에서의 시간의 가치는 같다. 똑같은 시간이기에. 그러나 그렇게 생각하는 자는 드물다.

존재의 기쁨과 두려움

이런 즐거운 마음 상태일 때 떠나고 싶다. 인생에서 더 이상 좋은 상태는 없다는 것을 아는 자로서. 어차피 죽을 수밖에 없는 운명이고, 멀리 있지 않은 죽음을 불 보듯 보며 어쩔 수 없는 슬픔에 잠긴다. 그러나 한편으로는 그 죽음과 아직 간격이 있다는 묘한 기쁨과 안도감을 느낄 수 있음에 감사한다. 아직은 살아 있다는 존재의 기쁨.

저녁이 되면, 내려앉는 어둠과 함께 밀려오는 삶에 대한 두려움으로 술을 찾고 취한 채 귀가하지만, 새벽의 어둠 속에 집을 나와 청계천을 걸으며 붉게 떠오르는 태양을 보면, 취기가 사라지고 다시 세상을 제압할 것 같은 용기가 솟는다. 동시에, 무한한 사상의 창조자이지만 육체적으로는 한낱 피조물에 불과한 인간의 한계를 절감한다.

현실 속의 불안

이미 삶과 죽음은 정리된 줄 알았는데 미래의 삶에 대한 막연한 불안은 어디에서 오는 것인가. 오히려 죽음은 나를 내버려 두는데. 그러나 월요일에 대한 일요일 오후의 불안이, 막상 월요일이 되어 회사에 출근하면 사라지듯, 실제로 미래의 그 시간이 되면 과거 당시의 불안이 부질없는 것이었음을 알게 될 것을 믿는다.

지금 내 삶의 불안을 들여다보면 그것은 퇴직의 불안과 퇴직 이후의 삶에 대한 불안이다. 퇴직에 대한 어느 정도의 준비를 끝냈음에도 도대체 어떤 상황을, 무엇을 불안해하는 것인가. 오히려 나에게 퇴직은 불감청 고소원(不敢請 固所願) 아니던가. 진정 원했던 것이 지금 불안해하고 있는 퇴직과 그에 따른 자유로움 아닌가.

한편 이렇게 불안을 느끼고 그 불안에 대해 성찰할 수 있음은 깨어 있고, 정신이 여유롭기 때문이다. 이런 삶을 살 수 있어 다행이기도 하다. 미친 듯이 삶에 몰입하지 않고 삶에 취하지 않고 살 수 있어서.

사는 이유

인생이 고통의 연속이라면 굳이 살아야 할 이유는 없다. 즉, 살기 위해 살 이유는 없다. 그러나 대다수는 살기 위해 발버둥 치면서 살아간다. 왜 살아야 하는지도 모르면서 사는 무의미한 인생. 왜 살아야 하는가. 쾌락과 행복을 위해? 해탈을 위해? 타자의 성불을 위해? 죽음이 두려워서? 육체로서의 나는 첫 번째 이유로 살아간다. 인생에서 그러한 가능성이 점점 사라져 반대편에 가까이 갈 때, 나는 나를 거두리라.

죽음에 대한 정리와 죽음

33세 여직원의 췌장암 말기 판정과 퇴사 면담. 그녀에게 (내가 권했던) '퇴사보다 병가의 유리함'이 무슨 의미가 있으랴. 면담 후 한참 동안 혼자 울먹였다. 나의 슬픔은 그녀가 한창의 젊음 가운데 있어서이기도 했지만, 그녀가 삶과 죽음에 대한 정리 없이 죽음을 맞고 있기 때문이었다. 그녀도 얼마 남지 않은 생 가운데 언젠가는 자신의 삶과 죽음을 정리하리라. 그리고 (그녀와 같은) 짧은 시간의 정리가 (나와 같은) 긴 시간의 정리보다 더 견고하지 못하다고는 할 수 없으리라. (죽음에 비해 매우 사소한 것에도 전전긍긍하는 나는, 죽음 앞에서 얼마나 태연할 수 있을까.)

스트레스

스트레스는 불안, 초조, 두려움이다. 마음의 자발적 자해다. 어떤 상황을 이성적으로 판단하고 최악의 상황을 상정하여, 그곳에 등을 기대고 현 상황을 관조한다면 스트레스는 덜어지리라. 스트레스는 잃을까 염려하는 것을 소유하고 있다는 반증이기도 하다.

'17. 11. 11.

장자는 명랑하다

장자는 죽음 앞에서도 명랑하다. 몸과 마음의 보존을 최고의 가치로 생각한 양주와 달리 장자는 죽음도 삶과 마찬가지로 자연의 조화라고 여겼다. 자신이 그 조화 속에 있는 한 그 무엇도 두려울 것 없이 명랑할 수 있었다.

변화(섭리)에 대한 거부

잠든 자는 깨어나기 싫어하고 깨어 있는 자는 잠자기 싫어한다. 깨어난 자는 자신이 더 빨리 깨어나지 못한 것을 후회하고 잠든 자는 이전의 깨어 있던 상태에서의 모든 감정과 고통 없이 깊은 잠을 잔다. 삶과 죽음이 그러하다. 산 자는 죽음을 두려워하고 죽은 자는 삶을 두려워할 것이다. 모든 존재는 변화를 두려워하고 현 상태의 지속을 바란다. 변화 후의 상태가 이전보다 더 좋은 상태라 할지라도.

브라만과 공

내가 사라질 수 없는 전체로서의 브라만임을 인식함으로써 불멸을, 전체 그 자체임을, 깨닫는 것이 우파니샤드적 깨달음이라면, 나의 무상함, 본래 무, 공을 통찰함으로써 무의 고요함의 상태를 깨닫는 것이 불교적 깨달음이다. 브라만은 꽉 차 있는 전체이고 공은 텅 빈(무상한) 전체이다. 즉, 브라만은 전 우주와 그 너머까지 꽉 차 있는 유의 세계이고 공은 무상한 존재로 꽉 차 있는 무의 세계이다.

무용한 것에 대한 추구

대학에 가기 위해 수학 공부를 열심히 했으나 그 대학 시험에는 수학 과목이 없었다. 승진하기 위해 승진시험 준비를 열심히 했으나 회사에서 퇴직당했다. 잘살려고 열심히 돈 벌었으나 벌기만 하다가 쓰지도 못하고 죽었다….

내가 추구하고 있는 것들은 과연 어떤 소용이 있는 것인가. 엉뚱한 짓을 하고 있는 것은 아닌지. 무용한 노력으로 인생을 낭비하고 있는 것은 아닌지. 어쩌면 인간은 무지에 가려 무용한 것을 기를 쓰고 추구하게 되어 있는가.

가상현실

게임을 현실로 착각하고 영화를 보며 운다. 가상현실 속에서 더 생생한 현실감을 느낀다. 내가 오감을 통해 경험하는 것들이 과연 실제인가. 나의 확신을 무엇으로 증명할 수 있을까.

인간의 본성

자신이 속한 공동체 안에서 타인의 불행을 바라는 마음은 도대체 어디서 온 것일까. 자기 동료를 먹이로 내어 주는 원숭이와 다른 것이 무엇인가. 자신이 바로 다음 차례임을 뻔히 알면서도. 분개해야 할 것을 오히려 바라는 마음은 도대체 무엇인가. 산 채로 굶주린 사자의 먹이가 되는 사람을 보며 열광하는 콜로세움의 무지한 로마 군중과 다른 것은 무엇인가. 이것이 인간의 본성인가. 나의 무지는 어디까지인가.

인간의 이중성

인간의 이중성을 욕하는 것은 인간에 대한 이해 부족을 나타내는 것이다. 선과 악, 정의와 이익, 공과 사의 윤리 안에서 자유로운 인간은 없다. 인간에 대한 통찰을 통해 자유로워지고자 한다면 인간의 악함을, 그의 무지를 정죄하는 것이 아니라 인간 본성으로서의 악함과 무지와 연약함을 연민하고 포용할 수 있어야 한다.

나는 왜

나는 왜 이 안락한 삶에서 안락함을 느끼지 못하는가.

나는 왜 이 자유로운 삶에서 자유를 느끼지 못하는가.

◆ ——————— ◆ '17. 12. 9. ◆ ——————— ◆

환상 속의 고향

유년 시절의 고향으로 갔을 때, 나는 내 기억의 고향을 찾지만 (유년의) 나를 알아보는 사람이 없다면 나의 기억은 환상일 뿐이며, 누군가 나를 알아보는 사람이 있어도 내가 그 사람을 기억하지 못한다면 그곳은 환상 속의 고향일 뿐이다.

순수한 나의 시간

밖에는 진눈깨비 오래 내리고 안에서는 33인치 브라운관 TV를 바꾸자고 마누라는 투덜대지만 내 마음은 안에도 밖에도 없다. 시공간 너머에서 시공간을 바라보고 있다. 생사를 넘어 삶과 죽음을 생각하고 있다. 현실에 천착하는 동안의 시간은 잃어버리는 시간이다. 성찰과 관조의 시간이 순수한 나의 시간이다.

인간의 한계

아내와의 살가운 대화를 하며 잠자리에 든다. 문득 이 정경을 가능하게 하는 주요 원인을 생각해 보면 다소 두렵다. 그것이 우리의 사랑이 아니라 금전 때문일지도 모르기에…. 인간은 동물이기를 거부하지만 결국 인간은 동물임을 절감한다.

철학, 이 삶의 전장(戰場)에서

정진하던 때

요즘은 집안일, 뉴스 탐색 등 할 일을 다 하고도 남는 시간에 책을 펴게 된다. 탐구의 열정이 식었다. 가는 시간을 아까워하며 책과 사색에 몰두하던 지난날은 더 행복했다. 이제는 다시 돌아갈 수 없는 과거일 뿐인가.

주관과 객관, 나와 세계

나는 가로등 불빛 속을 내리는 눈. 나의 의식과 자아는 가로등에 비추어진 눈의 그림자. 눈이 땅에 쌓인 눈에 내려앉는 순간, 눈 그림자는 사라지지만 내려앉은 눈 자체는 사라지지 않는다.

파도에 의해 생겨난 작은 물방울은, 스스로를 자아, 바다를 대상이라고 구별한다. 그리고 곧 바다와 합쳐져 바다가 되어 사라진다. 우리가 볼 때 순간의 물방울은 과연 바다와 분리된 별도의 물방울인가. 아니면 바닷물의 일부인가. 절대자의 시각으로 통찰할 때, 우리가 자아라고 부르는 주관과, 대상이라고 부르는 객관이 과연 다른 것인가. 구분할 수 있는 것인가. 단지 언어적 구분은 아닌가.

인간은 실재를 상징하여 언어로 표현하지만 그 언어로 표상되는 대상은 본래의 실재가 아니다. 실재의 근삿값이다. 인간은 무수한 근삿값의 조합으로 실재를 표현하지만 그럴수록 실재에서는 점점 멀어져 간다. 결국 주관과 객관은 언어적으로는 구분하였지만 실제로는 구분되어 있지 않다.

자아

자아란 축적된 기억을 근간으로 한 의식의 흐름이다. 기억과 의식 둘

가운데 하나라도 없다면 자아는 존재하지 않는다.

사람들에 대한 관조

따뜻한 방에 앉아 휘몰아치는 눈바람 속을 이리저리 헤매는 사람들을 바라본다. 이리로 와서 추위를 피하라고 말을 해도 저들은 듣지 않는다. 따뜻한 아랫목에 앉아 전을 부쳐 먹으며, 눈바람 속을 헤매는 광경을 바라보는 자의 안타까움. 어쩌랴! 자신의 무지, 자신의 업인 것을.

◆ ══════════ ── ● ── **'17. 12. 17.** ── ● ── ══════════ ◆

역사

역사는 현재의 시각에서 구성된 역사이다.

철학, 이 삶의 전장(戰場)에서

2018

감정에 대하여

좋지 않은 일, 사건, 상황은 나를 그 안으로 잡아당겨 함몰시키려 한다.

감정은 자신이 처한 상황에 대한 느낌일 뿐, 실체가 있는 것이 아니다. 동일한 상황에 대해 어떤 사람은 슬퍼하고 어떤 사람은 기뻐한다. 즉, 특정 상황에 대하여 사람에 따라 각각 다른 감정을 느끼는 것이지 특정한 상황에 매치되는 특정한 감정이 정해져 있는 것은 아니다. 감정은 사건/상황에 있는 것이 아니라 내 마음에 있는 것.

어떤 상황에 분노와 좌절을 느꼈다고 하자. 그리고는 친구와 그 상황과 대상에 대해 토로하면서 술 한잔하고 분노와 좌절감이 사라졌다면 그 상황은 더 이상 분노와 좌절의 상황이 아니다. 카타르시스를 통해 내 감정이 바뀌는 동시에 상황 자체를 다르게 느끼게 되는 것이다. 슬픈 상황은 없다. 슬픈 마음이 있을 뿐이다. 상황은 기쁘지 않다. 내가 기쁜 것이다.

감정은 감각할 수 없다. 오직 마음속에서 상상하여 스스로 기쁨과 슬픔, 고통의 감정을 지어내어 기뻐하고 슬퍼하고 고통스러워한다. 정진한다는 것은 자신을 감정과 격리시켜 그 감정을 관조하는 것이기도 하다. 우주의 변화는 구름처럼 그저 지나가는데 인간의 마음은 어찌하여 감정을 지어내고 또 그 가운데 구속되어 고통받는가.

삶의 완성

삶은 저만치에서 강물처럼 흘러가고 있고 나는 여기 강둑에 앉아 흘러가는 저 삶을 물끄러미 바라보고 있다. 저 인생의 강물과 나와의 시공간적 거리가 내 삶에서의 구원일 것이다. 삶에서 멀리 떨어져 삶 전체를 조망할수록, 그렇게 조망할 수 있는 시간이 많을수록, 그리하여 현재의 삶뿐만 아니라 미래의 삶과 죽음을 선취할 때 삶은 완성되는 것이다.

불안의 원천

중년이 노년보다 삶에 대한 두려움이 많은 이유는 살아야 할, 책임져야 할 세월이 더 많이 남아 있기 때문이다. 오십 대 직원의 삶보다는 사십 대 사장의 삶이 더 두렵다. 살아야 할 날이 많을수록 삶은 무겁다.

사람, 일(회사)에 대한 불안, 생과 사에 대한 불안…. 불안은 자신의 의지의 구속에 대한 걱정이다. 타인, 노동, 죽음은 영원한 불안의 원천이다.

자존감

비록 현실 세계에서는 부귀, 명예, 권력도 없는 미천한 생활을 한다고 하더라도, 우주의 이치에 대한 깊은 이해와 인생에 대한 심원한 통찰을 터득한 자라면 그는 흔쾌히 현실을 살아갈 것이다. 비록 인간 사회의 먹이사슬 하층부에 있어도 결코 자존감을 잃지 않을 것이다. 사람들은 어떤 자존감을 갖고 살까. 그런 자존감이 없다면 현실 속에서 허우적거리며, 그 현실이 벗어날 수 없는 세계 자체라고 믿고 살 수밖에 없을 텐데….

독서와 사색

많은 책을 읽을수록 책에서 얻는 것이 적어진다. 독서를 위한 독서는 무의미하다. 독서 만 권에 자신의 생각이 정리되어 있지 않다면 무슨 소용이 있으랴. 오직 사색의 재료로써만 독서를 해야 한다는 쇼펜하우어의 말은 옳다.

얼굴 1

거울에 비친 눈꺼풀 내려앉은 눈, 흐릿한 눈동자, 아! 누구의 눈이던가. 거역할 수 없는 세월 속을 지나온 얼굴, 보기가 안쓰럽다.

용의 꼬리, 뱀의 머리

7년 반 만에 업무차 방문한 전 직장 사무실. 3분의 2는 아는 사람들. 그들은 여전히 일반 사원으로서 자신의 의지를 구속당하며 생활하고 있었다. "뱀의 머리가 될지언정 용의 꼬리가 되지 말라."라는 이야기처럼, 이직하여 7년 반 동안 뱀의 머리로 살아온 것이 얼마나 다행인가.

'18. 1. 7.

유한함에 대한 인식

삶의 유한함을 인식하면서도 왜 다른 것에 한눈팔고 있는가. 무엇에 취해 살고 있는가. 삶의 취기가 영혼을 덮고 있다.

평안의 한계

역사의 소용돌이 속에서도 나의 평안은 유지될 수 있을까. 미래의 상황을 너무 낙관하고 있지는 않나. 삶에 대한 관조와 초월도 한낱 눈앞의 현실에 대한 것일 뿐, 여전히 현실의 구조를 벗어나지 못하고 그 구조 속에 갇혀 있는지도 모른다. 스스로는 현실을 관조, 통찰하여 초월했다고 생각하지만, 그 초월은 현실 구조 안에서의 초월이며 그 구조를 벗어난 것이 아니라는 것. 손오공이 근두운을 타고 세상 밖으로 날아갔다고 생각했지만, 여전히 부처님 손바닥을 벗어나지 못한 것과 같이.

이중의 관조

관념은 층에 층을 더하여 복층의 구조로 구성될 수도 있지만, 현실의 사건은 인과율 속에서 순차적, 평면적으로 전개된다. 순차적 시간을 따라 일어나는 사건을 쫓기만 하는 자는 무능한 자이다. 사건을 예측하고 선취하여, 생각을 정리하고 결심/결행해야 한다. 한편 현실을 관조하는 나와, 나를 둘러싼 조건들마저 관조하는 이중의 관조가 필요한 것은 아닌지. 현실 속을 헤매는 자, 현실을 관조하는 자, 관조하는 그 자체를 관조하는 자…. 그들은 물리적으로는 같은 시간을 살아가지만 그들이 감각하고 생각하는 것은 같지 않다. 그들은 같은 시간을 살지만 다른 세계에 산다.

진정 원하는 것

남은 직장 생활, 잘해야 지금의 반복. 더 나아질 것 없는, 다만 더 나빠지지 않기만을 바라는, 허비한다고 생각되는 시간들이다. 이런 시간이 지나 은퇴와 함께 그토록 바라던 자유의 시간에 대한 상상. 새벽 산책, 마누라와의 잡담 속의 아침 식사, 독서와 사색, 야외 운동, 나들이, 국내외 여행, 막걸리 만찬…. 나는 과연 무엇을 진실로 원하고 있는가. 직장 생활의 지속? 은퇴?

풍경의 선취

아버지 묘 옆에서 바라보는 풍경이 내가 묻혀서 보는 풍경일 것처럼,

지금 내 서재의 모습이 내가 죽음에 이르렀을 때의 서재의 모습이며 내 사후에도 같은 모습일 것이다. 지금 나는 내 사후의 서재의 모습을 바라보고 있는 것이다. 나는 내 사후의 세상 모습을 선취하고 있다.

세월과 운명

세월은 비껴갈 수 있어도 운명은 비껴갈 수 없다. 비껴갈 수 없기에 운명인 것이다.

◆——————— '18. 1. 14. ———————◆

삶과 불안

1982년, 대학 1학년…. 현실에 매몰되어 삶(추억)조차 잊고 살아가는 내 자신과 상황이 안쓰럽다. 그때는 세상을 어떻게 바라보고 무슨 생각을 하였을까. 지금도 아련하게 그때의 내 모습과 품었던 생각들이 그려진다. 우울, 불안, 모호함…. 그 후 짧지 않은 세월을 겪으며 정진을 통해 나름대로 견고해졌고, 그래서 물론 그때보다는 많이 나아졌지만, 마음 깊숙한 곳에는 불안으로 통칭되는 그 무엇이 여전히 자리 잡고 있다. 그 원인은 무엇인가. 삶과 불안은 인과의 관계가 아니라 대명사의 관계가 아닐까. 불안이 삶의 또 다른 이름인데도 마치 별개의 것으로 인식하고 엉뚱한 원인을 찾고 있는 것은 아닌지. 삶과 고통이 그러하듯이. 고통의 원인을 찾으려 삶 속을 아무리 헤집고 다녀도 그 안에서는 원인을 찾지 못하고 결국은 삶 자체가 고통임을 깨닫게 되듯이.

언어와 분리

번뇌와 보리, 무명과 성불, 윤회와 해탈…. 둘 사이에 놓여 있는 것(간극)은 없다. 전자의 상태가 어떤 과정을 통해 후자가 되는 것이 아니라 전자가 그 자체로 후자인 것이다. 언어는 하나의 우주를, 하나의 세계를 무수히 분리해 놓았다. 하나의 덩어리인 우주를, 카오스로 얽혀 있는 세계를, 그것이 마치 조각나 있는 것처럼 잘못 인식하게 만들고 그러한 오인 속에, 하나의 덩어리를 선의 조각들과 악의 조각들로 구별하게 하는 등, 더 깊은 망상의 관념체계를 만드는 것이 언어다.

한편 언어는 '지식과 지혜(부분과 전체, 과학과 철학)' 사이에 위치한 필요악이다. 언어는 사고의 도구, 언어가 없다면 사고도 없다. 언어 이전, 사고 너머의 실재를 직관/통찰함이 진정한 철학이 아닐는지.

환영(幻影)

나는 오늘 한없이 괴로움 속을 헤매다 무거운 마음으로 내일 아침 출근을 할 것이다. 삶이 괴롭다고 생각하며. 그러나 출근하여 괴롭게 생각했던 것과 실제로 부딪히면 그것은 한낱 환영이었음을 깨달을 것이다. 환영, 사람들이 끝없이 쫓는 것, 죽음에 이르러서야 그것의 정체를 깨닫게 되는 것, 그때에야 비로소 깨어나는 꿈. 지금, 현재에는 칠정(七情)이 없다. 칠정은 과거와 미래를 생각하는 마음속에 있다.

가치에 대하여

이전까지는 TV 보는 시간보다는 독서와 사색의 시간이 가치 있고, 노는 행위보다는 봉사하는 행위가 가치 있다고 생각했다. 그러나 지금은 양자에 대한 차이를 두지 않는다. 무슨 행위를 하든지 그 행위를 관조하고 있다면 가치 있는 시간이고 가치 있는 행위라고 생각한다. 행위 자체에 가치가 들어 있는 것은 아니다. 가치는 내 마음속의 의미이고,

그 의미는 관조할 때 생겨나는 것. 어떤 시공간, 상황, 행위에 몰입되어 있다면 그 상태에서는 아무런 가치를 느끼지 못한다. 그것을 대상으로 사유할 때 비로소 가치가 마음속에 생긴다.

내적 관조

아무렇지도 않은 몸의 특정 부위에서 아픔을 느끼는 병이 있듯, 별것 아닌 사건이나 상황에서 고통이나 스트레스를 받는 것도 일종의 병일 것이다. 그 원인은 우울증이나 연약한 마음일 수도 있으나, 분명한 것은 보통 사람들은 아무렇지도 않게 겪는 상황에서 고통스러워한다는 것이다. '자신의 감각과 느낌, 자신의 생각이 과연 타당한가.'를 의심해야 한다. 대상과 사건에 대한 (외적)관조만큼 자신의 감각, 느낌, 생각에 대한 (내적)관조도 중요하다. 내적 관조에 이르지 못하고 자신의 감각과 느낌, 생각에 함몰될 때 그것은 병이 되어 광기로 변하거나 자살에 이르게 할 수도 있다.

'18. 1. 20.

분별

너는 선이 보이니? 너는 정의와 불의가 보이니? 나는 나이가 들면서 분별할 수 없다. 젊은 시절에는 너무나 명확했던 선과 악, 정의와 불의의 분별이.

감각과 관념

철학을 하는 자는 감각을 관념의 지배하에 두고자 하지만 그것은 이상에 그친다. 그럼에도 불구하고 아직도 관념에 집착함은 왜일까.

철학, 이 삶의 전장(戰場)에서

연기의 두려움

강해야 살아남는 인간 세계에서 이렇게 약한 모습으로 있으려니 생각이 많다. 더 이상 연기하는 것이 힘들게 느껴지기도 하고. 다들, 무슨 소리냐고 그만한 인생이 어디 있느냐고 말하지만 내 생각은 좀 달라. 인생은 내 의지와 상관없이 낯선 곳에 날 내려 주고 나는 아무런 준비 없이 그 운명과 싸우고. 누구도 피해갈 수 없는 운명을 별스럽게 두려워함도 유별나기는 하다. 나의 병, 다혈질, 민감성.

연극 무대에 오를 때가 되었다. 배역에 맞는 가면을 쓰자. 가면이 나를 그에 맞는 배역으로 바뀌게 할 테니.

무지 속을 헤매다

이 상황에서 결국 고심하는 것은 무엇인가. 이미 정리가 끝난 것을 두려워할 이유가 무엇인가. 관성인가. 이제 나를 돌볼 때가 되었다. 고민하지 말 것, 모든 것은 잘 준비되어 있으니. 성찰하면, 나는 지금 이미 결정한 삶의 방향과 정반대로 살면서 끙끙거리고 있다. 모든 결정권이 나에게 있고 어느 것을 택하든 위험이 없는 꽃놀이패를 쥐고 있으면서도. 실제의 왕이 동네 깡패에게 쫓기는 꿈을 꾸며 괴로워하고 있다. 그냥 꿈을 깨면 되는데, 그러지 못한 채 괴로움 속을 헤매고 있는 것이다. 자신이 이미 부처임을 알면서도 부처로 살지 못하는, 무지를 벗어나지 못하는 자처럼.

◆━━━━━━━━━ **'18. 1. 21.** ━━━━━━━━━◆

노예

나는 이미 현실 구조에 노예화되었다. 불의 앞에서도 자신의 안위를 위해 침묵하고, 나아가 머리를 조아리는 겁쟁이 소시민이 되어 버렸다. 알아서 기는 속물이 되어 버렸다.

현실의 구조를 넘어서는 자, 결국은 삶 전체를 포기할 수 있는 자만이 진정한 평안에 머물 수 있는 것이다. 노예 아닌 주인으로서.

죽음과 퇴직

죽음 이후에는 평안, 퇴직 이후에는 휴식이 있지만, 사람들은 그것을 막연히 두려워한다. 깨달은 자라면, 준비된 자라면 오히려 기다려야 할 사건임에도 불구하고. 단지 현 상태에서의 변화를 두려워하고, 그 이후 에 대한 확신이 없기에 두려워함은 무지다.

감정의 오류

직장 생활이 생계를 위한 돈을 벌기 위한 것임을 인정할 때, 어느 정 도의 부가 있다면 소비의 한계 효용성 측면에서 억만장자와 다름없다. 그런데도 왜 직장 생활에서 스트레스를 받는가, 왜 퇴직을 연기하려 하 는가. 이성적으로 생각하면 아직은 조금 남아 있는, 없어도 큰 지장 없 는, 기회이익 때문이다. 더구나 그것은 별로 중요하지 않은데도…. 감 정의 오류다.

얼굴 2

차창에 비친 내 얼굴에 심각함과 진지함이 가득하다. 여유가 없다. 왜 이런 모습일까. 정말 살아온 날들이 그대로 얼굴에 나타나는 것일 까. 자신의 불행한 인생을 하나의 희극으로 여길 수 있는 여유가 없는 이유는 무엇인가. 현실에의 함몰.

희망

희망, 그것은 인간의 본능. 아침 5시에 걷는 것과 저녁 5시에 걷는 것의 차이는 날이 밝아지리라는 희망의 유와 무. 희망이 이루어지지 않을 확률이 훨씬 커도 인간은 그것에 매달린다. 그러나 희망이 물거품이 되었을 때의 환멸에 대한 책임도 자신의 것.

무지한 인간

기쁘지 않을 이유가 없다. 고민할 이유가 없다. 즐겁게 하루를 살면 된다. 그런데 왜 그렇게 하지 못하는 것인가. 일부러 이런 상황을 만들어 즐기는 것인가. 아니면 모자라는 자인가. 맛있는 것이 앞에 있고 먹으면 되는데도 먹지 못하고 왜 배고파하는가. 아! 나약한 인간, 무지한 인간. 죽음이 눈앞에 와야 비로소 살아 있음에 감사하고 그 삶을 즐길 것이냐.

한껏 괴로워하라. 죽을 듯이 괴로워하라. 그래도 안 되면 죽어 버려라.

조직인

회사/조직이란, 목적 달성을 위해 비정상적인 생각을 가져야 하는 무리. 그곳에 속해 있는 한 불의에 자유로울 수 없다. 인간 모임의 한계, 나아가 인간의 한계이다.

한계

직장을 그만두고 싶은 이유는 일이 힘들어서도 아니고 급여가 적어서도 아니다. 더 이상 내 의지를 굽히고 싶지 않다. 더 이상 재화를 얻기 위해 나의 가장 소중하고 얼마 남지 않은 인생을 허비하고 싶지 않다. 쌀 다섯 섬에 소인배에게 머리 조아리기 싫어 관직을 때려 치고 고향으로 돌아갔던 도연명처럼 나도 이제 대자연의 품으로, 진정한 어머니에게로, 돌아가야겠다. 낳아 주신 어머니의 어머니—생명의 전달자이며 자연의 변환자이신 어머니—에게로.

걱정

정신의 퇴보가 걱정된다. 잦은 음주가 일부 영향이 있다고 생각된다. 술에 의존하는 듯한 생활, 약해지는 정신력, 부질없는 걱정의 증가, 감정의 기복….

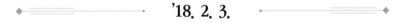

'18. 2. 3.

단상

· 운명에 끌려가는 것과 운명을 이끌고 가는 것의 차이는?
· 내가 아버지를 그리워하는 이유는 나의 철학적 동지였기 때문이다.

환(幻)

나 또한 자신의 불성을 인식하지 못한 채, 평생을 고통 속에서 살아가는 중생의 무지 속에서, 깨어나지 못하고 있는 것은 아닌지.

인생이라는 환 속에서 일희일비하고 있는 지금의 생활을, 깨어서 돌이켜 보면 얼마나 부질없을 것인가. 누구나 한번은 깨어난다. 적어도 죽음 앞에서는.

퇴직 시점에 대한 현실적 정리

얼마나 더 회사에 다니는 것이 현명한 것인가. 막연하게 내년까지는 다녀야겠다고 생각했었다. 그러나 점점 더 상사에게 머리를 숙이는 일이 힘들다. 더욱이 상대가 소인배이거나 타당하지 않다고 생각되는 업무지시에는. 그만큼 나이가 들었다는 반증이다.

이런 상황에서 올해 말이 되었을 때, 더 직장 생활을 하려고 노력해야할 것인가. 아니면 올해 말로 퇴직해야 할까. 내년을 더 다닌다면 1년의 급여에 부가되는 부자유한 굴욕의 세월.

살아 있는 오감으로 인생을 즐기는 것이 가능하다고 생각되는 나이까지는 얼마 남지 않았다. 그 이후의 삶은 연명으로 생각해야 한다. 더이상 고민할 이유가 없다. 우물쭈물하다가 죽음 앞에 서기 전에, 이제까지 모아 놓은 금전이 있다면 그것을 팔아 자유를 사야 한다. 올해 말 퇴사가 마땅하다. 이로써 회사 생활에 대한 스토아적 극한이 설정되었다.

자본주의적 생산성 측면에서 볼 때 삼십 대의 1년이 오십 대의 1년보다 중요하다. 그러나 시간의 희소성 측면에서는 오십 대의 1년이 훨씬 더 중요하다. 그러나 그것을 인식하고 자신의 시간을 소중하고 의미 있게 살아가는 사람은 얼마나 되는지.

자본주의 사회에서는 남은 인생의 가치를 수입으로 환산하는 데 익숙하지만, 남은 인생에 대해 통찰할 때 내 여생의 1년은 수억 원과도 바꿀 수 없다.

◆ ＝＝＝＝＝ ◆ ＝＝＝＝＝ **'18. 2. 4.** ＝＝＝＝＝ ◆ ＝＝＝＝＝ ◆

피할 수 없음

현실이라는 평면상에서 모든 사건들과 감정들은 하나의 시간 축 상에서 발생한다. 어떤 다른 차원의 시간이 존재하는 것이 아니다. 현재의 삶 뒤에 바로 죽음이라는 사건이 예정되어 있을 수도 있으며, 하나의 평면에 하나의 시간 차원을 사는 우리는 그것을 피할 수 없다.

인생이란 결국은 승리할 수밖에 없는 전쟁, 왜 작은 전투의 고단함에 괴로워하는가. 기뻐할 상황에 슬퍼하고 즐거울 상황에 괴로워하는 것은 아닌가. 죽음은 인생의 패배가 아니라 승리임을 인식한다면.

고통에 대하여

누군가 고통 속을 헤맬 때, 에피큐리언은 그 고통에 공감하며 위로하고 고통을 벗어나라고 하지만, 스토익은 그 고통을 바라보며 그것의 실체를 말하고, 그 고통을 받아들여 극복하라고 한다. 그러나 고통의 실체를 알든 모르든 고통은 고통으로 남아 있으며 인간은 그것을 잠깐씩 잊고 살 뿐이다. 진통제를 복용하듯 얼마 후면 다시 그 고통에 사로잡히고. 차라리 마약 같은 진한 진통제에 취해 사는 편이 더 행복하지 않을까. 진통제를 복용하듯 그러한 에피쿠로스적 삶을 살아야 할까. 아니면 고통의 실체를 인식하고 운명으로 받아들임으로써 정신적인 해방을 추구하는 스토아적 삶을 살아야 할까.

알코올 중독

내가 무척 좋아하는 시간, 나를 잊는 시간, 현실에서 떠나는 시간, 술에 취하는 시간. 조금 후면 그 시간이 온다. 기다려진다. 알코올 중독.

◆━━━━━━━━ '18. 2. 10. ◆━━━━━━━━◆

현실의 가속도

삶을 휘젓는 현실의 가속도…. 아무 생각 없이 그냥 이렇게 떠밀려

철학, 이 삶의 전장(戰場)에서

살 수밖에 없는 것인가. 현실에 매몰되어, 현실에 취해, 현실의 가속도를 벗어날 수는 없는 것인가.

걱정

평생을 무엇인가를 걱정하면서 살아왔다. 지금 시점에 걱정 속에서 살아온 과거를 돌아보면 그 걱정들이 진실로 불필요한 고통이었음을 깨닫는다. 이렇게 잘 살아 있는 것을 보면. 그러나 마음은 이미 또 다른 불필요한 걱정에 달라붙어 있다. 어쩌랴, 결코 마음대로 안 되는 것이 마음인 것을.

추구해야 할 것

돈, 명예, 지식은 소유하려 해도 그 끝이 없고, 적당함도 없고, 더함과 덜함의 차이도 불분명하다. 그러나 섭리에 대한 인식 유무의 차이는 너무나 엄청나 말로 표현할 수 없다. 마땅히 최우선으로 추구해야 할 것은 바로 섭리에 대한 인식이다. 섭리를 인식하면 돈, 명예, 지식들의 보잘것없음도 인식하게 되므로.

진보/보수

변화의 기수는 진보이나 역사의 주인은 보수였다.

'18. 2. 15.

성공 I

인생에서의 성공을 무엇으로 정의할 것인가. 부, 지위, 권력, 자손의 번창…. 물론 중요하지만, 이것은 타인의 성공을 평가하는 세속적인 잣

대이다. 한 인간으로서 내 인생의 성공은 무엇으로 평가할 것인가. 식솔 부양 의무를 다했다면 나에게 세속적 성공은 별로 중요하지 않다. 중요한 것은 자신과 세계에 대한 참된 인식, 인생과 죽음에 대한 이해와 통찰이다. '그러한 깨달음 속에서 얼마나 인생을 즐기면서 살았는가.'가 나에게는 '얼마나 성공했는가.'이다. 지금까지는 내 삶의 가장 중요한 자산인 시간과 자유를 팔아 돈을 샀지만, 이제는 돈을 팔아 시간과 자유를 살 때다.

성공 2

 범인에게 직장은 마음의 감옥. 내 나이의 직장인으로서의 성공은 무엇일까. 직장 생활을 오래 하는 것? 높은 지위에 올라가는 것? 적당한 시기에 은퇴하는 것? 가족 부양을 위해 일을 해야만 하는 자는 현실적으로 불쌍한 자이다. 또한 금전적 여유는 있지만 무조건 더 벌어 축적하는 것이 좋다는 생각으로 괴로움을 무릅쓰고 직장에 다니는 자도 정신적으로 불쌍한 자이다. 물론 자신의 의지를 마음껏 펼 수 있는 높은 지위에 있는 자라면 집에서 노느니 놀면서 버는 셈 치고 직장 생활을 할 것이다. 그들에게는 직장이 놀이터요, 부하직원이 하인인 셈이다. 그러나 그들도 성찰 없는 분주한 생활을 하며 직장에 매여 있기는 마찬가지다. 시간은 누구에게나 똑같이 흐른다. 지혜로운 자는 가족 부양의 여유가 있다면 과감히 직장 생활을 졸업할 것이다. 남은 시간과 자신의 오감 능력을 자유롭게 사용하여 우주와 인생과 죽음에 대해 사유하며 인생을 즐길 것이다. 이런 지혜를 가지고 이런 결단의 생활을 할 수 있는 자가 가장 성공한 자이다.

의지와 섭리

나의 의지가 섭리 안에 있기를….

섭리 안에서 그 의지가 소멸하기를….

나약함

사람들을 둘러보라! 너의 고민보다 더 심한 고민을 안고 있는 사람이 대부분이다. 네 삶의 무게보다 더 무거운 짐을 지고 살아가는 사람들을 보라. 너는 언제라도 도피할 수 있는 여건을 배후에 숨기고 있지만, 그들 대부분은 그런 도피처가 없다. 매일을 고단하게 살아가면서도 억지로 웃음 지으며 희망을 갖고 살아가려는 사람들을 생각하라. 닥친 현실을 온몸으로 부딪혀 살아가는 대다수를 생각하라. 끝없이 굴러 내려오는 바위를 산꼭대기로 올리는 시지프와 같이 출구 없는 현실을 힘겹게 살아가는 사람들을. 그들에게는 다른 걱정을 할 여유가 없다. 여유 있는 자가 걱정한다. 너의 여유가 너의 정신을 나약하게 한다.

> "육체가 굴복하지 않는 한, 정신이 먼저 굴복할 수는 없다."
>
> – 에픽테토스

좋은 직업

인생의 궁극적 성공을 위해서는 어떤 직업이 좋은가. 사람들은 자신이 좋아하는 일을 하는 것이 가장 좋다고 하지만, 나는 자의든 타의든 몰입하게 되는 일은 좋은 일은 아니라고 생각한다. 자신의 인생을 관조할 수 없기 때문이다. 직업을 구함에 있어 첫 번째 고려해야 할 것은 자신의 의지를 얼마나 펼 수 있는가의 정도, 자신의 의지를 펼 수 없음의 정도가 노예의 정도이니. 두 번째는 적당한 보수라면 분주함(바쁨)이 적은 직업, 바쁘면 성찰할 여유가 없어진다. 세 번째는 적당히 반복되는 일, 스트레스가 적다. 이런 생각 끝에 가장 먼저 떠오르는 직업은 하위직 공무원이다. 노자, 장자도 말단 공무원이었다고 하지 않던가.

피해야 할 직업은 사업, 정치, 고위 관리, 회사원 등 직장 생활에 노심초사하며 시달려야 하는 직업이다.

◆ ─────── ◆ **'18. 2. 18.** ◆ ═══════ ◆

사회적 통찰

아직도 부족한가. 공간적/사회적 통찰이. 포커 판에서 상대의 수를 보듯 타인과의 관계에 위치한 나를 돌아보고 동시에 타인의 입장을 통찰할 수 있는 능력이. 그것이 보완되지 않는 한, 나는 순진한 철학도에 불과하다.

두려움

인간은 생의 두려움을 애써 외면하고 살아간다. TV와 오락이 없었던 과거에는 이 밤과 함께 밀려오는 생의 두려움에 무엇으로 맞섰을까. 분명 그 시절에는 지금보다도 많은 생각을 했을 것이다.

모순

스스로 가지고 있는 엄청난 모순. 갑자기 이루어진 숙면. 맴도는 생각들로 뒤척이며 지낸 밤이 몇 달인데 어느 밤 갑자기, 생각들이 수면을 방해하는 것이 아니라 생생한 꿈으로 바뀌었다. 무슨 연유인가. 성찰의 결과인가, 뇌 호르몬의 변화인가. 아마도 실제 상황을 올바르게 인식한 결과일 것이다. 맴도는 생각을 그냥 내버려 두어도 문제없다는 자신감을 내포한 무심함의 결과일 것이다.

죽음

눈을 감으면 어둠이 나에게서 이 세계를 순식간에 사라지게 하듯, 죽음도 내 삶을 관통하여 나에게서 모든 것을 거두어 갈 것인데, 나는 무엇을 연연해하고 있는가. 숨이 턱 밑까지 차서야 섭리를 인식하고 죽음을 직시할 것이냐. 그때 죽음이 왔다고 죽음을 탓할 것이냐.

사람들은 죽음이, 불길이 타오르는 긴 통로를 지나가야 하는 고통스러운 과정이라고 상상할 수도 있다. 불길이 활활 타오르는 죽음의 문의 입구를 상상하고 그 뜨거움에 미리 고통스러워할 수도 있다. 사실 그것은 환상이다. 그 불길은 가까이 가도 전혀 뜨겁지 않은 모조품이다. 전혀 고통스럽지 않은 것이다. 죽음은 두려움 없이, 저항 없이, 고통 없이 가도 되는 길이다.

상념과 관조

언제까지 이 상념을 반복할 것인가. 노년에 기다리고 있을 인생의 쓸쓸함, 우울함. 어떤 상황에서도 피할 수 없는 생의 적막. 결국은 그런 생활 속에 죽음을 맞게 되어 있는 것이 생의 참모습 아닌가.

생각할 여유가 있는 것이 과연 좋은 것인가. 바삐 살면 삶을 관조할 수는 없게 되지만 불필요한 상념에 빠지지는 않을 것이다. 삶을 관조한다는 것은 삶에 빠지지 않고 삶을 대상으로서 멀리서 바라본다는 것. 그것이 옆길로 새어 지엽에 머무르면 상념이 되고 만다.

삶에 대한 새로운 인식

삶의 날들이 죽음으로 이어진 연속되는 시간들로 생각해서는 안 된다. 그러면 삶의 나날은 멀게는 죽음의 그림자에 덮여, 가깝게는 중간 중간 돌출되기 마련인 고통에 물들어, 제정신으로는 살아갈 수 없게 된다. 인생은 이어진 시간을 살아가는 것이 아니라 단절된, 이어지지 않는 하루/하루 또는 시간/시간을 살아가는 것이라고 생각해야 한다. 즉, 과거에 영향 받지 않는 하루, 미래의 그림자를 벗어난 오늘 하루를 살아가는 것이다. 과거의 자책과, 미래의 불안의 영향을 받지 않는 단절된 하루를, 새로운 현재를 살아야 한다. 즐겁게.

'18. 3. 1.

사고의 초점

사고의 초점이 눈앞의 현실에 있는 자와, 생사 너머 초월에 있는 자와의 소통은 어떻게 가능할까. 어떤 대화를 나누어야 할까.

인생의 포커 판

빈손으로 세상에 나와 사회(직장)라는 인생의 포커 판에서 어느 정도 금전을 얻었다. 지금은 남은 판돈을 포기하고 포커 판을 벗어나야 할 때다. 얻든 잃든 포커 판에 남아 있는 자체가 손해다. 남은 판돈을 위해 얼마 남지 않은 가장 소중한 시간을 잃고 있기 때문이다. 그런데 무엇을 더 벌려고 무슨 고민 속에 빠져 있는가, 무지한 자여.

종말의 기쁨

신의 형벌을 거의 다 마친 자의 안도감과 기쁨은 무엇에서 연유하는 가. 그것은 괴로운 노동에서 벗어난다는 사실과, 노동 없이도 그럭저럭 생활을 할 수 있다는 자신감 때문일 것이다.

죽음 앞에서도 기쁠 수 있을까. 죽음을 어떻게 생각하는가에 달려 있다. 죽음을 앞둔 경우, 고단한 삶을 더 이상 살지 않아도 된다는 사실과 죽음은 영원한 휴식임을 통찰하는 지혜가 있어야 한다.

구분의 기준

누구나 자연의 한 피조물. 선인과 악인은 없다. 깨달은 자와 무지한 자가 있을 뿐이다. 구분의 기준은 선/악, 귀/천이 아니라 섭리의 인식 유/무다.

사회라는 감옥

어떠한 자유가 부여된다 해도 그것은 사회라는 감옥 안에서 자유에 처해진 것일 뿐이다. 이제는 살면서 쌓아온 업을 지우며 살아야 할 때 다. 언제까지 업을 쌓기만 할 것인가.

단상

· 열정, 그것은 저절로 우러나오는 것이지 짜낼 수 있는 것이 아니다. 의식적으로, 또는 외부에서 강제할 수 있는 것이 아니다.

· 모든 것을 자신의 의지대로 할 수 있는 전능한 신이 아닌 이상, 인간

의 삶은 고통일 수밖에 없다. 남은 삶을 굳이 버리지는 않겠지만 결코 젊은 시절로 돌아가고 싶지는 않다.

· 사랑이란, 존재에 대한 갈망.

죽음을 연습하는 이유

첫째, 죽음을 알고자 함이 아니라 죽음에 대한 생각을 정리하고자 함이다.

둘째, 죽음에 가까이 있으면 죽음을 관조(성찰)할 수 없기 때문에 조금이라도 죽음이 멀리 떨어져 있을 때 죽음을 정리하고자 함이다. 즉, 준비된 죽음을 맞기 위함이다.

셋째, '나는 죽는다는 사실'을 마음속 깊이 수긍하며 현재를 더욱 충실하고 즐겁게 살기 위함이다.

삶의 의미

의미는 삶의 관계 속에만 내재한다. 삶의 관계를 벗어나면 의미는 존재하지 않는다. 의미는 삶 속의 목적에 수반되는 것이다. 삶 전체를 떠날 때(죽을 때) 나에게 무슨 의미가 남아 있을 것인가. 의미가 남아 있다면 그것은 타인들을 위한 것이다.

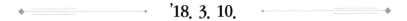

'18. 3. 10.

작은 앎

작은 앎을 가진 인간으로서, 그 불완전한 앎으로 인해 고통 속에서 사느니 그저 본능에 충실히 살다 가는 개의 삶이 더 즐거울 것이다. 깨달음만이 모든 것에서 자유로울 수 있다.

철학, 이 삶의 전장(戰場)에서

무지(無知), 그것은 천형(天刑).

인생

하루하루를 비극과 희극의 인생을 오가며 살다.

현실에서 가까이 바라보면 비극인 인생, 초월과 관조로써 희극으로 바라보다.

속물

사람들은 타인에 대한 찬사에는 내심 동의하지 않지만, 타인에 대한 험담이나 비난에는 기꺼이 박수를 친다.

◆ ──── ═══ ─── **'18. 3. 17.** ─── ═══ ──── ◆

죽음

죽음을 알고자 노력하는 것은 알 수 없는 것을 알려고 하는 부질없는 노력이겠지만, 죽음에 대한 태도를 연습하고 죽음에 대한 생각을 정리하여 죽음에 대한 자세를 옳게 갖는 것은 타당한 일이라고 본다. 또한 그러한 자세를 기반으로 여생을 어떻게 살아가야 하는가를 정리하는 것도 반드시 필요한 일이다. 죽음에 대한 태도는 삶에 대한 태도를 위한 것이다.

죽음의 선취란 삶의 완성. 나는 태어나기 전에도 자연의 일원이었고 지금도 그러하고 죽은 후에도 그러하다. 비록 지금은 의식을 가지고 살아 있다는 생각을 하지만 '나'라는 것은 알 수 없는 연기(緣起)에 의한 형태의 변화에 따라 생겨났을 뿐, 본래 자연을 구성하는 원소임이 진리이다. 집착할 것도, 두려워할 것도, 즐거워할 것도 없는 생의 기간을 무심히 살다 가면 되는 것.

"그대 이제 참됨으로 돌아갔는데 우리는 아직 사람으로 남아
있구나. 아…"

- 장자

참 지혜

안락한 현재의 환경을 뿌리치고 전진(행동)하기 위해서는 그렇게 하
기 위한 생각의 정리가 얼마나 많이 반복되어야 하는가. 시간(자유)을
팔아 돈을 사는 현 생활을 뿌리치고, 돈을 팔아 자유를 사려는 행위를
시작하기가 얼마나 어려운 일인가.

참 지혜는 깨달은 지혜대로 실천하는 것. 그런데 왜 실천하지 못하고
있는가. 지나고 나면 헛된 인생인데, 왜 귀중한 현재를 즐기지 못하는
가. 언제 닥칠지 모르는 죽음에 막혀 존재하지 않을 수도 있는 미래인
데, 언제까지 그 불확실한 미래를 대비만 할 것이냐.

관점의 이동

눈앞의 현재/여기의 현실에서, 시공간적 전체의 인식/통찰과 초월로
의 이동.

열망이라는 노예의 길에서, 인식과 통찰이라는 자유의 길로의 이동.

분별과 목적

모든 분별에는 분별의(분별하는 자의) 의도나 목적이 있다. 의도나
목적 없는 곳에 분별은 없다.

자연

자연은 나를 위하지 않는다. 자연은 스스로를 위한다.

자유와 자연

자유는 구속과 억압을 배경으로 하지만 자연은 그 무엇에도 구애됨이 없다. 스스로 필요충분하다.

◆ ──────── ◆ **'18. 4. 1.** ◆ ──────── ◆

머슴과 마름

머슴과 마름의 공통점은 둘 다 노예(하인)라는 것. 차이점은, 머슴은 자신이 노예라는 것을 알고 있지만 마름은 자신이 주인인 양 착각한다는 것. 회사에서 사원을 머슴, 고위 관리자나 임원을 마름이라고 하면 거의 맞지 않을까? 현실을 초월한 주인으로 살지 못한다면 현실에 얽매여 사는 마름이기보다는 현실을 통찰하는 머슴으로 살리라.

죽음에 대한 정리

죽음에 대한 정리 없이, '어떻게 살아야 하는가.' 등의 삶에 대한 정리는 불가능하다. 삶은 세상으로 발산하고 동시에 삶은 죽음으로 수렴하기 때문이다. 죽음을 배제한 삶의 계획은 닻 없는 배처럼 흔들리고, 떠도는 구름처럼 허망한 것이다.

사흘 후에 죽을 자의 시선으로 세상과 사건을 바라보라. 삶이 행복할 것이다.

진리의 상대성

최선을 다해 현실의 성공을 위해 살아가는 것이 젊은이의 진리라면, 중년 이후의 진리는 세상을 관조하며 사는 것. 즉, 유가 철학이 중년 이전의 진리라면 중년 이후의 진리는 도가 철학이다.

탁월함

탁월함이란, 하나가 다른 모든 것과 대척점에 있다는 의미, 일당백이라는 의미. 탁월하다는 의미에서, 도가와 다른 모든 동양사상과의 관계는, 니체 철학과 다른 모든 서양철학과의 관계와 같고, 또한 막시즘과 다른 모든 경제학과의 관계와 같다.

삶

누구나 태어나는 순간 삶의 노예가 되고 만다. 삶 속에 있을 때는 생사와 칠정에 고뇌하며 살아간다. 그러나 삶 밖으로 나와서 무한한 시간과 우주 공간을 관조하며 인간의 삶을 통찰하면, 인간은 누구나 다른 모든 생물처럼 우주의 한 개체로서 자신의 종족을 이어나가는 역할을 하다 사라질 뿐임을 깨닫게 된다. 그러한 삶에 의미를 두고자 하는 것은 삶에 취해 사는 인간의 소망일뿐이다. 그러한 삶에서 대의, 충성, 이념, 신앙 등에 또다시 취해 살아간다는 것은 정말 어처구니없는 일이다.

객관적 사실/주관적 감정

연극이 끝난 후의 정적은 객관적 상황(사실), 그 상황에서의 고독은 주관적 감정.

죽음은 객관적 상황, 죽음에 대한 두려움 또는 기쁨은 주관적 감정.

사랑

중년의 사랑은 이루어질 수 없기에 첫사랑과도 같다. 운명적인 아픔을 내포한 사랑이다. 한편, 이루어진 사랑(결혼)은 청춘의 사랑이라 하더라도 과연 아름답던가? 결혼은(맹목적 본능인) 사랑의 무덤이라는 말이 맞지 않을까.

코나투스(Conatus)를 넘어서

어둠, 죽음, 휴지…. 인간이 자발적으로는 원하지 않는 것들. 본능적으로 기피하는 것들. 기피하는 것은, 술에 취했음에도 자지 않고 한 잔을 더 마시고자 하는 것과 같이, 현재의 상태를 유지하고 싶은 마음이며 본능에 따른 행동이다.

자신의 존재를 보존하려는 경향인 코나투스를 인간의 본능이라고 할 때, 어둠, 죽음, 휴지는 코나투스의 감소를 가져오기에 슬프고 우울한 것인가. 맹목적 의지인 본능, 즉 코나투스를 초월한 깨달음과 지혜를 통해, 코나투스의 증가는 기쁜 일이지만 감소 또한 슬픈 일이 아님을 인식할 수 있을까. 코나투스는 양태의 자기 보존을 위한 본능적 의지일 뿐이다. 그것에는 아무런 이성적 통찰이 없다. 즉, 인간은 어둠을 본능적으로 두려워할 뿐이다.

깨달음, 통찰적 지혜를 얻고자 함은 본능을 극복, 초월하고자 함이다. 본능의 기쁨도 두려움도(코나투스의 증가도 감소도) 맹목적인 것이기에 그것을 관조하고 통찰함으로써 보다 높은 차원의 인식(자연의 의지, 섭리에 대한 이해)을 얻고자 함이다. 그럼으로써 코나투스의 증감은 결코 기쁘거나 슬퍼해야 할 일이 아니라는 것을 깨달을 수 있기에.

인위적 아름다움

나이는 먹어 가는데 얼굴이 늙어 가지 않는다면 어떨까. 60세에 30세의 얼굴이라면 아름다울까. 자연스러움이 곧 아름다움이다(자연주의적 오류의 논란이 있을지라도). 욕망을 밀어붙여 자연을 거스르는 인위적 아름다움은 흉측할 뿐이다.

◆━━━━━━━━◆ '18. 4. 8. ◆━━━━━━━━◆

나

인생이라는 거대한 무대, 나는 인생이라는 긴 시간 동안 하나의 배역으로서 현실을 살아가고 있다. 배역으로서의 나 너머에 배우와 관객으로서의 내가 공존한다. 배역, 배우, 관객으로서의 나는 적절히 공존하며 인생을 살아간다. 그 어느 하나도 '나' 전부는 아니다. 오히려 '나'는 없다. 김○○이라는 이름의 육체와 생각의 덩어리를 가진 그가 있을 뿐이다.

완전한 자유

완전한 자유, 극한의 자유란 어떤 것일까. 그 무엇에도 제약받지 않는 자유. 결국은 죽음을 등지고 있는, 죽음을 두려워하지 않는 자유만이 완전한 자유가 아닐까.

정진의 목적

우주 전체는 하나의 덩어리. 인과의 사슬에 묶여 연기의 법칙으로 이루어진 하나. 그 하나에 인간의 오성이 개입하면 사고의 범주에 따라 여럿으로 구분되어 쪼개지고 분별된다. 우리는 분별된 세계를 감각하

철학, 이 삶의 전장(戰場)에서

고 인식한다. 분별 이전의 세계, 주객 구분 이전의 세계를 인식하는 것이 정진의 목적.

삶의 의미와 무의미

삶의 의미를 찾는다는 것은 삶 속에 잠겨 있다는 것이다. 삶을 초월한 자는 더 이상 삶의 의미를 찾지 않는다. 그 의미는 곧 욕망이기도 하다. 삶에 욕망이 없으면 삶의 의미는 무의미하다.

젊음

젊음, 폭발하는 본능의 세포분열, 이성도 어쩔 수 없는 욕망의 도가니. 생명의 원동력.

단상

· 내가 너무 책에 의존하고 있는 것은 아닌가. 자귀의! 법귀의!
· 세상과 사람들을 걱정할 것인가, 나를 걱정할 것인가.
· 내가 참을 수 없는 것은 상사의 알량한 눈빛에 흔들리는 내 마음.

'18. 4. 15.

나와 참나 사이의 심연

삶과 죽음에 속박된 나가 아니라 생사를 초월한 나, 모든 것을 있게 하고 때가 되면 거두어 가는 그러한 우주 자체의 일원으로서의 나, 섭리 자체로서의 나가 참나임을 알고, 참나 자체가 곧 우주이고 섭리임을 인식하고 있다. 그러나 체화되지 않는 것은 무엇 때문일까. 나와 참나 사이에 놓여 있는 심연을 비약하지 못하기 때문이 아닐까. 여래장을 가리고 있는 번뇌도 그 심연을 가리키는 것이 아닐까. 진정으로 참나를 원한다면 그 심연을 '인식' 아닌 '믿음에 의지'하여 건널 수도 있지만 어떤 것에 의지한다는 사실 자체가 깨달음의 순도를 떨어뜨리는 것이다.

죽음에 대한 태도

내가 지금의 나이와 나의 늙어 감을 아쉬움 속에서도 받아들이는 것처럼, 60, 70, 80, 혹은 언제라도 죽음의 시기가 오면 그때도 거부감은 있겠지만 큰 저항 없이 받아들일 것이다. 그것이 섭리일 것이다. 즉, 젊은 시절에는 죽음이 멀리 있다고 생각하고 죽음에서 도망치려 하지만, 나이가 들어 죽음을 앞두고서는 대다수가 담담하게 죽음을 수용하게 되는 그 자체가 섭리일 것이다.

- 삶의 한 가운데에서는 죽음에서 도망치려 하지만, 죽음이 가까이 오면 결국 그것을 수용하는 것.

소망

오랜 병 수발의 고통 끝에 "당신 이제 그만 갔으면 좋겠다."라는 가족의 말을 들어야 하는 상황이 오지 않기를. 정신이 육체를 떠나기 전에 반드시 스스로를 거두기를. 죽음은 결코 고통스럽거나, 나쁘거나, 두려운 것이 아니라 평안한 변화라는 깨달음을 그때까지 견지하기를.

단상

· 사랑은 자신이 별 볼 일 없는 존재라는 인식에서 출발한다.
· 돈이 부족하지 않은 인간은 없다.

철학, 이 삶의 전장(戰場)에서

> "성격이 곧 운명이다."
>
> — 헤라클레이토스

· 우리는 미래를 걱정하지만 현재를 살 뿐이다.

'18. 4. 21.

삶의 차이

같은 음식을 먹어도, 같은 술자리라도, 개인에 따라 즐거움의 폭이 다른 이유는 그 시공간의 귀중함에 대한 연기적 통찰을 하면서 즐기는 자와, 음식의 맛 또는 그 당시의 외부환경만을 감각하면서 즐기는 자의 지적 능력, 상상력의 차이에 있다. 삶의 차이도 그와 같다.

노후 대비

철학 하는 자, 사유하는 자가 나이가 들어도 권태롭지 않을 수 있는 이유는 책, 사건, 상황 등에 대한 인식 능력, 통찰력을 소유하고 있기 때문이다. 따라서 노후 대비에 필요한 것은 금전만이 아니다. 오히려 내적인 인식 능력이 더 필요하기에 노년이 되기 전에 책 읽고 생각하고 글을 써야 한다.

무(無) → 유(有) → 무(無)

자식을 낳는 것은 부모의 본능적 무지 또는 욕심 때문이다. 자식으로서는 무(無)의 상태에 있는 것이 최선이다. 유(有)로 태어나는 순간 고통이 시작되고, 각고의 노력을 해야 스스로가 무임을 깨닫고 고통을 벗어날 수 있으나 그런 사람은 1%도 안 된다. 그럼에도 불구하고 태어남이 축복일 수 있는 이유는, 누구나 인생의 칠정을 즐기다가 삶이 싫어지면 원하는 때에 무로 돌아갈 수 있기 때문이다. 그런 의미에서 누구나 무로 돌아갈 수 있는 천국의 열쇠를 소유하고 있는 것이다. 나 또한 자연의 일원으로서 다른 모든 것들처럼 나에게 죽음이 온다는 사실에 감사한다.

한계에 대한 성찰

인간 자체에 대한 성찰을 통해 자신의 한계를 직시해야 한다. 그 한계 너머의 것을 좇는 우(愚)를 범하지 않도록, 뱁새 가랑이 찢어지지 않도록. 유한한 인간이 무한한 지식을 좇는 것 같은. 사 놓은 책 다 읽지 못하고 세상을 등질 것이 분명한데도 계속 책을 사들이는 우(愚).

원인으로서의 섭리

생명, 성장, 죽음 등은 모두 자연의 이치, 즉 섭리의 일부. 내가 인지하는 섭리는 결과로서의 섭리인데 원인으로서의 섭리는 과연 무엇인가. 결과를 만들어 내는 작용하는 힘으로서의 섭리는 알 수 없는 것인가. 그 힘을 알 수 없기에 섭리라고 부르는 것인가.

◆══════════ ◆ **'18. 5. 5.** ◆ ══════════◆

취중 단상

서가에 꽂혀 있는 읽고 싶은 수많은 책들이, 살가운 숨소리로 유혹하는 한 여인만 하겠는가.

죽음을 향한 가속

4시간의 자작 연회, 4시간의 잠, 새벽잠 깨어 곰곰 생각하니 애써 죽음을 향해 가속하고 있는 것은 아닌가. 죽음을 이해하는 자는 죽음을 흔쾌히 맞을 것이다.

◆ ———————— ● **'18. 5. 6.** ● ———————— ◆

깨달음

깨달음이란 신비스러운 무엇이 아니라 일상의 가르침을, 그리고 이해할 수 있는 가르침을 받아들이는 것. 즉, 이해하는 것을 받아들이는 것, 그 이상도 이하도 아니다. 반야심경의 내용을 이해하는 자는 많을지라도 그대로 받아들이는 자는 많지 않을 것이다.

너무나 쉬운 깨달음을 곁에 두고 우리는 얼마나 먼 길을 돌아가고 있는가. 거부하는 마음을 거두면 그만인 것을.

흥취

누군가에게 연락이 와서 당연히 참석하여 별생각 없이 마시는 술자리와, 당연의 베일을 걷어 버리고, 무한한 천지 가운데 수많은 인연이 얽혀 이 자리에 운명처럼 만났고, 모두에게 얼마 남지 않은 소중한 광음을 함께 나누고 있다는 생각을 하며 마시는 술자리의 흥취는 엄청 다를 수밖에 없다. 이런 술자리라면 몸이 아프다 한들 어찌 아니 마실쏘냐.

◆ ———————— ● **'18. 5. 12.** ● ———————— ◆

세월이 흘러감에 대하여

중년 이후에, 세월이 간다는 것은 객관적 시각에서는 아무 변화 없는 무감의 현상이지만, 주관적 시각으로는 너무나 애절하다. 특히 늙어 가는 세월의 흐름이란 원망스럽기 그지없다. 미(美)에서 추(醜)로 변해 가는 자신의 모습을 볼 때, 수용하지 않을 수 없는 무력감과 그에 따른 분노에 휩싸이곤 하는 것이다.

◆ ══════ ◆ **'18. 5. 26.** ◆ ══════ ◆

고통

나이가 들면서 작은 고통도 필요 이상 두려워한다. 오늘 저녁은 두 가지 고통에 잡혀 있다. 욕망하는 것을 할 수 없는 고통 아닌 고통, 원치 않는 것을 해야 하는 고통. 오늘 저녁에는 술은 물론 완전히 굶어야 함에 괴로워한다. 또한 위/대장 내시경 검사와 그에 따른 준비 과정을 상상하는 것만으로도 두려워하고 있다. 예전에는 재미있게 겪었던 일이었는데….

죽음에 대한 대비

진아에 대한 깨달음의 추구, 그러나 인식 능력의 한계로 인한 답답함. 죽음에 대한 성찰, 그러나 결국에는 다가오는 죽음에 대한 대비 없이 죽을지도 모른다는 불안감.

살아 있는 한 죽음은 알 수 없다. 죽어서는 더욱 알 수 없기에 죽음은 결국 알 수 없는 것이다. 그럼에도 불구하고 내가 죽음에 천착하는 이유는, 죽음에 대한 선철(先哲)의 여러 성찰들과 스스로의 사유를 통해, 맹인 코끼리 만지듯 이라도 나름대로 죽음을 이해하고 그 죽음을 두려움 없이 맞이하기 위함이다.

죽음 앞의 삶이 3일 남은 자와 30년이 남아 있는 자의 하루의 소중함은 같지 않을 것이다. 그러나 전자의 3일과 후자의 3일은 같은 3일일 뿐이다. 비록 30년의 생이 남아 있을지라도 3일밖에 남지 않은 자의 하루를 살아야 함을 자각하고 있다. 비록 느낌은 같지 않을지라도. "죽음은 느닷없이 생의 한 가운데를 절단하는 것"이기에.

직장 생활을 되도록 빨리 정리하고자 함은 성찰 없는 분주함보다는 권태로운 자유의 삶일지라도 그것이 더 유익함을 깨닫고 있기 때문이다. 그러나, 박제된 왕보다 흙탕물을 휘젓고 다니는 미꾸라지의 삶이 더 좋음을 알면서도 어찌하여 박제된 왕의 삶을 지속하고 있는가.

나는 죽음을 무릅쓰지 않는다. 다만 개의치 않을 뿐이다.

◆ '18. 5. 27.

고민

살해당할 상황인가? 아니라면 두려워하지 마라.

지금 진정 원하는 것은 무엇인가.

원하는 그것을 하라. 왜 번민하는가. 이미 준비가 다 되어 있지 않은가.

채무자의 거친 저항에 피로를 느껴 손해를 보더라도 채권을 포기하는 나약한 채권자로 사는 것은 과연 지혜로운 일인가. 자신에게 남은 삶의 시간은 약 15년이라면.

직장 생활은 언제까지 할 것인가.

현재의 삶을 벗어나 보지 못한 자의 한계

현재의 삶을 벗어난 시공간에 있는 쾌락을 모르거나, 그 시공간이 권태로울까 두려워하여 현재의 생활을 어떻게든 조금이라도 연장하려는 무지. 마치 죽음을 모르는 자가 삶을 결코 놓지 않으려는 것처럼.

죽음 앞에 놓인 얼마 안 되는 삶을 즐겁게 사는 지혜의 하나는 현실 자체를 보지 말고 현실보다 못한 어떤 것과 현실과의 차이를 보고 느끼면서 살아가는 것.

현실은 곧 당연시되고 지루해진다. 행복이 양(+)의 미분 값이듯, 삶은 작더라도 기울기가 있어야 행복감을 느낄 수 있다. 몸은 현실의 세계를 살지라도 마음은 차이의 세계를 사는 것이 지혜로운 삶이다.

인생길

지난 생애를 돌아보며 자신의 인생길을 평면으로 펼쳐진 지도에 나타난 여러 갈래의 길 중에 하나의 선으로 생각할 수도 있다. 그러나 인생길은 하나로 곧게 이어진 길이 아니라 수많은 갈래 길의 종합이다. 인생의 행로에 무수히 마주쳤던 갈래 길에서 선택을 통해 수많은 다른 가능성을 접고 여기까지 왔으나, 접었던 수많은 가능성 중에 하나를 선택했다면 완전히 다른 위치에 있거나 아니면 벌써 무덤에 있을 수도 있다. 그 모든 가능성 간의 차이를 모두 통찰할 수는 없겠으나 인식할 수 있는 한 그 차이들을 상상하며 사는 것이 풍요로운 삶일 수도 있겠다.

삶과 죽음

너무 삶과 죽음을 깊이 생각하고 있는 것은 아닌가. 다소 죽음을 두려워하는 삶이 더 건전할 수도 있는데…. 죽음이 삶보다 나쁘다고 생각하지 않지만, 타인의 눈에는 그런 사람이 이상하게 보일 수도 있는데….

자신의 부재(죽음)를 주변인이 걱정하거나 슬퍼한다는 생각은 대부분 오류다. 다들 본인 없이도 잘 살아가게 되어 있다. 그것은 자연의 섭리. 무수히 증명되었고 지금도 증명되는 사실.

'18. 6. 9.

외면의 삶/내면의 삶

외면의 삶에서는 지금, 여기라는 시공간을 살 수밖에 없다. 그러나 내면의 삶에서는 삼세와 전 우주를 살 수 있다. "굴처럼 현실에 딱 붙어 산다."라는 말은 외면의 삶이 전부인 양 산다는 뜻일 것이다. "지금 이 순간을 살아라."라는 말은 현재를 미래를 위한 수단으로 여기지 말고 현재에 집중하고 현재의 쾌락을 즐기라는 뜻일 것이다. 그러나 현재가 고통스러울 때는 그 고통에 빠지지 말고 내면의 삶으로 돌아가 관조해야 한다.

죽음과 의식

진아는 우주의 의식, 곧 섭리로서, 그 일부가 나라는 의식으로 현현되어 있다. 육체는 죽음과 함께 자연으로 돌아가는 것은 의심의 여지가 없으며, 의식의 모체, 즉 섭리로서의 진아는 죽음과 무관하게 존재한다. 진아의 입장에서 개인의 죽음은, 바다에서 잠시 생겨난 파도의 물방울이 다시 바다로 사라짐과 같다. 의식이 진아와 동기화한 순간(자신이 섭리의 일부임을 인식하는 순간) 의식은 스스로를 전체(우주, 섭리, 진아)와 합일한다. 죽음에 따라 '전체와 하나이며 전체의 일부인 개인의 의식'은 사라져도, 이미 진아를 인식했다면 그에게 죽음은 아무런 영향을 미치지 못한다.

나의 무지

아 아…. 어쩌란 말인가 세월을 알면서도 여기까지 와 버렸으니. 이제라도 정신을 차려야 하는데, 금전을 모으는데 아직도 인생을 허비하고 있으니. 정말 얼마 남지 않은 인생인데, 미래의 끝은 죽음인데….

새로운 삶에 대한 동경과 욕망, 그러나 아무런 제약이 없는데도 현재의 삶을 떠나지 못하는 무지. 죽음의 팔에 안길 무렵에야 비로소 후회하는 무지. 삶의 무서운 관성. 변화에 대한 거부감. 머뭇거리는 자여 인식한 바를 제발 실천하라.

여생에서 나에게 1년의 금전과 1년의 자유 가운데 무엇이 더 소중한가. 이 선택에 로또 당첨이라도 필요한 것이냐.

타인의 무지

자신이 만들어 낸 덫에 걸려 짐승처럼 고통 속을 살아가는 무지한 사람들. 자신이 만들어 낸 환상을 진리라고 믿고 사는 무지한 사람들. 지혜만이 그 덫을 풀 수 있는 것. 그 환상을 걷어 내고 믿지 않으면 쉽게 벗어날 수 있는 것. 무지는 무식보다는 오해에 더 가깝다.

현자

사람들은 자신의 노화현상을 감지하고도 "아직은 아니야."라고 하며 다른 생각 없이 지나간다. 그들은 죽음을 몇 시간 앞두고도 같은 생각을 할 것이다. 현자는 자신의 죽음을 바라본다. 그것이 최소한 얼마의 시간 후에는 앞을 가로막을 것임을 이미 인식하고 있다. 그때가 오늘일 수도, 내일일 수도 있기에 언제 죽음의 사자가 오더라도 무심히 손 털고 그와 함께 갈 수 있도록 모든 준비를 이미 마쳤다.

삶의 달음박질

인생은 시멘트벽에 긴 나사못을 박는 과정과도 같다. 잘 박히지도 않고 돌아가지도 않는 나사못을 회전시키기에 바쁘다. 나사못이 깊게 박혀 더 이상 회전하지 않게 되는 것이 죽음인데 대부분 나사못의 깊이를 생각하지 않고 나사못을 돌리는 데 여념이 없다. 나사를 빨리 박는 것이 인생의 성공인 양. 죽음이 어느덧 근접한 것도 모르고.

사람들은 죽음을 잊은 채, 죽음을 향해 열심히 뛰어가는 것을 미덕으로 여긴다. 죽음을 이야기하는 것을 싫어하고 삶을 쉬어 가는 것을 무능력하다고 생각한다. 근면과 노동은 좋은 것이고 그렇게 살아야 한다는 조작된 환상에 사로잡혀 있는 것이다.

바라볼 수 있는 것과 깨달아야 하는 것

대상과 그 이면, 현상과 본질, 삶과 죽음, 인과율과 섭리.

사색과 죽음

죽음은 살아 있는 자의 것. 그러나 무지한 자나 삶이 고달픈 자에게는 죽음도 없다. 죽음조차 사색하는 자, 여유 있는 자의 것이다. 사고할 수 없는 자에게는 죽음도 없다.

되돌아보면 과거의 한 시점에서 볼 때, 미래에 예정되었던 모든 것은 예정대로 도래하였다. 나의 죽음도 그러할 것이다. 길게는 25년, 짧게는 1~2일 안에 죽음이 도래할 것이다. 과거를 돌아보면 25년은 그리 길

지 않은 시간이며 노년의 시간의 속도를 고려할 때, 벌써 10년은 흘러
간 셈이다.

마지막 오디세이

당신은 어디로 그렇게 서둘러 가고 있는가. 당신의 목적지에는 무엇
이 기다리고 있는가. 그것을 알면서도 왜 그리 바삐 가는가. 왜 그토록
두려워하는 것을 향해 질주하는가.

오십 대라면 누구나 죽음이 멀지 않음을 직감할 것이다. 그러나 대부
분, 아직도 현실에 스스로 몰두하느라 여념이 없다. 그리하여 그들은
두 눈을 뻔히 뜨고 다가오는 죽음을 바라보면서도 죽음의 품에 머리가
안길 무렵에야 비로소 죽음을 생각하는 것이다. 알면서도 현실이 죽음
보다 더 곤궁하고 처참하기에 죽음을 성찰하지 못하는 경우도 있고, 손
에 잡히는 현실의 욕망을 놓치고 싶지 않은 무지 때문에 죽음을 성찰하
지 못하는 경우도 있다. 그러나 두 경우 모두, 이미 늦은 것이다. 마지
막 오디세이를 아무런 준비 없이 시작하게 되는 것이다. 황천길이 있다
면 아마도 개고생을 할 것이다.

소이부답 심자한(笑而不答 心自閑)──산중문답(이백)

나의 "소이부답 심자한"은 해야 할 모든 것을 이미 다 해 놓은 상태,
모든 대비가 끝난 상태에서 무엇이 일어나도 좋은 그런 마음. 오늘 죽
음이 와도 한가로운 마음.

사랑

곁에 있던 미모의 여인은 가고…. 가지 않아도 어떻게 해 볼 수도 없는 현실…. 관습과 도덕에 갇혀, 떠나는 뒷모습을 무기력하게 바라볼 수밖에 없음을 인정해야 하는…. 가능성은 있으나 실현할 수는 없는….

사랑은 본능. 폭풍처럼 들이닥치는 것. 몸이 먼저 받아들이는 것. 사랑은 이미 왔다 갔다.

'18. 7. 21.

정리된 삶

거의 모든 것이 숙고/정리되어 어떠한 상황이 되어도 문제없는 삶을 살아가는 자는 얼마나 행복한가. 삶과 죽음을 벗어났기에, 삶에 연연하지 않고 죽음도 두려워하지 않는 자는, 자족의 삶에 얼마나 평안할 것인가. 더 이상 욕망하지 않으며 더 이상 두려워하지 않는 그는 자족, 평안, 기쁨 가운데 있는 것이다. 그럼에도 불구하고 현실 속에서 주말을 기다리며 즐거워하는 것은 무지한 것일까.

잘 사는 법

삶은 하루하루가 모여서 이루어진다. 행복한 삶은 행복한 하루들의 합이다. 오늘 하루를 즐겁고 만족스럽게 살기 위해 노력하라. 미래의 커다란 결과를 향해 매진하기보다 하루의 작은 결과에 승부를 걸라. 미래의 큰 행복을 쫓기보다는 매일의 소소한 행복을 위해 노력하라. 하루를 마쳤을 때 행복하고 감사한 마음이라면 그 하루는 성공한 하루다. 감사는 만족의 다른 표현이기에.

오늘도 하루는 안온하게 갔다. 지나가 버린 24시간, 그것을 어떻게 생각하고 받아들여야 하는가. 새털같이 많은 날이라는 말은 철없는 자의 치기에서 나온다. 지나온 세월을 돌아보라. 새털같이 많은 날은 다 어디로 가고 몇 덩어리의 기억만 남아 있는가. 무한한 시공간 상에서의 자신의 유한함을 통찰하라. 남은 생을 어떻게 사는 것이 가장 지혜로운 것인가를 숙고하라.

늘 마지노선으로 생각하는 고희까지는 얼마 남지 않았다. "일편화비감각춘 풍표만점정수인 차간욕진화경안 막부상다주입순."이라고 했던 두보도 이 같은 마음이었으리.

인식과 존재

참 인식의 순간, 존재는 사라진다.

좋은 책

진정 좋은 책이란 재미있거나 지식을 더해 주는 책이 아니라 독서 중에 문득 상념을 떠올리게 하는 책이다.

'18. 7. 28.

지혜

과학은 사유하지 않듯, 지식은 지혜를 가져오지 않는다. 지혜는 내부에서 생산할 수밖에 없는 것이다. 성찰만이 그 도구다.

허비되는 삶

오늘도 눈앞의 현실을 사느라 하루를 허비했다. 자유와 성찰 없는 삶은 허비되는 삶이다. 여생의 일부를 금전과 바꾸는 것은 나의 경우, 현명한 일인가. 나의 육체적 자유가 금전에서 연유한다 해도, 정신적 자유는 금전이 아닌 지혜와 깨달음 속에 있다. 나는 과연 언제까지 자유를 추구할 수 있을까. 금전적으로는 돈이 다 떨어지는 날까지, 육체적으로는 육체가 내 의지를 따를 때까지, 정신적으로는 정신이 온전할 때까지. 그러나 셋이 모두 가능한 시간은 얼마 남지 않았다.

'18. 7. 29.

아비 마음

딸아이의 웃음을 보고 싶지만 울음 나오는 얘기를 해야 하는 아비 마음.

깨어남

이 무한한 시공간에서, 유한한 나는 그 무엇을 소유하려 하는가. 인생에서 무엇을 더 얻으려 하는가. 손에 잡힐 듯한 과거와 영원할 것 같은 미래가 있다는 착각에서 언제쯤 깨어날 것인가. 인생은 지극히 유한함을, 그중에서도 나의 여생은 곧 끝날 것임을, 언제쯤이나 확실히 인식하고 행동할 것인가. 이 기막힌 현실에서 이 무슨 소꿉장난 같은 삶을 살고 있단 말인가.

깨달음

깨달음을 추구하는 삶을 사는 그 마음 자체가 중요하다. 깨달음을 인식하면 좋겠지만 그 수준에 못미처도 괜찮다. 왼쪽으로 기운 나무는 언젠가는 왼쪽으로 넘어진다는 말처럼, 깨달음을 향한 마음을 가진 자의 삶 자체가, 깨달은 자의 삶과 크게 다르지 않을 것이기 때문이다. 깨달고자 하는 그 간절한 마음이 곧 깨달음이다.

은퇴 후 소일거리

술 화/목/토, 산책 매일, 등산 격주, 탁구 매주, 텃밭 격일, 식도락여행 매월, 사색/저술/독서 매일, 자전거 매주, 영화 가끔.

자유롭게 된 후 여가를 어떻게 사용할까, 즐길까를 생각하는 것도 중요하지만 그 자유와 여가를 이용해서 어떤 사람이 될 것인가를 생각하는 것이 더 중요하다. 그러나 즐길 수 있을 때 즐기는 것도 현명함이다. 살아 있다는 것보다 더 큰 희열이 무엇이랴.

'18. 8. 4.

애주가의 변

무한한 공간과 영원한 시간 속에서 잠시 스쳐 가는 인생, 그 유한함을 깊이 인식한 자라면, 생의 무의미한 연장보다는 현재의 의미 있는 한 잔 술을 택할 것이다. 다가오는 죽음을 가속함이 두렵다 하여 어찌 술을 마다할 것인가.

성찰

성찰하는 삶을 위해서는 상당한 노력과 지혜가 필요하다. 다채롭고 오감이 생생한 외부 세계에 대한 관심을, 어둡고 희미한 내면세계로 돌리는 것은 결코 쉽지 않은 일이기에.

통찰과 희망

통찰과 희망은 양립할 수 없기에 희망보다는 통찰을 원한다. 현자는

철학, 이 삶의 전장(戰場)에서

통찰하기에 희망을 품지 않는다.

운명

이제 와 생각하니 운명을 미리 알았더라면 덜 힘든 삶을 살 수 있었을 것 같다. 그러나 젊은 시절에는 운명을 알고 싶지 않았다. 운명이 두려웠고 죽음이 두려웠다. 모든 것을 섭리로서 받아들일 수 있는 나이가 되니 삶과 죽음과 운명을 사랑할 수밖에 없다.

시간의 가치

여건이 되는 한, 가능하면 빨리 회사를 그만두어야 한다. 그 이유는 회사 생활을 하는 동안의 시간은 소중하게 생각되지 않고, 어서 지나가 버렸으면 하는 저당 잡힌 시간으로 생각되기 때문이다. 회사 생활을 하는 동안의 시간이든, 은퇴한 후의 시간이든 똑같이 소중한 시간임을 인식해야 하지만, 괴로운 시간이 빨리 지나가기를 바라듯, 직장 생활의 시간이 빨리 지나가기를 바라는 것은 본능인지도 모른다.

젊은 날의 가치

가을 날씨 같이 무엇을 해도 좋은 젊은 시절의 시간들. 여름과 겨울 날씨같이 제약이 많은 노년의 시간들. 같은 시간이라도 하루라도 젊은 날의 시간이 소중하다.

자유

자유와 시간은 동시에 주어져야 한다. 자유 없는 시간이나 시간 없는 자유는 무의미하다.

자유와 권태는 같은 것에 대한 다른 표현이다.

정신의 진보

인간의 정신을 진보시키는 것은 그의 유능함이 아니라 그의 결점이다.

시간의 속도

느끼는 시간의 속도 차이는 낯설음과 익숙함의 차이다. 느끼는 시간의 속도는 익숙함에 비례한다. 노년으로 갈수록 시간은 빨리 간다.

'18. 8. 19.

인생의 승리자

인생에서 최후의 승리자는 금전을 많이 모은 자도, 명예와 권력을 많이 얻은 자도 아니다. 가장 많이 인생을 즐긴 자이다. 단, 섭리에 대한 인식을 한 자라면. 섭리의 인식 없이 그저 즐긴 자는 망망대해에서 자신의 위치도 앞날도 모른 채 불안 속에서 살며, 그 불안을 피하려고 쾌락에 탐닉한 자일 뿐이다.

형이상학과 형이하학

"형이상학(철학)은 공허하고 재미없다."라기보다는 "형이하학(현실)이 훨씬 더 오감을 자극하고 가까이 있다."라는 편이 옳을 것이다. 형이하학을 넘어 형이상학으로 가야 하는 이유가 10개라면 형이하학에 머물러도 되는 이유는 200개도 넘을 것이다. 형이하학으로는 만족할 수 없기에 형이상학으로 가는가, 아니면 형이하학을 즐길 만큼 여유 있는 환경이 아니거나 그럴 수 있는 능력이 없기에 대신 형이상학을 추구하

철학, 이 삶의 전장(戰場)에서

는가. 즉, 자신의 현실적인 능력이 부족하여 오히려 현실을 비웃는 것은 아닌가. 그 도피로서 철학을 하는 것은 아닌가.

화

화를 낸다는 것은 상대보다 우위에 있다는 무의식에 기인한다. 화는 곧 교만, 겸손할수록 화를 내지 않는다.

양서

위대한 사상서의 양서 여부는 독자의 인식 능력에 달려 있다.

잠재 가치

로또의 잠재 가치는 로또를 가진 자가 그 로또의 당첨 번호를 모르는 한, 당첨 여부와 상관없이 유지된다. 그러나 로또의 당첨 번호를 확인하는 순간 잠재 가치는 사라지고 현 가치만이 남게 된다. 잠재 가치가 현 가치로 변화하려면 어떤 절차(로또 당첨 번호의 확인 등)를 거쳐야 한다. 그러한 절차를 거치지 않는 한 잠재 가치는 영원히 잠재 가치로 남는다. 학위 없는 종교수행자, 공인되지 않은 구도자의 깨달음 등도 그러한 범주에 있다.

◆━━━━━ • '18. 8. 25. • ━━━━━◆

깨달음의 정석

보편을 인식한 자는 개별에 무심한 법, 우주의 섭리를 깨달은 자가 어찌 자신의 운명에 연연하리요. (우주의 섭리>인간의 숙명>나의 운명)

저당 잡힌 시간

여유시간들을 어떻게 후회 없이 사용할 것인가. 이 저당 잡힌 시간들을 어떻게 유용하게 사용할 것인가. 자유 없는 시간의 한계. 자유 없는 세월은 더 길다.

경제적 여유와 정신의 진보

경제적 여유가 정신적 진보에 도움이 될 수도 있다. 반대로 정신적 진보가 경제적 여유를 느끼게 할 수도 있다. 두 가지 경우가 상호작용한다면 더욱 좋은 삶이다.

남은 생

남은 생 동안 어떻게 사는 것이 가장 좋은 삶일까. 무엇을 해야 웃으면서 죽음을 맞이할 수 있을까. 죽음 앞에서도 여전히 이와 같은 생각을 할까. 죽음에 다가갈수록 내 정신은, 태양을 향해 날아가는 이카루스의 밀랍 날개처럼 녹아내려, 코마의 상태에 빠질 것이다. 그 직전의 나는 무슨 생각을 할까.

시원의 망각(통찰의 부족)

본래의 원료에서 멀어질수록 자신과 원료를 무관한 다른 것이라 생각한다. 마치 진흙에 대하여 진흙 인형보다는 도자기가 더 진흙과 무관하게 생각되는 것처럼. 우주의 시원에서는 인간이나 동식물, 그 밖의 모든 것들은 어떤 원소에 지나지 않았다. 그 원소들의 배합으로 모든 것이 이루어진 것이다. 이러한 관점에서 나와 대상은 다르지 않고 삶과 죽음조차 다르지 않은 것이다.

철학, 이 삶의 전장(戰場)에서

죽음에 대한 사유의 필요조건

죽음에 대해 깊이 사유할 수 있다는 것은 그만큼 삶에 여유가 있다는 것. 삶이 고단하면 죽음을 사유하기 어렵다.

죽음을 사유한다는 것은 자신의 인생 전체를 관조한다는 것. 무지하면 자신의 현실을 빠져나올 수 없다.

단상

- 정의란 이데올로기에 따라 변하는 것.
- 정의로운 삶이 아니라 좋은 삶을 어떻게 살 수 있을까.
- 사람들은 **부조리에 대한 저항 본능을 자신의 안락과 교환한다.**

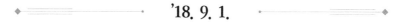

'18. 9. 1.

상실의 고통

성취의 기쁨보다는 상실의 고통이 더 큰 법. 소중하게 여기는 것들 (가족, 금전, 새로 산 자동차…)은 성취 후 얼마가 지나면 당연의 베일에 가려져 더 이상 기쁨을 주지 못한다. 그러다가도 일부가 상실되면 엄청난 고통과 괴로움이 찾아오고…. 처음부터 없었더라면 겪지 않아도 되는 고통들. 최소한의 필수품 이상의 소유는 기쁨의 원천이 아니라 고통의 씨앗임을 알면서도 그리하지 못하는 나는….

보편의 인식

'이(理)는 기(氣)를 타고 오는 것.' 개별의 삶에 드리워진 보편의 그림자를 보고 종(種) 전체의 보편적 운명을 인식한다. 보편을 인식한 자는 개별을 통찰한다.

생의 의지

쾌청한 하늘, 선선한 바람, 이 아침 샘솟는 생의 의지는 무엇에서 연유한 것이냐. 늘 죽음을 등에 지고 사는 자에게도 삶을 향한 본능은 어쩔 수 없는 것인가. 불멸은 인간의 꿈, 그러나 불멸은 재앙이다. 영원히 죽지 않고 살아 있어야 하는 고통. 죽음은 피해야 할 고통이 아니라 영원한 휴식이라는 축복이다. 불교의 사고(四苦) 역시 생(生)에서 시작하는 것처럼. 생(生)이 고(苦)인 이유는 의식주를 비롯한 인간의 욕망을 결코 채울 수가 없기 때문이다. 게다가 삶을 유지하려는 본능 또한 고통의 원천이고.

'18. 9. 2.

강남 집값

강남 집값이 오르는데 왜들 난리인가. 천혜적 가치와는 무관하게 인위적 가치에 쏠리는 사람들. 그들은 자신의 욕망이 아닌 타인의 욕망을 추구하고 있는 것은 아닌지. 자신은 결코 강남에 살 일도 없고, 살고 싶은 마음도 없으면서, 혹이라도 지인의 집이 강남에 있다면 부러워하는 동시에 시기하는 것이다. 그렇다면 홍콩이나 밴쿠버의 집값 상승에도 부러워하거나 열 받아야 하는 것 아닌가. 강남 집값 상승은 실제의 가치 상승이 아니라 인간의 맹목적 가치 상승이라는 면에서 17세기의 네덜란드 튤립 파동 사건과도 같다. 또한 일부 가진 자들의 투기로 인한 가격 상승이라는 점에서 주식시장의 작전주 가격 상승과도 같은 것이다. 그들만의 리그에 끼어들지 않는 것이 현명하다. 가치의 전도, 가치의 오류 인식이기에.

민족주의

민족주의는 식민 지배를 받는 나라나 약소민족의 독립을 위한 이데올로기로써는 나쁘지 않다. 그러나 지배국이나 우월적 지위에 있는 나라의 민족주의는 제노사이드까지 일으킬 수 있는 위험한 이데올로기이다. 나치 독일의 민족주의가 역사적인 사례다.

비판 없는 수용

어떤 주제에 대해 자신이 생각하지 않은 채, 타인의 생각을 그대로 수용하는 것은 타인이 씹어 소화시킨 액체를 마시는 것이다.

부처의 탄생게

천상천하 유아독존(天上天下 唯我獨尊). 천상천하에 오로지 나만이 존귀하다?

오도송(悟道頌)은 이해의 차원에서 다가갈 수는 없다. 남의 것의 이해가 아니라 자신의 내부에서 솟는 인식만이 그 이해를 대신할 수 있다.

속물

최소한 속물이 되지 않고자 철학과 사색을 하며 발버둥 쳤지만, 어느 순간 나에게서 지극히 속물적인 언행이 나올 때, 그 자괴감이란! 속물의 티를 벗어나기는커녕 철저한 속물임이 입증된 것이니.

'18. 9. 15.

나와 타인

나는 결국 내 안에 머무를 수밖에 없는가.

타인에 대한 나의 생각도 나를 벗어날 수 없는가.

확인해야 할 것

나는 지금 살고 있지만 동시에 죽어 가고 있음을 확인해야 한다.

멀리 있다고 생각되는 죽음도 사실은 가까이 있음도.

생각 없는 하루하루가 가면, 손쓸 겨를도 없이 맞닥뜨린 죽음 속으로 빨려 들어갈 것도.

합일

내가 보는 세계는 나의 감각으로 재구성된 상, 나는 세계의 실체를 볼 수 없다.

나조차 대상으로 바라보다. 주관을 객관화하다. 합일.

'18. 9. 16.

수줍음

성인의 수줍은 성격은 정신병이다. 극도의 이기적인 자기방어이며 타인에 대한 배려 결핍이다. 방치해서는 안 될 병이다.

인간관계

인간 사이의 관계라는 것이 얼마나 얇은 유리 위에 구축되는 것이기에 그 관계를 유지하기 위해 그토록 세심한 노력을 기울이는가. 그러나 부주의로 깨어진 관계를 사람들이 큰 아쉬움 없이 받아들이는 것을 보면 인간관계란 얼마나 덧없는 것인가.

외로움

저녁 무렵의 본원적 외로움, 40년 이전에 살았던 대다수의 인간에게는 사치스러운 감정이었을 것이다. 당장 먹고사는 문제에 발끝이 패였기에.

생의 비애

내가 죽음에 천착하는 이유는 즐겁고 의미 있는 삶을 살고 싶기 때문이며, 생의 즐거움보다는 생의 비애에 관심을 갖는 이유는 그 비애를 관조함으로써 그것에서 멀리 떨어진 삶을 살고 싶기 때문이다. 하루는 또 가고 있고 희극적 삶이든 비극적 삶이든 내 삶은 또 하루가 줄어들었다.

좋은 삶

정신적, 물질적으로 원하는 것보다 가진 것이 많고 죽음에 대한 두려움을 넘어 하루하루를 즐기면서 살고 있으니 이 또한 좋은 삶이 아니겠는가.

'18. 9. 23.

생의 의미와 허무

철학은 생의 허무와의 싸움이다. 철학은 생이라는 허무의 바다 속에서 의미와 가치를 건져 올리는 것이다. 그러나 건져 올린 생의 의미와 가치는 영원한 허무의 바다에 이는 한낱 파도에 불과할 수도 있기에 그 의미와 가치 또한 허무의 일부일지도 모르며, 그러한 철학적 사유의 결과들은 하나의 주관적 견해에 머물 수밖에 없다. 어떤 한 인간이 생의

허무함 속에서 허우적거리면서도 결코 생은 허무하지 않다고 우겨 대
는 것처럼.

원하는 것이 진실이기를 바라지만 원하는 것과 진실은 대부분 일치하
지 않는다. 어쩌면, 생의 허무와 의미 속에서 무엇인가를 확인하려는 생
각과 태도가 무지일지도 모른다. 생의 진실은 허무도, 의미도 아닌데.

정신적 사춘기

네가 원하는 것이 노동에서 벗어난 자유로운 삶이라면, 그러한 삶 이
후에는 무엇이 기다리고 있는가도 생각해 보라. 그것에 대한 정리와 초
월 없이는 삶의 어떤 순간도 자유롭거나 즐겁지 않을 것이다. 삶으로
진입으로서의 육체적 사춘기를 겪었던 것처럼 삶으로부터의 이탈을 사
유하고 정리해야 하는 정신적 사춘기를 지혜롭게 통과해야 한다.

'18. 9. 30.

외로움과 허기

모든 외로움은 허기를 채우는 순간 사라진다. 짬뽕 한 그릇에 소주
한 병.

'18. 10. 6.

삶과 죽음

삶은(잠 속의) 꿈이요, 죽음은 꿈 없는 잠이다. 삶은 꿈을 꾸고 있는
상태다. 현실이라는 생생한 꿈을. 그 생생한 꿈이 사라지고 마침내 꿈
없는 깊은 잠을 사는 상태가 죽음이다.

이제 나에게 어떤 시련과 고통이 남아 있을까. 실직, 가족의 죽음, 나

의 로(老), 병(病), 사(死)···. 당장 닥친 것이 아니라서 잘 버텨낼 것 같지만 미리 연습하고 또 연습해야 한다.

죽음, 존재의 절멸. 모두가 생각하기조차 꺼리는 죽음이 친숙하게 생각되는 이유는 무엇일까. 사람들은 이런 얘기를 하면 재수 없다고 꺼려할 것이다. 죽음, 자연의 섭리, 피할 수도 없고 피하려고 노력하다가 결국은 고생스럽게 맞이할 수밖에 없는 것.

나는 오늘도 죽음을 생각하며 삶의 길을 간다. 삶 뒤에 가려져 있는 죽음을 향해 가는 것이다.

삶에 대한 죽음의 효용은 추운 겨울날의 따뜻한 외투와 같다. 추운 날, 실제는 없을지라도, 따뜻하고 가벼운 외투를 가지고 있다고 생각하며 먼 길을 걷는 자는, 외투가 없다고 생각하는 자보다 추위에 더 오래 견딜 수 있다.

사전연명의료의향서

사전연명의료의향서. 나에게는 국민 투표하는 것처럼 너무나 당연하고 누구나 해야 하는 의무라고 생각되는데, 죽음에 대한 인식이 없는 사람들에게는 결코 쓰고 싶지 않은 것일 수도 있다.

삶은 의무가 아니라 선택이다. 삶을 살고자 하는 것은 본능, 거기에 도덕적 의무나 선은 없다. 그러나 생사를 통찰한 자는 본능에 따라 삶을 이어가지는 않는다. 적당한 때에 스스로 자신을 거둘 것이다.

'생의 의지'와 '섭리의 인식' 간의 끝없는 싸움. 결코 죽지 않으려는 의지 vs. 죽음을 수용하는 인식. 범인은 의지에 지배당하지만, 철인은 인식을 따른다.

죽음의 정리는 곧 삶의 환희. 오히려 걱정되는 것은 그 환희의 연회를 탐닉하는 것.

직장과 자유

직장을 자신의 자유를 구속하는 벗어나야 할 족쇄가 아니라 삶에 활력을 주는 적당한 긴장, 삶의 양념으로 생각한다면? 내 삶에서 직장을 너무 큰 억압으로 생각하여 자유를 위해 배척해야 할 주적(主敵)으로 생각하는 것은 오류일 수도 있지 않을까? 주적이 아니라 충분히 다룰 수 있는 사소한 장애물 정도가 아닐까? 직장이라는 문제에 너무 몰입하여 초월하지 못한 채 그것에 갇혀 있었던 것은 아닌지.

삶과 죽음의 인식에 대한 반성

직장을 자유로운 삶의 대척점에 두고 은퇴는 곧 자유라고 생각하는 것이 오류일 수도 있듯이, 죽음을 삶의 대척점에 두고 죽음을 초월해야 할 대상으로 생각함으로써 삶과 죽음에 갇혀 있는 오류 속에 있는 것은 아닌가. 삶과 죽음은 나의 모든 것이며 그 양자 외에는 어떤 여백도 존재하지 않는 것인가, 혹은 삶과 죽음은 나에게 극히 작은 에피소드의 일부는 아닌가. 즉, 나는 삶과 죽음 밖에서 그것들을 바라보고 있는 자는 아닌가.

풍요 속의 불행

너무 흔하면 귀하지 않게 되는 법. 무수한 영화, 드라마, 매체들을 통해 들이닥치는 감정의 홍수. 오늘 본 드라마의 애틋함은 곧 다른 드라마에서 밀어내는 감정에 밀려 금방 사라지고 만다. 감정의 홍수 속에서 결국은 무감한 삶을 살게 되는 것이다. 너무나 풍요로운 환경 속에서 소중한 것을 잃어버린 현대인의 불행, 어디 감정뿐이랴, 음식의 맛도 잃어버리고, 옷의 소중함도 느끼지 못하고. 풍요는 작은 행복들을 앗아간다.

단상

· 부는 에덴동산의 선악과와 같은 것. 부를 경험하지 못했을 때는 가난이 부끄럽지 않았다.

· '무엇을 해야 하나' 고민하는 삶이 아니라 '무엇을 해도 좋은' 삶을….

'18. 10. 21.

육체와 이성

육체 없는 이성은 공허하며 이성 없는 육체는 맹목이다. 불가피한 선택의 기로에서 사람들은 공허(이성)보다는 맹목(육체)을 선택하겠지만 나는 맹목이 아닌 공허를 선택할 것이다. 맹목의 삶보다는 공허의 죽음을….

복잡한 마음

죽음에 대한 정리가 끝났음에도 마음이 복잡한 이유는 무엇 때문인가. 삶은 산처럼 무겁고 죽음은 깃털처럼 가볍다는 말처럼, 진정 두렵고 괴로운 것은 죽음이 아니라 삶이 아닐까. 죽음의 정리로 삶까지 정리되는 것이 아니라, 삶은 삶대로 다시 정리해야 하는 것인가. 생각해보면 삶의 방향과 세부 내용들은 이미 다 정리되어 있지만, 미처 비워내지 못한 작은 바람이 아직도 번민하게 만드는 것 같다. 괴로움과 번민의 원인을 눈앞에 빤히 보면서도 왜 그 원인을 벗어나지 못하는가.

구멍 속의 먹이를 움켜쥔 채 주먹을 구멍에서 빼내지 못하는 원숭이를 사냥하는 인간, 인간도 똑같은 방법으로 사냥되고 있다. 움켜쥔 욕망의 노예로서 고통 받으며 살아간다.

해탈, 그것은 욕망의 불씨의 완전한 꺼짐.

생의 고독

생의 고독과 적막은 가족과 친구, 술과 음식으로 잠시 가릴 수 있을 뿐, 치유하거나 사라지게 할 수는 없다. 인간은 고독과 적막을 타고났다.

'18. 11. 4.

스피노자 신관에서의 죽음

신, 즉 자연. 죽음은 신의 품으로 가는 것, 자연(신) 속으로 '양태(양상)에서 실체로 화(化)'하는 것.

'18. 11. 5.

나의 삶과 죽음

내 삶을 사랑하는 만큼 내 죽음을 사랑한다. 삶이 유지되는 것을 바라는 만큼 죽음을 즐거이 기다리고 있다. 둘 다 존재의 양태이기에, 삶과 죽음에 영향 받지 않는 우주의 원소로서의 내가, 삶과 죽음을 초월하여 존재하기에, 살아도 좋고 죽어도 좋다.

무의식적인 욕망

인식한 욕망은 버릴 수 있지만, 미처 인식하지 못한 욕망은 버릴 수도 없다. 무의식적인 욕망, 그것은 본능.

삶의 목적

이렇게 살건, 저렇게 살건, 하루하루의 끝에는 죽음이 기다리고 있는 바, 삶의 목적을 무엇으로 설정하고 남은 생을 살 것인가. 살아 있을 때는 삶의 목적을 '지속적인 평안'으로 상정하고, 죽음 앞에서는 '죽음이란 삶보다 더 평안한 상태라는 깨달음을 통해 두려움 없이 기꺼이 죽음을 맞이하는 것'이라 하자. 그렇다면 지속적인 평안, 무료한 평안이 아니라 행복한 평안을 위해서는 어떻게 해야 할까. 스트레스의 주원인이며 자유를 구속하고 있는 생업에서의 해방, 정신의 진보의 즐거움을 제공하는 독서와 사색, 가족이나 주변인과의 친밀한 관계를 지속시키는 모임과 연회, 자신의 쾌락을 위한 주연, 정리한 생각의 집필과 출판, 건강을 위한 꾸준한 운동…. 이 정도면 될까.

한편, 남들은 올라타려고 발버둥 치는 안락한 열차를 타고 있으면서도 그 안락함을 인식하지 못하고 다른 행복을 찾아 내리려는 것은 아닌지. 현 생업에 대한 권태와 부자유를 과대인식하고 그 장점들을 잊은 채 성급한 결정을 내리는 것은 아닌지.

종교에 대하여

종교는 인간이 원하는 것을 들어 준다고 말한다. 난센스. 인간의 욕망이 종교를 생산한다. 섭리의 대상이 섭리의 주체가 되려는 무지. 세계는 결코 나를 위해 있는 것이 아님을 명심해야 한다.

인간의 이성과 합리성에 부합하는 신은 인간의 한계 내에 있는, 인간이 만들어 낸 신이다. 조물주로서의 신은 전횡적이든, 난폭하든, 무자비하든 인간의 이성, 합리성, 상상 등을 초월해야 한다. 그러나 인간은 그러한 신은 원하지 않는다. 결국 인간은 자신들이 원하는 성질을 가진

신을 창조하여 섬기는 것이다. 반면, 신이 우리가 인지할 수 없는 초월적 대상이라면, 우리는 있을지도 없을지도 모르는 대상을 믿는 것이며, 결국 자신의 상상을 신으로서 섬기는 것이다.

아트만과 브라만이라는 신적 존재를 상정한 고대 브라만교의 신관(神觀)이 현대 일신교의 삼위일체 신관보다 덜 작위적이다. 전자의 신은 모호함 속에 자리하고 있지만, 성부, 성자, 성령, 게다가 성모까지 만들어(인간의 가족처럼) 신의 가족이 되어 버린 후자의 신관은, 인간이 자신들과 같은 아빠신, 엄마신, 아이신, 게다가 인간의 영혼을 빗댄 성령을 만들어 버림으로써, 신이 인간을 창조한 것이 아니라 인간이 신을 창조하였다는 논리의 결정적 증거를 제공한다. 그리하여 인간의 욕망에는 더욱 부합되어 포교에는 더욱 효과적인 신관이 된다.

인간이 만든 **종교는 인간을 기만하고, 종교에 대한 신앙을 가진 자는 스스로를 기만한다.**

'18. 12. 7.

떠난 자와 남은 자의 간격

남은 자는, 자신과 떠난 자 사이의 간격이 멀게 느껴지지만, 떠난 자는, 자신과 남은 자 사이의 간격이 멀게 느껴지지 않는다.

'18. 12. 16.

현실이라는 이름의 꿈

알 수 없는 무한의 시간 동안 수많은 생명의 명멸 속에서, 나라는 인간이 생겨나고 곧 사라진다. 그 짧은 존재의 기간을 삶이라고 부른다. 그 기간 동안 의식은 자아를 만들어 주관과 객관을 분별하고 스스로를 주관, 그 밖의 것을 객관이라고 여기는 꿈을 꾸기 시작한다. 그러나 하룻밤의 꿈만 꿈이 아니라 무한 시간 속에서 명멸하는 삶 자체가 이미 꿈인 것이다. 단지 조금 더 길고 생생한 꿈일 뿐.

멀리 있는 희미한 꿈이 아니라 코앞에 닥친 피할 수 없는 죽음 앞에 선다. 여기서 무엇을 두려워하고 무엇을 아쉬워할 것인가. 남은 가족의 삶 정도…. 그 또한 꿈속의 일인 것을.

사랑하는 배우자의 죽음 앞에 선다. 두렵고 걱정되는 것은 배우자의 죽음보다 남은 자신의 고독한 생이다.

오늘도 하루가 무심히 갔다. 이렇게 하루하루가 가다 보면 멀지 않은 언젠가 마지막 하루를 맞을 것임을 안다. 의미 있는 하루를 보내려고 독서, 사색, 여행, 운동, 회합을 해 보지만 삶이라는 속성 자체가 무상한 것을 어쩌랴. 쓰나미처럼 밀려오는 시간의 엄습을 무엇으로 막는다는 말인가. 그저 감사히 즐길 수밖에….

인식, 행동, 후회

인생이란, 현재의 중요성을 인식하고 행동한다고 해도, 시간이 지난 후에 되돌아보면 후회할 수밖에 없는 것. 시간은 후회를 남겨둔 채 사라지기 마련이기에. 마치 늙음이 올 것을 인식하고 젊음을 유지하려고 아무리 애를 써도 늙음을 피할 수 없는 것처럼.

지혜란, 현재의 중요함을 알고 현재의 삶을 위해 최선을 다하지만, 세월이 지난 후 되돌아볼 때는 후회를 피할 수 없다는 것을, 미리 알고 대비하는 것.

운명에 대한 이해

그가 A라는 행위를 했을 때, 그는 A라는 행위의 원인이 아니라, A가 발생하기까지의 인연 연기의 그물에서 최후의 Trigger일 뿐이다. A라는 사건 이면에 있는, 운명이라는 무수한 인과의 계열과 연기의 사슬을 인식해야 한다.

비도덕적 사회

개인보다는 사회가, 사회보다는 국가가 비도덕적이다. 인간의 비도덕성, 이기적 욕망은 사회의 크기가 클수록 익명성 속에 숨어들기 쉽기 때문이다. 보는 이가 없어도, 사회적 제약이 없어도 길에 놓여 있는 금전을 취하지 않을 자는 드물다. 공공의 큰 행복을 위해 자신의 작은 행복을 양보할 자는 더욱 드물다.

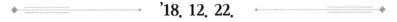

'18. 12. 22.

호응에 대하여

호응은 두 가지 측면의 표현이다. 관대함의 표현이거나 복종의 표현. 상대의 말에 진정 공감하는 호응은 드물다.

뛰어난 작가는 독자의 호응을 기대하지 않으며 비난 또한 두려워하지 않는다. 인간의 본성과 대중의 지적 수준(자신이 모르는 것에 대한 반감 등)을 이해하기에. 미움, 질시 등 모든 악의 근원은 무지임을 알기에.

먹는 쾌감

먹는 쾌감은 음식의 질보다는 허기에 달려 있다. 먹는 쾌감 면에서는, 자연은 부자에게나 서민에게나, 어느 정도 공평한 분배를 한 것 같다.

철학, 이 삶의 전장(戰場)에서

운명과 이성

인간은 자신의 앞날을 미리 알고 싶어 하지만 자연은 허락하지 않는다. 인간은 자신의 운명을 모르기에 영원히 살 것처럼 현실에 집착한다. 내일의 죽음도 모르고 오늘도 미래를 위해 분투한다. 인간은 자신의 욕망으로 인해 늘 운명에 패배하지만, 인간의 사악함은 미지(未知)라는 운명의 속성을 타인과 세상에 이용한다.

자신이 조직에게 배신당할지도 모르고 오늘은 조직의 명령에 따라 칼을 휘두른다. 그리고 다음 날, 자신도 조직의 칼을 맞는다. 토사구팽. 이것이 운명을 벗어날 수 없는 인간 이성의 한계인가. 이성은 자신에게 닥친 현실 앞에서 얼마나 더 무능해야 하는가.

- 운명은 카드를 섞고 인간들은 그 카드로 인생을 건 게임을 한다.

지인

우호적인 지인은 재산과 같다. 그런 관계를 맺기까지 얼마나 많은 시간과 정성을 들였는가. 그런 지인을 잃는다는 것은 자신의 재산을 잃는 것과 같다. 그러나 사람들은 작은 재산의 손실에는 신경을 곤두세우면서도 지인과의 관계 단절에는 무덤덤하다.

노동

자본주의 사회는 노동을 미덕인 양 부추기지만 본질적으로 노동은 신의 형벌이며 저주다.

공부와 철학

왜 공부를 해야 하는지, 공부를 하면 왜 외롭고 고통스러운지, 공부하는 과정이 내게 무엇을 남겨 주는지, 이 과정을 왜 사랑해야 하는지…
를 알고 공부하는 자는 자신의 삶을 주도적으로 사는 반면, 대부분의
생각 없는 자들은 마지못해 끌려다니는 지옥의 시간을 보내리라.

욕망

욕망은 삶의 엔진.

욕망을 내려놓은 이제 무엇으로 살까.

다시 욕망으로 채워 힘차게 살까.

남들이 인정하는 제왕으로 살까, 스스로 인정하는 제왕으로 살까.

인부지이불온(人不知而不慍) 불역군자호(不亦君子乎).

– 《논어(학이편)》

철학, 이 삶의 전장(戰場)에서

철학, 이 삶의 전장(戰場)에서